数学あるいは存在の重み　デカルト研究II

数学あるいは存在の重み

デカルト研究 2

村 上 勝 三 著

知 泉 書 館

凡　例

E：*RENATI DES-CARTES, MEDITATIONES de Prima PHILOSOPHIA, In quibus Dei existentia, & animæ humanæ ã corpore distinctio, demonstrantur*, Amsteldam, Apud Ludovicum Elzevirium, 1642.

S：*RENATI DES-CARTES, MEDITAIONES DE PRIMA PHILOSOPHIA, IN QVA DEI EXISTENTIA & animæ immortalitas demonstratur*, Paris, Apud MICHALLEM SOLY, 1641.

AT：*Œuvres de Descartes*, publiées par Charles Adam & Paul Tannery, Nouvelle présentation par P. Costabel et B. Rochot, Vrin 1964–1974.

序　一般存在論の構築に向けて

先ず本書が開いて行く眺望から述べてみよう。眺望は広がりである。広がりが世界を開く。窓から外の景色を眺める。暖かい日射しにまもられたのどかな海が見える。目をつむって今見ていた景色を思い起こす。次の日にきのう見た海の景色を見たくなる。暖かい日射しにまもられたのどかな海を思い浮かべる。窓を開けて外の景色を眺める。暖かい日射しにまもられた海が見える。私たちが物体的な事物を思い浮かべるとき、思いのうちに広がった何かを描き出す。いや、むしろ逆さまである。思いのうちに広がった何かが物体的事物を思い浮かべるということである。少し説明しなければならない。

今、見ているものが見られた通りにあるということを棚上げにしてみよう。言い換えれば、そういう見方を使わないで考えを進めてみる。これが『省察』の「第一省察」に示されている感覚的意見を疑うということである。夢を見ているとしてみるならば、同じ効果が得られる。夢のなかではすべてのものについて見られたものが見られた通りにある。夢のなか、と想定しておくならば、見ているものは見られた通りにあるという、この見方を遮断することができる。すべてが見られた通りにあるので、「見る」ということが目覚めて見る視覚としての役に立たなくなる。要するに、存在措定をやめて考えを進めることができる。

存在措定をやめて、物体的な事物を思い浮かべるということは、思いのうちに広がった何かを描き出すということである。むしろ、思いのうちに広がった何か、それが思い浮かべられた物体的事物である。広がりを判明に摑もうとすることはそれを図形として捉えることである。そこに数学の場が開かれる。数（離散量）は図形（連続量）を区切ることから得られる。窓を開いて景色を見る。のたりとたゆたう海が見える。見られた景色は〈かたち〉のもとにある。これが数学の場である。目覚めていなくとも三角形の内角の和は二直角である。二たす三は五である。もし、目覚めているならば、心をもった身体と物体とが直に接して現にある物体的世界を眺めていることになる。そのときには視覚が働いている。つまり、事物を感覚している。黒板にいびつに描かれ白く縁取られた三角の図形を見ている。その場合には見えることが実在することの基盤の一つになっている。物体的世界について観察可能性と数学の確かさに裏付けられながら知識を集積する。ここから先は物理学の領域である。

本書はそのテクスト的場所の中心にデカルト『省察』の「第五省察」をもっている。「第五省察」の課題は「概要 Synopsis」によれば次の三つである。一つは「類において解された物体的本性」、二つは「新たな論拠」からの神の実在証明、三つは「幾何学的な論証の確実性」がどのように神の認識に依存するのかということ、これらである（E. 5. 04-12/AT. 15. 13-19)。このことは「物体的本性」である「広がり extensio」（延長）において幾何学が開かれ、その幾何学の確実性を基礎づけることが「第五省察」の任務であることを示している。このとき、ア・プリオリな神の実在証明は数学とどのように係わるのか。

数学の開かれるところはまた世界が開かれるところでもある。もっと精確に言わなければならない。「広がり」を物体の本性とすることによって「世界」概念が物的基礎を得る。世界が広がりの下に捉えられることになる。このように空間性の下に捉えられなくてもよいのならば、これまでにも「世界」は開かれていた。「第三省察」において神の実在が証明され、「私」の外が見いだされ、他なる「私」たちの可能的・時間的実在の根拠も明らかになった。そこに有限な「私」たちの世界が成立する。「第四省察」においては、そのような「私」たちがいわば輪になって取り囲み、そのことによってだけ結ばれる「世界」が成立している。その「世界」へと撃って出ること、つまりは判断すること、そこにおける真と偽の成り立ちが「第四省察」において明らかにされる。この可能的実在と時間性の下にある「世界」の境界はまた「私」の限界でもあった。この日の省察において手に入れられたことの一つは次のことである。「明晰判明な知得は疑いもなく何かであり」(E. 61. 27-28/AT. 62. 15-16)、何かであるかぎり原因をもたなければならない。このことは、真として判断される事柄の明証性が原因を要求する存在であることを照らし出している。

「第五省察」では物体的本質と特性のありさまが私の思いのままにならないこととして示され、「私」の外に本質領域が開ける。「私」が明晰判明に知得するものはこの本質領域に届いている。帰属の明証性の確立である。「或る事物の観念を私が私の思いから取り出しうるという、独りそのことのみからして、この事物に属すると明晰判明に私の知得するもののすべてが、実際にこの事物に属するということが帰結する」(E. 65. 11-18/AT. 65. 16-20)。物質的本質と諸特性は「私」の思いのままにはならないが「私」によって探求されうることが明らかになる。こうして法則性に貫徹された世界として、空間性の下に物質的世界が見いだされる。純粋数学が対象とするのはこの世界である。純粋数学の応用を通して、物理学の対象となる世界、感覚によって受肉された世界は「第六省察」の課題になる。既に「第五省察」は時間性と空間性の下に捉えられる世界を現出させている。ここでは世界の境界は「私」の限界を横に超えて広がっている。

必然性に実質を与えるという営みは世界の限界を測る営みと同じである。「第三省察」において「私」が「私」を真上に超えるときに、私は「必然的実在」という地点に届いていた。そのことを通して「私」の(現実的に)実在することの意味が定まった。しかし、この「必然的実在」という表現は「第五省察」にならなければ充足しない。それは必然性が実在の必然性と結合の必然性という二つの面をもち、それらの合して一つになる局面が「第五省察」に存するからである。必然性の徴表をなす「常に」ということは「がある」の方向にも「である」の方向にも伸びている。数学の学問的知識としての基礎が、結合の必然性を神における本質と実在との引き離し不可能なこととして、ア・プリオリな神証明を通して与えられる。これが『省察』における三度目の神証明がここでなされる理由である。形而上学的探求が時間空間的世界に向かうそのときに、「必然性」という概念が仕上げられる。もちろん、これは発見の道筋における到達点であり、説明のための道具が既にして調えられているというのではない。

振り返りつつ捉え直すならば、必然的実在は一切の完全性の超出としての実在である。この実在を本質としてもつ神のア・プリオリな証明においてこの二つが一つになる存在の場が開かれる。しかし、そのためには「いっそうの実象性 plus realitatis」と表現されていた存在の度合いが、「必然的存在 ens necessarium」(「自己原因 causa sui」)において最上級を超えた最上級として頂点を結ぶ、その結構を摑まなければならない。実在と本質を存在として摑む場、これが一般存在論の場である。〈あるものをあるもののかぎりで〉探求する「一般形而上学」、神と精神と世界を対象とする「特殊形而上学」という伝統的な捉え方とは異なる。一般存在論は実在と本質とが一つになる場であり、本当のことがよいことである根拠もここに見いだされる。この場を組み上げること、これを一般存在論の構築と呼ぶ。このためには存在の重さが計られなければならない。

次に、本書の構成を簡潔に述べておく。事柄の中枢に向けて、螺旋階段をだんだんに登って行くように構成されている。本書は四部構成になっている。「第一部」は「第五省察」のテクスト上の問題から説き起こし、テクスト解読を行いながら解釈を提起する。「第二部」はデカルト哲学における「必然性」の問題とア・プリオリな神証明が切り結ぶところを明らかにしながら、一般存在論構築に向けての問題の所在を探る。「第三部」は現代における超越の立論としてレヴィナスの議論を取り上げ、これを対立軸としながらデカルトの超越の特質を浮かび上がらせるとともに、「原因いうなら理由」という表現にまつわる哲学史的先入見を取り払いつつ、一般存在論構築に向けての準備を整える。「第四部」はデカルト的「実体」概念と「完全性」概念とを機軸に据え、存在の重さの測定へと進み、重さとして摑まえられた存在がどれほどの射程をもつのか探り、一般存在論の基本的布置を提起する。

『観念と存在　デカルト研究Ⅰ』の「序」に記したことを繰り返すならば、「私の思う」ことが「私のある」ことである地点から、一個の人間の意識にまで至り着く。そのためにはまずもって「私」の思いを超えて登りつめるところに開かれる存在論を見いださなければならない。その存在論を私たちは〈私の思いに条件づけられた一般存在論〉と表現した。この一般存在論における、〈私の思い〉を超えて無限に到達する形而上学的探求、ここまでが『デカルト研究Ⅰ』の課題であった。超えて見いだされる一般存在論の基本的布置の解明、これが本書の課題である。ここにおいては、繰り返しになるが、「である」と「がある」を存在として捉え、「がある」つまり実在にも哲学的論究の対象としての位置が与えられる。言い換えれば、この存在論は実在を完全性として問うことを可能にする。『デカルト形而上学の成立』、『デカルト研究』全三巻、『新デカルト的省察』、これら五冊が一つの形而上学として構想されている。この点については『デカルト研究Ⅰ』の「序」を参照していただきたい。

最後に訳語の変更について少し付け加える。二つの表現、〈res cogitans〉と〈res extensa〉の訳し方の問題である。前者に「思惟する事物（もの）」、後者に「延長的な事物（もの）」という訳語を当てるのが日本におけるデカルト研究の通例である。本書において私たちはそれぞれ「思うもの」、「広がるもの」と訳すことにした。「思うこと（思惟すること）cogitare」は「第二省察」に示されているように、「疑うこと、知解すること、肯定すること、否定すること、しようとすること（意志すること）、しようとしないこと（意志すまいとすること）、想像すること、感覚すること」へと伸ばされている（E. 20. 18-20/AT. 28. 21-22）。これらはすべて「思うこと」である。しかし、これで尽きているというわけではない。たとえば「知得すること percipere」、「知ること scire」などが「思うこと」ではないとは言えない。「第三省察」を参照すれば「怖れること timere」（感情 affectus）も「判断すること judicare」も「思うこと」であることが分かる（E. 30. 27-31. 03/AT. 37. 07-12）。これらすべてを哲学用語である「思惟すること」で示し、「思惟する」という言葉がもっている伝統的な意味合いよりも、他の術語との関係のなかでこの語の役割を示すということ、厳密さを確保しようとする場合に、それはそれなりの有効性をもっているであろう。しかし、多くの場合に、私たちの日常的な言葉遣いを通して私たちの経験が紡がれて行くことを考えるのならば、そして哲学的営みと経験とのいわば近接混合性を顧慮するならば、厳密さを少しは犠牲にしても、「思う」という概念を経験のなかで鍛え上げることを選ぶという方途にも、利と理を認めることができるであろう。これが私たちの「思う」という訳語を選ぶ理由である。

「広がり」を選ぶことの理由はこれとは少し異なる。訳語の選択だけではなく、解釈と係わっているからである。既に若干を述べたように「第五省察」において数学を開くときに、連続量を「私は判明に想像する」（E. 63. 3-04/AT. 63. 16）ということが出発点を与えていた。思い描かれた「広がり」が物質の本質とされる。「延長」という言葉は、現実的世界における、つまり、既に実在すると思われている物体についての「延長」を思い起こさせる。あるいは逆に、時間の「延長」のように、非空間的な事態にも使用される。これに対して「広がり」は時間についてはあまり使われず、また、心について、〈心の広さ〉のように言われることもある。〈思い描かれた「広がり」が物質の本質である〉という表現にとって、「延長」よりも「広がり」の方が適切であると考える。「延長」で考えられる事柄は一方向的、せいぜい双方向的であるのに対して、「広がり」は三次元（「長さと巾と深さへの広がり extensio in longum, latum, & profundum」）を表現するのに相応しい（*e. g.* E. 38. 14-15/AT. 43. 16-17）。

さて蛇足を覚悟に締め括るならば、本書の始めから終わりまで、螺旋階段を登り登り、さまをさまざま異にする眺望を楽しんでいただくための、まことに拙い案内役を務めたいと願う。登り登って真上に超えていたりつく、そこからの見晴らしに、のたりとたゆたう海に「はっとして」いただければこの上ないさいわいである。

目次

第II部　ア・プリオリな神証明と必然性

数学あるいは存在の重み

デカルト研究II

第Ⅰ部　「第五省察」研究

第一章　「第五省察」詳細目次

序

哲学研究が、不遍妥当性とまでは言わなくとも、一般性をもちうるのはどのようにしてであろうか。このことはそれ自身一つの哲学的課題であるが、ここはそれに向かい合う場所ではない。しかしながら、哲学研究の人類的な基盤であるテクストについて少し考えておくことはわれわれの探究にとっては必要なことであろう。とりわけてもこの「第一部」においては、テクストの読み方が解釈の土台になるからである。解釈という営みが人と共有されるのには、少なくとも二つの要因がある。一つには解釈がその上に乗っている論理が或る程度共有されているということである。共有されている論理を足場にしながら、共有されていない、独創的な記述を展開し、一般性の上に立ちながら一般性を少し越える。その少し越えるところも、これまでの解釈に裏付けられながら、それとの距離を測りながら、既存の言説から少し離れたところにまで人々を導く。それが新しい考え方を提起し、新しい哲学への入り口を開くということもある。すべての哲学は、プラトン哲学とアリストテレス哲学の解釈に他ならない、と言われる場合にはそのように考えられているであろう。解釈という営みが人と共有されるもう一つの要因がテクストである。何も哲学に限らないが、テクストは一度公刊されるならば、同一のテクストであり続ける。さまざまな時代の、さまざまな地域の、さまざまな文化的土壌をもった人々が読んでも、同じテクストを読んでいるということは残り続ける。第一の要因である基礎的思考様式の共通性は、それでも時代とともに変遷を繰り返し、もとの姿がおぼろになり、何世代か後にはもう一度取り返すという作業が要求される。それに対してテクストは物質的基盤の上に形として刻み込まれ、その基盤の一切が毀損されないかぎり、同一のものであり続ける。たとえ、読み方は千差万別、対立し、あるいは拮抗するものであれ、テクストそのものは変化を免れる。解釈をめぐって論争が生じるならば、読み方を検討する。読み方でも折り合いがつかなければ、細分化し、構造化し、分析を重ねる。少なくとも一つの物を目の前にして、共同で作業をすることができる。テクストが発想の飛躍をとどめることもある。テクストに縛られたくない、と思う。そこに傲慢が生じ、傲慢が個体差を起源にもつ以上、論理外的権力なしには他人を制圧できない。テクストは傲慢をとどめ、解釈に強靭な思考力を求め、読むものを鍛える。テクストを足場に思考を鍛えるということは通常人々のすることである。その多くの人々が前提にして、その上で解釈を作り上げている過程の一端をさらしてみることにしよう。いわば工房の一部を公開するのである。

第一節　テクストとその問題

「第五省察」の解明に向かう前に、典拠にするテクストについてまず述べておく。『省察』は初版がパリで一六四一年に出版され、第二版は翌一六四二年にアムステルダムで出版された。一七世紀にも著作集というかたちを含めてずいぶんと版を重ねる。(1) 近代校訂版であるアダン・タヌリ版『デカルト全集 *Œuvres de Descartes*』は、まず一八九七年から一九一三年までに一三巻本として出版された。(2) これの新版（*Œuvres de Descartes*, nouvelle présentation par P. COSTABEL et B. ROCHOT, Paris, Vrin）が一九六四から一九七四年の間に一一巻本として出版された（以下この版からの引用に際してはAT. と略記し巻数・ページ数などを付け加える）(3)。これの縮約版が一九九六年にデカルト生誕四〇〇年を記念して出版された。また、一九六三年から一九七三年の間に刊行された三巻本のアルキエ（F. ALQUIÉ）版『デカルト哲学論集 *Œuvres philosophiques*』にも『省察』が含まれている(4)。アルキエは、アダンの版が、第二版に厳密に準拠しているわけでも、初版と第二版との厳密な比較の上に立つものでもないと指摘し（ALQUIÉ, *op. cit.* t. II, p. 172）、自らの編んだ版を初版と第二版とアダンの版との比較の上に立つものと主張している（ALQUIÉ, *op. cit.* t. II, p. 175）。しかしながら、アルキエの版は段落区切りなど、ほとんどの部分で、一七世紀の版と遠く、アダンの版と同じである。一七世紀に出版された『省察』とアダン・タヌリ版との差異、とりわけても段落の区切り方の違いは明らかであるにもかかわらず、研究史上注目されることはほとんどなかったであろう。一九九〇年にミシェル・ベイサッド（Michelle BEYSSADE）によって『省察』の現代フランス語訳が出版された(5)。ここにおさめられているラテン語の『省察』は基本的に第二版に準拠している。段落区切りについては、「第一省察」から「第五省察」までは第二版（と初版）に、「第六省察」だけは初版を再現している。彼女は段落の多い方を採用したことになる。初版と第二版が比較され、その差異のいくつかが注において示されている。その後、所雄章がデカルト研究上の貴重な書物を多く集められ、日本においても、氏の蔵書として第二版をも見ることができるようになった。さらに待ち望まれていた『省察』第二版を底本にし、初版とアダン・タヌリ版との異同を詳細に記した校訂版(6)が一九九四年に出版された。また、同じ年に『哲学の原理』出版三五〇年を記念して、『方法序説』の初版、『省察』の第二版、『哲学の原理』の初版が限定的に復刻されたこともあり、第二版は日本の研究者にとっても身近なものになった。

いわば『省察』の決定版とも言える所雄章版『省察』の「序文」にアダンの版の問題点が指摘されている。その指摘されていることを項目として挙げ、第二版をテクストに採用することの理由としよう。それは次の四つの点である。第一に、初版と第二版が異なっている箇所のどちらを採用するか、という点での疑念と、選択した際の注記のないことがある。第二に、第二版の誤植や文法的な誤りを訂正した際に編集者が断っていないことがある。第三に、段落の区切り方、文の区切り方がデカルト「その人の意図に徹頭徹尾添うものとは、断じがたい」ということがある。第四に、句読点の入れ方を但し書きもなしに「現代ふうに」「改めてしまっている」ことがある（Tokoro, *op. cit.*, pp. i–vi)。アダンの版は段落の区切り方において、論述の構造を上手く捉えている場合も多い。しかし、そのようにして浮き彫りにされた論述の構造をデカルトその人によって与えられたものと考えることはできない。この点を一つの箇所を例にとって示してみよう。たとえば「第三省察」の明証性の「一般規則」提示のすぐ後に、アダンは段落を入れる。改行された文は「しかしながら Verumtamen」という語からはじまる。段落で区切られることによってこの「しかしながら」は直前の文に対する否定の力を弱め、あたかも、前段落全体に、次の段落全体が逆接的に対立させられているかのような印象を与える。それに伴って「一般規則」自体がこれから吟味にかけられるということの見失われる可能性が開かれる。明証性の一般規則が吟味にもかけられずに、「第三省察」の始まりのところで確立されているかのような誤解が生じる。この規則を使って、神の実在証明をする。その神の誠実であることによって明証性の規則を保証する。この単純な循環論証は「デカルトの循環」と呼ばれている哲学上の問題とは異なる。後者はわれわれがいずれ見るように、「第五省察」の神証明までを視野に収めなければ、その意義の明らかにならない問題、デカルト哲学の根底に触れる問題である。前者は単なる読み方の間違いである。ここで段落を入れたのはアダンが初めてではない。リュインヌ侯の仏訳が既にここに段落を入れている。しかも、ラテン語からは「確立することができるといまや私には思われる jam videor pro regula generali posse statuere」(E. 28. 20-21: AT. 35. 13-14) と訳せる箇所が、仏訳は「既に一般規則として確立できていると私には思われる il me semble que déjà je puis établir pour règle générale」(AT. IX, p. 27) と訳せるようなフランス語になっている。このことは、アダンの版がもっている困難さとともに、リュインヌ侯の仏訳に依拠することの危険さをも示している。

なお、『省察』のテクストに関してわれわれが準拠したもの、および、翻訳を参照したものは以下の通り。行頭に記されているのは略記号である。

S: *RENATI DES-CARTES, MEDITAIONES DE PRIMA PHILOSOPHIA, IN QVA DEI EXISTENTIA & animæ immortalitas demonstratur*, Paris, Apud MICHALLEM SOLY, 1641.

E: *RENATI DES-CARTES, MEDITATIONES de Prima PHILOSOPHIA, In quibus Dei existentia, & animæ humanæ à corpore distinctio, demonstrantur*, Amsteldam, Apud Ludovicum Elzevirium, 1642.

B: *RENATI DES CARTES MEDITATIONES DE Prima PHILOSOPHIA, In quibus Dei esistentia, & Animæ humanæ à corpore Distinctio, demonstrantur*, Amsteldam, Ex Typographia BLAVIANA, 1685.

AT: *Œuvres de Descartes*, publiées par Charles Adam & Paul Tannery, Nouvelle présentation par P. Costabel et B. Rochot, Vrin 1964-1974.

Luynes: *LES MEDITATIONS METAPHYSIQVES DE RENE DES-CARTES TOVCHANT LA PREMIERE PHILOSOPHIE*, etc, A PARIS, Chez la Veuue IEAN CAMVSAT, ET PIERRE LE PETIT, 1647, dans AT. IX-1.

FÉDÉ: *LES MEDITATIONS METAPHYSIQVES DE RENE' DES-CARTES, TOVCHANT LA PREMIERE PHILOSOPHIE*, etc. par R. FÉDÉ, 3e éition Paris, Chez TEODORE GIRARD, 1673.

ALQUIÉ: *DESCARTES, Œuvres philosophiques* (*1638–1642*), Tome II, éition de F. ALQUIÉ, Garnier, 1967.

J. COTTINGHAM: *The Philosophical Writings of Descartes*, translated by J. COTTINGHAM, R. STOOTHOFF, D. MURDOCH, Cambridge University Press, 1984, vol. II.

G. HEFFERNAN: *René Descartes, Meditationes de prima Philosophia, Meditations on First Philosophy*, A bilingual edition, Introduced, edited, translated and indexed by G. HEFFERNAN, University of Notre Dame Press, 1990.

M.BEYSSADE: *DESCARTES, Méditations métaphysiques*, etc. Présentation et traduction de M. BEYSSADE, LE LIVRE DE POCHE, 1990.

GÄBE: *RENÉ DESCARTES, Meditationen über die Grundlagen der Philosophie*, Auf Grund der Ausgaben von Artur Buchenau neu herausgegeben von Lüder GÄBE, Felix Meiner, 1992.

「報告書」:『デカルトの「第五・第六省察」の批判的註解とその基本的諸テーマの問題論的研究』平成三年度科学研究費補助金（総合研究A）研究成果報告書、研究代表者所雄章、一九九二年

TOKORO: TOKORO, Takefumi, *Les textes des*《*Meditationes*》, Chuo University Press, 1994.

（また、二〇〇四年には所雄章『デカルト『省察』訳解』岩波書店が出版されたが、これを参照する余裕はなかった。）

第二節　段落区切りについて

『省察』第二版に準拠するならば、「第五省察」は五つの段落からなる。この段落区切りが、内容上の区切りをどれほど表しているのか、必ずしも判明とは言いがたい。なぜならば、第二版に従えば、「第一省察」から「第三省察」まで改行はなく、「第四省察」に一箇所（この「第四省察」の改行についてアダンは触れていない。ミシェル・ベイサッドはこれを段落と認めている（BEYSSADE, *op. cit.*, p. 10））。「第五省察」では四箇所、「第六省察」では二〇箇所（アダンによれば、一九箇所（AT. VII, p. XVI））の段落区切りが見出される。これらのどこまでが作者の意図であるのか、判明とは言いがたい。第二版に比して、アダン・タンヌリ版「第七巻」におさめられている『省察』は、編集者であるアダンの読み方を反映している（たとえば、彼は「第六省察」に二三の段落区切りをいれ、二四の段落を作っている）。「第六省察」について初版には二八の改行箇所が見出される。アダンは文と文との間に、時として見出される「小さな空白」に着目し、そこに新しい議論展開が窺えると判定した場合に、彼はこの「空白」を改行の印として解釈した。この「空白」は、前の文と次の文との間に必ずおかれているわけではない。これを無視することは、デカルトが区切りを入れようとしているのにそれを不当に結びつけてしまうことになる、と彼は言う（AT. VII, pp. XV-XVIII）。アダンは、あらゆる場合にこの「空白」を改行の印としているわけではないばかりか、この「空白」のないところで段落を区切ることもある。改行の印として採用するか否かという選択についてでは、ほんの少しかも知れないが彼の解釈が介入している。ミシェル・ベイサッドによれば、段落が現れているときにも、これらの空白は見出されるのだから、改行と等価ではない（BEYSSADE, *op. cit.*, p. 11）。これらのことを斟酌するならば、『省察』第二版の段落を、いつもその段落のなかだけに主題のまとまりを見つけようとするのではなく、前にも後にも開けた緩やかなまとまりとして、利用し、かつ「小さな空白」をも見逃さないようにするのが、このテクストに対する段落の区切りという点での正しい対処法ということになる。ミシェル・ベイサッドは原典が連続した、半ば連続した仕方で提示しているということは、まさしく、「一息で」通覧するということを示しているのではないだろうか、と言う（*op. cit.*, p. 21）。この「一息で」とは一六四〇年一一月一二日のホイヘンス宛の書簡に見いだされる表現である。少なくとも「第五省察」まで一息に読むことをデカルトはここで望んでいる。ミシェル・ベイサッドは、段落の区切られていない長さでまずは読むべきである、と考えている（*op. cit.*, p. 22）。われわれは、そのような長さを、読み通しながらも、分節化して論理の展開を明らかにしなければならない。

なお、「第五省察」における段落の区切り方に着目するならば、それは初版と第二版とで同じである。この段落区切りは一六八五年の版でも同じであり、一七世紀に出版された『省察』では安定していたと想定されうる。ちなみに、「第一省察」にはこの三つの版とも段落区切りはなく、「第二省察」にもなく、「第三省察」にもない。「第四省察」のS. 60. 21: E. 50. 28: B. 25. 26:《In primis enim》に段落区切りが見いだされるが、これは「本来の意味での段落」ではない（TOKORO, ii et p. 137）とされる場合もある（以下において、第一版をS. で示し、第二版をE. で、一六八五年の版をB. で示すことにする）。しかし、これがなぜ「本来の意味での段落」ではないのかは、アダンも触れていない。もしかすると、「第四省察」ではこの一箇所にしか段落が見られず、段落としての役割を果たしていないとアダンによって考えられたのかも知れない。ミシェル・ベイサッドはこの「第四省察」の段落を認めている（*op. cit.* p. 21）。「第五省察」には先に見たとおり、三つの版とも同じく四つの段落区切り、冒頭の花文字をその日の始まりとしての区切りとしてみれば、五つの段落が見出される。しかし「第六省察」では、初版と第二版との段落区切りに関する差異は大きい。すなわち、初版で段落を区切り、第二版と一六八五年の版では段落を区切っていない箇所は (1) S. 89. 15《Si vero de pentagono》、(2) S. 93. 24《Atque etiam quia recordabar》、(3) S. 94. 15《Cur vero ex isto nescio quo》、(4) S. 99. 01《Sed manifestum est has,》、(5) S. 100. 09《Cum enim nullam plane facultatem》、(6) S. 102. 15《Nam certe isti sensus sitis, famis,》、(7) S. 104. 27《Ita quamvis stella non magis》、(8) S. 107. 12《Ita si considerem hominis corpus》、(9) S. 108. 03《Et quamvis respiciens ad praeconceptum》、(10) S. 111. 05《Nec sissimili ratione, cum sentio》、(11) S. 112. 13《Ita, exempli causa, cum nervi qui》の一一箇所に見出される。これに対して、初版には段落区切りが見いだされず、初版以外の二つの版が段落を区切っている箇所は (1) S. 102. 19《Praeterea etiam doceor》=E. 84. 26/B. 41. 17、(2) S. 113. 11《Ex quibus omnino namifestum est,》=E. 93. 12/B. 45. 17、(3) S. 114. 10《Atque hæc consideratio plurimum》=E. 94. 06/B. 45. 31) の三箇所に見出される。

第三節 「第五省察」目次

われわれは文の区切りと内容に即して、九つの部分に分節化した。それぞれの部分に表題をつけるとともに、さらに内部構造をもっている部分については、それをも示した。かくしてできあがる「第五省察」の詳細目次を以下に提示する。分節化の範囲は第二版の頁とアダン・タンヌリ版の頁で示されている。付け加えられている「(第二段落)」などの表示は第二版における段落を表す。

Ⅰ 「第五省察」の課題の提示 (E. 62. 15–63. 03/AT. 63. 04–15)

Ⅱ 数学の対象と手法 (E. 63. 03–21/AT. 63. 16–64. 05)

物質的な事物についての諸観念を考察するに先だって、「私」は物質的な事物を探究する際にどのようにしてきたのか、そしてその真理性の在処をどのように捉えていたのか、このことを、これまでの成果に依拠することなく示す。「想像し、数え、振り分ける」。類と個別の区別。想像することの初発としての位置。広がり（延長）の最始的という役割。連続量と離散量の問題。

Ⅲ　明証性の一般規則を物質的な事物の観念に適用すること（E. 63. 21-65. 18/AT. 64. 06-65. 20）

まず問題が自然本性、本質、形相という事物のレヴェルで提示される。問題は、物質的な事物について個別的に観られた形、数、運動の観念が「私」のもとに見いだされるということである。この核心には、個別的なものの本質とそれの観念との連関がある。この本質は外からやって来るのでも、「私」によって作り成されたのでもない。そこからさまざまな特性を論証できるということ。数学的知識の真理性の根底に明証性の一般規則を見いだした今、神における本質と実在との引き離し不可能なことを通して、数学の学としての確立基盤を明確にすべく神の実在証明をなす。

Ⅳ　神についてのア・プリオリな実在証明（E. 65. 18-68. 15/AT. 65. 21-68. 20）

テーゼと三つの反論と三つの答弁。三つの反論は以下の通り。（1）他の事物の場合と同じように神についても、実在と本質とを切り離せるということ。（2）本質から実在は帰結しないこと。（3）推論は正しくとも、前提が偽であること。

（ⅰ）ア・プリオリな実在証明の提起（E. 65. 18-30/AT. 65. 21-66. 01）

（ⅱ）第一反論と答弁

（1）第一反論（E. 65. 30-66. 03/AT. 66. 02-03）

（2）第一反論の理由（E. 66.03-16/AT. 66. 04-15）

（3）第一反論への答弁（E. 66. 07-17/AT. 66. 07-15）

（iii）第二反論と答弁（E. 66. 16-67. 17/AT. 66. 16-67. 11）

（1）第二反論（E. 66. 16-28/AT. 66. 16-25）

（2）第二答弁（E. 66. 29-67. 17/AT. 66. 26-67. 11）

（iv）第三反論と答弁（E. 67. 17-68. 15/AT. 67. 11-68. 02）

（1）第三反論（E. 67. 17-27/AT. 67. 12-19）

（2）第三答弁（E. 67. 27-68. 15/AT. 67. 19-68. 02）

V 偽なる措定との対比のもとで真なる観念のうちの第一のものとしての、つまり、その他の観念はすべてこの上に成り立つという意味での第一にして最始的なものとしての神の観念（E. 68. 15-69. 07/AT. 68. 03-20）

VI （第二段落）神の認識への依存性（E. 69. 08-70. 06/AT. 68. 21-69. 15）

手軽に分かることも入念な探究によってしか発見されないことも、知っていることの確実性という点では等しい。しかし、神についてはそうではない。そのほかの事物の確実性は「この上ない存在のあること、言うなら、それの本質にだけ実在が属している神が実在すること」に依存する。このことと神についての認識との関係。「私」が知ることの確実性と、学知（学問的知識）が基礎をもったものであるときのその確実性との区別および連関。

VII （第三段落）神を識《し》らないとしたならば、どのようなことが生じるのか（E. 70. 07-71. 07/AT. 69. 16-70. 09）。

そのほかの事物の確実性は、神が実在するという知に依存しており、これなしには、何も決して完全に知られえない、ということの理由。私にとって〈常に〉ということが不可能である。想像することの対象である個別的なことに注意を向け続けるという点での有限性。

Ⅷ（第四段落）「神が存在するDeum esse」と知得した後はどうなるのか（E. 71. 08-72. 02/AT. 70. 10-71. 02）

学知の必然性の基礎としての〈常に〉ということ。神が実在するということは他のすべては神に依存し、神は欺く者ではないことを示す。このことを通して、明晰判明に私が知得するすべては必然的に真であるということが裏付けを得る。そうしてはじめて〈常に〉ではない「私」が〈常に〉と言える。このようにして学知をもちうるということに対する三つの反論と三つの答弁。学知の確実性という点で「神に依存する」ということは「第五省察」の成果である。

Ⅸ（第五段落）「第五省察」の結論（E. 72. 08-16/AT. 71. 03-09）

（1） A. J. Guibert, *Bibliographie des œuvres de René Descartes publiées au XVIIe siècle*, Centre National de la Rechrche Scientifique（C. N. R. S.）, Paris, 1976, p. 41によれば、一六四一年から一七〇九年までに、ラテン語版が一四回、フランス語版が四回出版されている。

（2） *Cf.* G. Sebba, *Bibliographia Cartesiana, A Critical Guide to the Descartes Literature 1800-1960*, Martinus Nijhoff, 1964, p. 12.

（3） *Cf. Descartes, Objecter et répondre*, publié sous la direction de J. -M. Beyssade et J. -L. Marion, PUF, 1994,《Note bibliographique》& *Descartes: Principia philosophiae*（*1644-1994*）, Atti del Convegno per il 350° anniversario della pubblicazione dell'opera, A cura di J. -R. Armogathe e G. Belgioioso, Vivarium, 1996,《Advertenza》.

（4） *Œuvres philosophiques*, édition de F. Alquié, Garnier 1963/t. 1, 1967/t. 2, 1973/t. 3.

（5） *Descartes, Méditations métaphysiques/Meditationes de prima philosophia* Texte latin et traduction du duc de Luynes/

Méditations de philosophie première, Présentation et traduction de Michelle BEYSSADE, Librairie Générale Française, 1990.

(6) TOKORO, Takefumi, *Les textes des* 《*Meditationes*》, Chuo University Press, 1994.

第二章　不変にして永遠なる本質

序　端緒としての問い

真理とは何かという問いは、それだけでは何を問えばよいのかわからない問いである。われわれが或ることを真であると主張できるのはどのようにしてなのか。これに対する答え方は、何についての真理を問うかによって、そして真理の求め方によって多様でありうる。この問いは答えの吟味を要求する問いである。このような問いとしてならば、真理とは何かという問いは問いとして成り立つように思われる。しかし、もちろんのことながら、真であると主張できることの条件を吟味することのなかにも、真であるという主張が含まれる。真理について語ろうとする場合には、この事態を避けることはできない。それでは真理を真理において捉えようとすることを放棄しなければならないのだろうか。そうではないと思われる。

真理を探究することと、真理について探究することとは異なる。真理の探究と言われる場合に、求められているのは真理について探究することではなく、真理を探究することである。われわれは真理をわれわれの思考の外におくことができない。だからといって、真理がわれわれの思考の外にあるということを否定するわけではない。真理について思考するときに、真理はその思考そのもののなかにも宿っている。しかし、真理の〈真理である〉ということは、思考された思考に真理のありかを見いだすことはできないということを含む。思考された思考が真理であるとされる場合には、その思考は思考の形式に他ならず、思考の形式は思考の〈そのつど性〉を超えていなければならない。真理がそのつどそのつどの思考を超えているならば、その意味で真理は思考の外にあることになる。しかし、その真理をわれわれは思考することができる。だが、思考された真理と、思考することにおける真理という二種類の真理があるわけではない。というのも、ここで二種類の真理を立てるならば、第三の真理が生じ、かくて幾多の真理が生じて、真理への問いが遮断されるからである。

しかしだからといって、真理を探究することと真理について探究することとの差異に目をつぶることもできない。この差異と、思考された真理と思考することにおける真理という差異は異ならない。われわれは真理のうちで真理について思考し探究するからである。この差異を次のように言い換えることができる。われわれがそれへと向かっているものと、われわれがそのなかで何かに向かっているものとの差異、と。この〈それ〉と〈その〉が同じく真理という名で呼ばれなければならない。真理とは何かという問いは、真理のなかで真理と対面するというわからなさを払拭できない。しかし、このわからなさを避けることもできない。

かくして、われわれが以下において解明しなければならないことは、捉えられた真理は「私」のうちにありながら、そのように真理を捉えることができるのは真理が「私」のうちにあるとは言えないからであるという、この事態を明らかにすることである。これから問題になるのは、物質的な事物についての真理である。この点では問いの領域は限定されている。物質的な事物が実在するということの意味するところは定まっていない。物質的な事物が実在するか否か、このことは答え行く道に影を投げかけない。しかし、物質的な事物についての真理のありかを問う問いが外向きの問いであることはわかっている。とは言うものの、問いが向かっているのは「神」の方へではない。鍵となるのは、「神」ではない方向での外ということ、もしこの表現が空間的な含みをもつと思われるならば、超越と言い換えてもよい。

第一節　「第五省察」の課題

「第五省察」は「概要 Synopsis」によれば、三つの課題を扱っている。一つは「類において解された物体的本性」であり、二つは「新たな論拠」からの神の実在証明であり、三つは「幾何学的な論証の確実性」がどのように神についての認識に依存するのか、これを示すことである（E. 5. 04-12/AT. 15. 13-19）。第一の課題は物体ないし物質の本質を「広がり（延長）」として確定することである。第二の課題、神の実在証明を「新たな論拠から」果たすとは、「第三省察」で行われた二つの神の実在証明に対して「新たな」ということである。これについては困難が見いだされるかもしれないが、その困難は「答弁」において解決をみる、とされる（*ibid.*）。第三番目の課題は、形而上学の確立がどのようにして数学的論証の支えになるのかを示すことにある。この三つの課題が成し遂げられて、数学の学としての基礎が明らかになる。「第一省察」における疑いの途上で見いだされたように、自然学（物理学）は数学の確かさを足場にしている。数学の学としての基礎が明らかになるとは、物質の本質を前提にするすべての学問の論証学たる限りでの基礎が獲得されたということである。このように「第五省察」全体が「学知 scientia」の基礎づけを果たすという役割を担っている。このことは既に指摘されていることである（*cf.* M. GUEROULT, *Descartes selon l'ordre des raisons*, 1953, Aubier, t. 1, pp. 332)。にもかかわらず、全体の課題に対して「存在論的証明というエピソードを別にすれば」（*ibid.*）と言われる。そのように、上記の三つの課題が一つへと焦点を結ぶという点については、明確になっているとは言い難い（*cf.* H. GOUHIER, *La pensée métaphysique de Descartes*, 1962, J. Vrin, p. 293sqq. & G. RODIS-LEWIS, *L'Œuvre de Descrtes*, 1971, J. Vrin, p. 313sqq.）。『省察』のなかで第三番目におかれている神の実在証明が数学の学としての基礎づけにどのように役立っているのか。物質的な事物の本質についての究明と、神の実在についてのア・プリオリな証明と、（学的）知識を獲得して行く際の論証の確実性の問題とが、どのようにして数学の学としての基礎づけに、ひいては諸学の基礎づけに結実するのか。このことの解明はいまだ日の下にさらされているわけではない。この三つの課題の連関するところも明らかにしつつ、「第五省察」を読み解いて行くことにしよう。本章においてまず、その第一の主題を扱った第一部分（E. 63. 03-65. 18/AT. 63. 16-65. 20）を検討することにしよう。[1] その検討に入るに先立って「第五省察」の『省察』全体における位置について簡潔に纏めておこう。

「第四省察」は、「この数日、諸感覚から精神を引き離す」ことに慣らしてきた「私」が、人間精神について、そしてそれ以上に「神」について、未だ認識していないことがあるにせよ、多くのことを認識しているのに対して、物体的な事物についてはごく僅かなことしか真には知得していない、このことに気づくところからはじまる（E. 49. 22-50. 03/AT. 52. 23-53. 03）。「第五省察」の出発点に置かれているのは、「神」と「私」の精神について探究されなければならない多くのことが残っているけれども、「物質的な事物について確実な何かがもたれうるか否かを見る」ということである（E. 62. 15-24/AT. 63. 04-11）。もちろん射程は「第六省察」に届いている。何らかの物質的な事物が「私の外に実在するかどうかを探究する」（「第六省察」）前に、「第五省察」の探究が置かれているのである。

「第一省察」の疑いの道は、どのようにしても、どこからみても、疑いえぬものに至る道であるとともに、「私」

の知の確かさが基礎づけられている順序をも露にする。すなわち、感覚的意見の土台に自然学的意見を、それの基礎に数学的意見を、そのまた基盤に神についての意見を見いだすのである。「第三省察」における観念の第二の途をとおして形而上学の立論が確立され、そこから事実世界についての知識の成り立ちの解明へと赴く前に、「第四省察」において判断の成り立ち、言い換えれば、世界を前にして思いを行使する場合の真・偽の成り立ちが解明される。(2)「第四省察」を終え、かくて準備が整い、疑いの道すがらに浮かび上がった基礎づけ構造に従って数学的知が学知たりうることの所以の解明へと向かう。このためには、「私の思いのうちにあるというかぎりでの quatenus sunt in mea cogitatione」、それら（物質的な事物）の観念を考察して」、そのどれが判明で、どれが不分明かを見なければならない（E. 62. 23-63. 03/AT. 63. 12-15）。これが「第五省察」全体の課題である。(3)

第二節　問いの展開

「第五省察」は、明証性の一般規則を物質的な事物の観念に適用することの妥当性を明らかにし、このことを、同じく一般規則を用いて神の実在証明を仕上げることによって、確固たるものにする。それとともに、「他の事物のすべてが不完全であると信ずるよりは、力能ある何らかの神を否定することの方を好んで選ぶ者」（E. 12. 06-09/AT. 21. 17-19）、つまりは、無神論者を彼らの最終的武器をもって撃つ。数学的知は神の誠実を保証とする一般規則の上に学知たりえ、同じ一般規則を神の観念に振り向けることによって神の実在が帰結することから、神についての認識なしには学知が成立しないという結構が開披される。「第五省察」の第一部分は、われわれが物質的な事物について真理を語るときに、その真理はどのようにあるのかということを明かす。

ここで真理とは何かという問いは、真である真のあるということがどこにおいて成り立っているのか、という問いとして浮かび上がる。われわれがそれへと向かっているものと、われわれがそのなかで何かに向かっているものとが、差異を乗り越えてどのようにして出会うのか。それが本質と観念との交差を問う問いなのである。明証性を真理への案内者とするイデア論において真理探究のパラドックスは生じない。明証性は真理に〈より真である〉ということを許す。これが許容されないならば、真理探究の途上は偽に染まっていることになる。物質的な事物について真理を探究することの可能性を明らかにしようとする場合に、神についてとも「人間精神」についてとも異なる事態に直面する。このことが測られ、物質的な事物の本質とそれの観念との交差のなかに物質的な事物について真理を探究する場が見いだされる。「第五省察」第一部分を解読することをとおして、この問題を明らかにしよう(4)。

第三節　物質的事物について既に得られていること

「概要」によれば、「物体的な自然本性の判明な概念 distinctus conceptus」の「一部分は第二省察において、一部分はまた第五省察と第六省察において」形成される、とされている(E. 02. 20–22/AT. 13. 13–15)。このことは、『省察』初版の表題、すなわち、『第一哲学についての諸省察、そこにおいて神の実在と魂の不死性が論証される』において、「魂の不死性」の論証が約束されているにもかかわらず、それを論じていないではないかという批判に答えるという文脈のなかで言われている。デカルトの言わんとするところは、「第六省察」において身心の「実象的区別 distinctio realis」が結論されるならば、そこから「身体の衰滅から精神の滅亡」が帰結しないことが明らかになるということである（E. 03. 05–08/AT. 13. 25–27)。デカルトはそこで「精神の不死性そのものが結論されうるための諸前提は、全自然学の展開に依拠している」とも述べている（E. 03. 11–12/AT. 13. 29–30)。このことは、形而上学が「われわれの魂の不死性」を論じるということを含みつつも（*PPF*, Préface, IX-2, 14. 08–11)、その全的な解明は「他のもろもろの学知一切の認識を前提する、知恵の最終段階である最高にして最完全な道徳」（*op. cit.*, Préface, IX-2, 14. 29–31）において果たされるということを意味している。「魂の不死性」の問題の帰趨を今は別にして、この問題とのかかわりで「物体的な自然本性の判明な概念」について語られていることに留意しなければならない。つまり、「第二省察」、「第五省察」、「第六省察」という先の列挙は、この問題に焦点を合わせて列挙されている、別言すれば、「判明な distinctus」すなわち「区別された distinctus」概念の獲得に焦点を合わせて列挙されている、ということである。若干迂路を辿ったけれども、以上から得られるのは次のことである。つまり、物体的な事物の本質の明晰な概念を形成するのに役立つことが、上記の列挙された箇所とは別のところに見いだされてもデカルトの本意には反しない、ということである。

「第二省察で」と言われているのは明らかに〈蜜蠟の分析〉がなされている箇所のことである。さらにわれわれは、「第三省察」の「昨日蜜蠟の観念を吟味したその仕方で吟味する」（E. 38. 10–11/AT. 43. 13–14）と言われる箇所も、物体的な事物の本質の明晰な概念を形成するのに役立っている部分として見いだすことができる。「第五省察」全体の把握に向けた再検討に入る前に、これらの箇所から何が得られるのか明らかにしておく。〈蜜蠟の分析〉の要点だけを述べれば、次のようになる。「この蜜蠟」について感覚されうる事柄、たとえば、味、香り、堅さなどは、蜜蠟を火に近づければ変化する（E. 22. 07–28/AT. 30. 03–19)。この変わってしまうものを別にして、想像されるところだけを捉えてみれば、「広がっていて、屈曲しやすく、変化しやすい何か extensum quid, flexibile, mutabile」(E. 23. 15–16/AT. 31. 02–03) 以外の何ものでもない。しかし、このように捉えられるとき、無数の形が現出することになる。「想像する能力 imaginandi facultas」(E. 23. 24/AT. 31. 09–10)、つまり、形を描き出す能力によって無数の形を尽くすことはできない。とするならば、変化して行く形を「広がる何か」として捉えるのは、想像力ではない。かくして「蜜蠟の何であるか」(E. 24. 29/AT. 31. 13) は「精神の洞観 mentis inspectio」(E. 24. 13/AT. 31. 25) によって知得される、ということになる。この「精神の洞観」とはこの日の省察の末尾を参照するならば、「知性」の働きであるということは明らかである (E. 27. 02–03/AT. 34. 02–03)。

〈蜜蠟の分析〉の任務は「精神が物体よりもいっそうよく識《し》られる」ということの例証である。しかし、今着目すべきは、ここで物体の概念について何ほどのことが形成されたのか、ということである。一つには、「物体そのもの」(E. 27. 01/AT. 34. 01–02) は感覚でも、想像力でもなく知性によって知得されるということがある。そして第二に、「この蜜蠟」が「広がる何か」として捉えられたということがある。ここで疑問が生じるかもしれない。たとえば、なぜ、質量として、あるいは、力として、あるいは、エネルギーとして、あるいは、分子として、あるいは、原子として、あるいは素粒子として、この蜜蠟の何であるかということが捉えられなかったのか、という疑問である。いささかアナクロニズムな言い方まで取り上げたが、いずれにせよ、デカルトがここで「広がり」をもってきたのはなぜか、ということの理由が問われなければならない。一言で答えるならば、見えるものから見えないものまでの連続性である。別言すれば、「広がり」ということに関するかぎり感覚と想像力と知性の間に断絶がない、ということである。さらに言い換えれば、知解することも想像することも感覚することも思うことなのである (E. 20. 17–20/AT. 28. 21–22)。「第六省察」の言い方を用いれば、「私が三角形を想像するとき」「私は知解するだけではなくて」「三つの線分をいわば現前するかのように精神の眼で凝視する acie mentis intueor」(E. 73. 18–

19/AT. 72. 06–09)。つまり、三角形を想像するとは、想像力に助けられつつ知性が捉えるということである。また、「第六答弁」「第九項」に述べられている感覚の「ほぼ三つの段階」(AT. 436. 27) を参照すれば、その第三段階目の「普通感覚に帰せられる vulgo sensui tribuatur」(AT. 437. 30) ものは、知性が「矯正する emendare」(*cf*. AT. 439. 14) ことのもとにおいて成り立つということがわかる。さらに「感覚から、記憶の介助によって想像力へと」(M6, E. 75. 23–25/AT. 74. 04–06) 至るという経過も認められるのであるから、感覚、想像力、知性という連関構造を看取することができ、これを見えるものから見えないものまでの連続性と表現することができる。この連続性をしたじきに、〈知ることの知り方〉という視点のもとに、物体の本質、言い換えて、物体において変化を免れたものを捉えようとするとき、それが「広がり」とされるのはけだし当然のことであろう。

次に「第三省察」における「物体的な事物の観念」(E. 38. 06–40. 19/AT. 43. 10–45. 08) が吟味されている箇所について見ることにしよう。このことが吟味されるのは、神の第一の実在証明という論脈においてである。そこでは、観念という場が既に成立しているとともに、明晰判明な知得をそれ以外の知得から選り分けるという探究の指針、つまり「明証性の一般規則」も既に提示されている (E. 28. 19–22/AT. 35. 12–15)。その論脈のなかで、物体的な事物について「私が明晰判明に知得する」(E. 38. 12–13/AT. 43. 15) ものは次の三種類に分けられる。第一に、「大きさ magnitudo」、「形 figura」、「位置 situs」、「運動 motus」であり、第二に、「実体」、「持続」、「数」であり (E. 38. 13–18/AT. 43. 15–19)、第三に、明晰判明には知得されないけれども、挙げておかなければならないものとして、「光」、「色」、「音」、「香り」、「味」、「熱さと冷たさ、ならびに他の触覚的性質」(E. 38. 20–22/AT. 43. 21–22) がある。第三のものは、「きわめて不分明で不明瞭にしか思われず」(E. 38. 22–23/AT. 43. 23)、それらが「事物の観念であるのか事物の観念でないのか」わからない (E. 38. 25–26/AT. 43. 24–26)。第三の観念は、「私」の思うことの仕方から取り出されうる（E. 39. 23-40. 12/AT. 44. 18-45. 01）。第一の諸観念について言えば、「運動」は「位置」の変化として、「位置」は「形」をもつもの相互の関係として、「形」は「広がり」の限界として規定され、「大きさ」は「長さと巾と深さにおける広がり」によって内実を与えられる（E. 38. 13-18/AT. 43. 15-19）。「私」は思うものなのであるから、これらを「形相的に formariter」、たとえば、「私」が四角形であるというように、「私」のうちに含むことはない。しかし、「私」は実体であり、これらは様態であるのだから、思いの様態として「私」のうちに「優勝的には eminenter 含まれると思われる」（E. 40. 12-19/AT. 45. 02-08）。

以上のことから次のことがわかる。まず、第一に挙げられていた諸観念が広がりの観念に戻って行くとされていることであり、次に、第二に挙げられていた諸観念は思いの仕方から、それだけでは、つまり、その内実に着目されるだけでは、分けられないと考えられていることである。さらに、第三の諸観念は、事物の規定性として成り立つか否か明確にはならない観念とされている。最後のことが示しているのは、熱さが事物の規定性であるのか、冷たさが事物の規定性であるのか、このことを見定める手立てがない以上は、ともに事物の規定性としての位置を与えるわけには行かないということである。こうして思うものである「私」のありさまとの関わりのもとに、物体的な事物の観念の識別特徴として広がりの観念が形成されることになる。これを〈あることのありさま〉という視点のもとに、「私」からの疎遠さを〈はかり〉として広がりに至り着いたと表現しておく。

第四節　数学の対象と手法

物質的な事物の観念をそれとして考察するに先だって、物質的な事物について真理を求めるとは何をどのようにすることなのか明らかにしなければならない。なぜならば、一体どこでその探究が真をつかまえるのか、その仕組みが浮き上がってくるのでなければ、先の課題を求め行くための入口となる問いが見いだせないからである。別言すれば、物質的な事物についての探究の成り立つ場が絞り込まれるのでなければ、物質的な事物の観念というも、一体どのレヴェルで、あるいはどの領域でそれを捉えればよいのかわからないのである。われわれはこの探究を数学の対象と手法（E. 63. 03–21/AT. 63. 16–64. 05）の解明として読み解いて行こう（テクストのこの範囲のなかからの引用に際して本節内での頁数・行数の指示を省略する）。

「私は判明に想像し distincte imaginor」、「数え numero」、「振りあてる assigno」。判明に想像されるのは「量的な事物の広がり rei quantae extensio」であり、数えられるのはそれの諸部分であり、その部分に任意の「大きさ、形、位置、場所的運動 magnitudines, figuræ, situs, motus locales」が、そしてその運動に任意の「持続 durationes」が振りあてられる。連続量である幾何学的広がりを「私」は想像する。離散量である数は、想像される広がりの部分を数えることによって成る。数がそうであるように、持続も広がりの部分を必要とする。この点では物質的な事物に帰せられるその他の特性も同じである。[5]『哲学の原理』の表現を借りるならば、物体に帰せられる他のすべてが広がりを「あらかじめ下に措いている præsupponit」がゆえに、広がりが「最始的特性 præcipua proprietas」（AT. VIII-1, 25. 12–20, p. I, art. 53）とされる。[6] その「最始的」であることの実質もこの点から得られる。すなわち、上に挙げた広がり以外のすべてはその諸部分を数え、その諸部分に振りあてるという仕方で広がりをあらかじめ下に措いているのである。そしてこの広がりだけが想像される。物質的な事物についての真理探究の初発には「私」が広がりを判明に想像するということがある。さらに、「判明に想像する」と言われていることは、〈蜜蠟の分析〉からわれわれが探り出した見えるものから見えないものへの連続性という点からすれば、そして、判明という事態を汲み取るならば、想像力に助けられた知性による把握のことを示していると捉えるべきである。もちろん、事柄自体としては、「類として観られた in genere spectata」(E. 63. 11-12/AT. 63. 22) 広がりが他と区別された形として明晰に描かれているということである。この場合に、思いにおいて判明に描かれていることは、たとえば、「数」や「運動」との異なりに応じて「形」が描かれているということである。「数」などが「きわめて判明に知解される distinctissime intelligentur」(*PP*., p. I, art. 55, VIII-1, 26. 11-12) ように、広がりは判明に想像されると言ってよいであろう。「想像する能力と感覚する能力 facultates imaginandi & sentiendi」は「自分の形相的概念のうちに幾許かの知解作用 intellectio を含んでいる」(M6, E. 81. 11-19/AT. 78. 21-27) のである。こうして「私は広がりを判明に想像する」という表現において、物質的な事物についての〈知ることの知り方〉という視点と〈あることのありさま〉という視点とが出会う。「第五省察」のうちに〈物質的な事物の本質は広がりである〉というに類した記述を見いだすことはできない。しかし、「第二省察」と「第三省察」において得られたことを足場にして、「私の思いのうちにあるかぎり」において、物質的な事物の本質が広がりであるということが上記のようにして確立されたのである。広がりの最始元性と知性の場における想像力の使用の交わるところに、物質的な事物の本質が広がりであるという知得が結晶する。

しかし、これら物質的な事物に帰せられることのすべてはその観念を思い（思惟）の仕方から「私」は取り出すことができる。もし、それができないとするならば、広がる事物は「私」を超えた「実象性 realitas」をもつということになるであろう (*cf*. AT. 44. 18-07)。それら物質的な事物に帰せられることは「私」の内に「形相的に formaliter」は含まれていないにせよ「優勝的に eminenter」は含まれる (E. 40. 12-19/AT. 45. 02-08)。広がりも、それが「類として観られる in genere spectata」かぎり、それの観念は思いの仕組み以外の何かを求める必要がないのである。類として観られた場合のそれら物質的な事物に帰せられることごとは「私に全面的に識られるmihi plane nota sunt」。「第五省察」の課題として、物質的な事物について何か確実なことが得られるかどうか、問われる場合に、問われていることは、当然のことながら、全面的に識られていることではない。全面的に識られていることをさらに問い詰めて行く必要はない。そうではなく、判明に想像される量的な広がりの諸部分について何が確実になりうるのかということが問題なのである。言い換えれば、「形、数、運動などについての無数の個別的なことparticularia」こそが「第五省察」の論究が進められる場なのである。(7)

しかし、「個別的なもの」と言うも、決して実在する個々の物質的な事物を念頭においてはならない。なぜならば、物質的な事物が実在するとはどのようなことであるのか、このことが明らかにされる前に、物質的な事物についての諸観念が考察されるからである。この個別的なものを「私は注意することによって知得するattendo percipio」。物質的な事物についての探究は、個別的なものを対象とするがゆえに、「私」に「注意すること」を要求する。類として観られた場合のそれら物質的な事物に帰せられることごとが「全面的に識られる」とは、個別的なことを対象にする場合のようには「注意すること」が必要にはならないということである。個別的なものについての探索に特徴的なこと、すなわち、「注意すること」が神についての認識へと「私」を向かわせる一つの理由になる。

これら個別的なものの真理性が根ざしているところをどこへと求めて行けばよいのか。「それらのものの真理性は、それらのものを初めて私が発見する際にも、私には、新しい何ものかを学び加えるというよりは、すでに前に私の知っていたものを思い起こすかのように、あるいは、以前にはそれらのものに精神のまなざしを私が振り向けたことはなかったとはいえ、それこそ久しくずっと私のうちにあったものに、初めて気づくかのように、思われる

videarというくらい、明白であって私の自然本性にかなっている」(8)。類として観られたものが想起ということとまったく無縁であるか否かは別にして、個別的なものを知るという場合には「思い起こす」という問題が生じることは確かである(9)。個々の形、数、運動を「私」がすべて知得するということはありえない。個別的なものがそのようなあり方をするからこそ、「全面的に識られている」とは言えず、「注意すること」が求められる。しかしながら、全く知らないとも言えない。だからこそ「思い起こす」と「私に思われるvideor」ほどなのである。たとえば、百二角形についてこれまで考えたことがなくとも、この図形を考察してそれの特性を明らかにすることができる。このときの百二角形は思い出されたかのようなのである。

どのような図形を思い描くにせよ広がりということは捉えられているのであるから、そのように類として観られる事柄においては知るということと時間性は係わらない。これに対して、個別的なものについての知には「思い起こす」ということが巻き込まれざるをえない。このことと、物質的な事物についての探究が「私」に注意を要求するということとは同根的事態として、神についての認識へと結びついて行く。かくして、物質的な事物について得られる確実なことは何か、という問いに答えて行くために考察されなければならない対象が明らかになる。さらに、過ぐる日々の省察とはどのような点での異なりを酌量しなければならないのかということもわかる。物質的な事物として吟味されるべきは、量的な広がりを想像するということを初発としてもつ個別的なものであり、注意するとか思い起こすということがこれまでの省察の歩みとの差異を刻んでいるのである。

今一度纏め直してみよう。数学の領域は「個別的なもの」に設定された。類として観られるものと、個別的なものとの差異は、前者が畢竟するところ思いの仕組みに他ならず、その意味で「全面的に識られている」のに対して、後者を追究するに際しては「注意する」とか「思い起こす」ことが求められるという点に存した。これを別の言い方で述べれば、三角形と四角形の区別が看て取られるような領域が成立しなければ、数学の領域も成立しないということである。そのように書くならば、数についてはどうなのかと、問われるかもしれない。数学の領域の成立を語るに際して、なぜ、図形的把握の成立を語り、数について語らないのか、という疑問である。ここには物質的な事物の本質についての解明が数学の領域確定になるということがある。先にも見たように、「数の観念」(E. 40. 10-11/AT. 45. 01) は「私」の思いの仕組みを照らし返すことから得られる。「私がさまざまな思いをもっていて、それらの数を知解するときに」、「私」は数の観念を獲得する。「その後は deinde」、数の観念を他の事物に移すことができる (E. 40. 11-12/AT. 44. 29-45. 02)。「数論 Arithmetica」(E. 65. 08/AT. 65. 12) は「私」以外のものを要求することなく成立することになる。しかし、「幾何学 Geometria」(E. 65. 08/AT. 65. 13) の場合には世界との関わりなしにはその領域について語ることができない。「第五省察」において為されようとしている学知の基礎づけとは、世界について確実に知るということの基盤の吟味のことなのである。「私」、図形、世界というこの順序はまた、自然学の根底に数学が位置し、数学の根柢に形而上学が位置するということでもある。全面的には識られていない物質的で個別的な事物の諸特性について学知をもつこと、これがどのようにして可能であるのか、それが問われていることである。

第五節　明証性の一般規則を物質的な事物の観念に適用すること

次に、明証性の一般規則が物質的な事物について適用されるさまをテクストに即して見て行くことにする (E. 63. 21-65. 17/AT. 64. 06-65. 20)。この部分をさらに二つの部分にわけることができる。数学の対象が「個別的なもの」として定まり、その対象について真理を探究する上で「注意すること」、「想起すること」が浮かび上がった。この二つのことはこれまでの探究手法との差異を示している。その差異が考量されながら第一に、（一）数学的探究のなされる場の設定について考察され、さらに（二）見いだされた観念という場において学問的探究の基幹をなす論証するということについて、その成立が見定められる。この順にテクストの展開を追い問題を吟味して行くことにしよう。

一 考察されるべきこと（E. 63. 21–64. 15/AT. 64. 06–24）

数学の学としての基礎づけという「第五省察」の課題に答えるためにまず何を考察すればよいのか。出発点は次のような観念の発見にある、つまり、以下の三つの事項によって特徴づけられる事物の「無数の観念を私のもとに私が見いだす invenio apud me innumeras ideas」ということである。[10] その事物は、第一に「私」の外に実在しないとしても、「無であるとは言われえない」事物であり、第二に「私」がそれを思ったり、思わなかったりするにせよ、〈思いのままに変えて描く fingo〉ことができそうにない事物であり、第三に「真にして不変な自然本性 vera & immutabilis natura」をもつ事物である。このことは数学の対象である物質的な事物の自然本性、および、特性が「私」の思いを超えているということを示している。しかし、神の方向に超えているのではない。また、超えているということの理由として「私」の思いから独立的な、世界内的実在、つまりは、実体であるということが用いられているのでもない。物質的な事物の「自然本性 natura、あるいは本質 essentia、あるいは形相 forma」は「私のもと」なる観念として摑まれる。その摑まれるまさしくそこで「観念」、言い換えれば、「私」の思いの様態であるという規定が無用になる。さまざまな特性が「論証されうる demonstrari possint」ということを通してこのことが明らかになる。このような事物の例として三角形が挙げられる。

　ここで明確にしておかなければならないことは、この三つの特徴が事物について言われているということである。否、そこまできっぱりと言い切ることができないと反論されるならば、それでもよい。少なくとも、観念の特徴として列挙されているのではない。このことも反論されるかもしれない。この三つの特徴は観念の特徴としてふさわしい、と。第一の点について言うならば、たしかに「第三省察」において事物が観念をとおして知性のうちに対象的にある、その「あり方essendi modus」について、全くの無ではない、とされている（E. 36. 13–17/AT. 41. 27–29）。また、このことは「第一反論」においても繰り返されている（AT. 102. 26–103. 04）。いずれにおいても事物が観念をとおして知性のうちにあるそのあり方が「全くの無ではないplane nihil est」（*ibid.*）とされている。しかし、このことは観念が表象する内容（「対象的実象性realitas objectiva」）についての存在論的身分に係わることである。観念は「思いの様態」であり、「私のうちにある」（*e.g.* E. 34. 14–15/AT. 40. 07–08）。その点では「無であるとは言われえない」と言われる理由がない。或る観念がその観念であることの原因、たとえば「神」の観念の原因、それが求められるときにその観念が表しているものが何ものでもない、あるいは、まったき無であるならば、原因への探索は不可能になる。しかし、ここではそのような原因探索の可能性が問われているのではない。「全くの無ではない」ということを観念の特徴づけとして認めるいわれは何もないのである。第二の点についてみれば、これまでの諸「省察」において〈観念が思われる〉という用例を見いだせないということがある。思うことは、「第二省察」に即して言えば、想像すること感覚することをも含む広い概念である（E. 20. 17–20/AT. 28. 21–22）。その広さゆえに、そして思うことのうちに知解することも含まれているがゆえに、〈観念を思う〉という表現がデカルト的使用からの逸脱であると言うことはできないかもしれない。しかし、テクスト的事実から見れば、この表現は逸脱なのである。それゆえ、ここで述べられていることを観念の特徴づけと看做すことはできない。この点は第三の「仮想される」ということについても同様である。しかし今は、観念について言われているのか、事物について言われているのかという点を最終的には決定しないで、三角形を例にとったデカルトの説明を見て行こう。

「私は三角形を想像する」。その三角形は「私の思いの外」のどこにも実在しない、実在しなかったとしてもよい。しかし、三角形の「自然本性、あるいは本質 essentia、あるいは形相 forma」は[11]「不変にして永遠である immutabilis & æterna」。「私」は三角形を想像したりしなかったりする。その点で「私」は三角形に対して「随意」である。しかし、その本質は不変で永遠である。この点では三角形の本質に対する「私」の「随意」はない。なぜその本質が不変にして永遠であると言えるのか。このことは「三角形についてさまざまの特性が論証され demonstrari うる」ことから明らかなのである。三角形には本質がある。その本質からさまざまな特性を論証することができる。その場合に、三角形の実在をあらかじめ立てる必要はない。たとえば、「三つの角が二直角に等しい」ということが論証される特性の一つの例になる。「私」がかつて三角形を想像したときにそれら特性を作り成しておいて、それを今認知しているというのではない。「私」は三角形の特性を、「私」が作り上げるという仕方で手に入れるのではない。論証することをとおしてそれとして認め、認めるときには明晰に認知する。これまで知らなかった特性を見いだすこともある。しかし、見いだされた特性が三角形について論証される特性であるかぎり、それら特性は相互に無関係であったり、互いに両立しえなかったりすることはない。このようなことを言えるのも、三角形が「私」に依存することもなく、そのときどきで変わってしまうこともない本質をもっているからである。個別的なものとして観られた形、数、運動等は「私」の精神に依存しない不変な本質をもつ。このことは「私」の思いの様態としての観念ということとは別のことである。「私」は三角形を想像したり、しなかったりする。しかし、三角形のさまざまな特性はそのことによって何ら左右されない。

こうしてわれわれは、上に挙げた三つの特徴づけが「或る種の事物」の特徴であって、それの観念の特徴ではないことの理由をもつことができる。その理由を一言でいうならば、数学の対象である個別的なものの本質が「不変にして永遠」だからである。「私」の思いを超えたことなのである。「私」の思いのままにならぬという特徴をもった事物の観念が「私」のもとに見いだされる。このことこそ「別ても考察されるべき」ことなのである。思いを超えたこと、と言っても決して観念の原因が求められるという方向へと超えるのではない。というのも、それが実在するか否かということが議論に何の影響も与えない個別的なものについて問われているからである。思いを縛っているもの、それが思いではないというように思いを超えているのである。しかし、思いを超えているからといって思いの外に実在するのではない。思いのままにならないもの（＝本質）の観念を「私」が「私」のもとに見いだす。より精確に言うならば、物質的な事物の本質を観念として見いだすということこそが見極められなければならないことなのである。

もう一度纏め上げながら問題の所在を明らかにしておこう。個別的なもの（たとえば、三角形）が実在するかどうかを問わない。それの本質は不変にして永遠である。そして「私の精神に依拠」しない。ここで「神」は問題外なのであるから、このもともとのところ不変にして永遠なものは、「私」の外に実在するわけではない。「第五省察」のここで実在すると言えるのは「神」と「私」だけなのである。不変にして永遠なものを「私」が作り成すこともない。この意味でそのものは「私」に依拠しない。こうして上の三つの特徴は本質の不変性・永遠性に収斂する。物質的な事物に関する本質の不変性・永遠性が論証可能性に基づいて明らかにされる。論証できるということは一体どのようなことなのか。論証される特性とは、たとえば、三角形についての「最大の角には最大の辺が対する」ということである。今わかっているのは、その特性が「私」の意志に依存しないこと（「私が意志するにせよ、意志しないにせよ velim nolim」）、そして「私」によって作り上げられたのではないことである。そのような特性が論証される。論証されて特性が得られる。論証されたことの明証性からそこを場にして論証がなされるそこの明証性に至りつけるのか。先ほど思いのままにならぬ、思いを超えると言った。そのことを本質と観念の係わりとして捉え返さねばならない。それはまた物質的な事物の本質が真であるという、そのあることの位置を測定するということでもある。本質のありかが探られなければならない。そうして本質を観念として摑むことができるならば、そのことによって論証されたことの明証性から、そこを場にして論証がなされるそこの明証性に至り着くことになる。このことを摑むためには、そこを場にして論証がなされるそこへの入口の一つである「三角形の観念」に着目すればよい。そしてこの観念が、観念という規定を無用にするということが示されればよい。観念という規定が無用になる地点で三角形の観念はその本質と出会うからである。

二　論証可能性（E. 64. 15-65. 11/AT. 64. 25-65. 15）

まず、三角形の観念が「感覚器官をとおして外的な事物から私に到来した」ということが否定されなければならない。「私」は三角形以外の無数の形を考え出すことができる。感覚するということだけからその無際限性を説明することはできない。それだけではない。それら無数の形についても、そこを場にしてさまざまな特性を論証できる。「第四省察」において既に確保されているように（*cf*. E. 61. 27-30/AT. 62. 15-18）、これらの特性が「私によって明晰に認識される」ならば、真であり、何ものかであり、無ではない。ところで、論証できるということは、論証すれば論証されたことが真だ（あるいは、偽であることが真だ）ということである。その真であることは明証性に裏付けられる。数学の対象である個別的なものを論証するということはそのものを明晰に認識するということである。論証されるならばその特性は真である、何ものかであって、無ではない。三角形の本質が不変にして永遠であるのと同じようにその特性も論証されたならば、換言すれば、真ならば、不変にして永遠でなければならない。なぜならば、真理の規定に不変性と永遠性が含まれていなければならないからである。

三角形の観念は外からやって来たのではない。もし、外からやって来たとするならば、三角形についての真理は「私」の外にあることになる。三角形のさまざまな特性が真であるか否かを決する基準も外なる三角形に存することになる。この場合には、三角形について論証するということが役割を果たすことができない。論証の結果を外なる真理と突きあわせることによってその結果に真という値を付け加えるとしたならば、論証するとは一体何をすることなのか。こうして、三角形の観念が外的な事物から到来するということと三角形について論証できるということとは両立しないことがわかる。三角形について何らかの特性を論証しうるということが成り立つのは、或る何らかの三角形を見たことがあるからなのではない。なぜなら、三角形にかぎらず、「私」は無数の図形について論証することができるからである。論証できる、あるいは、論証することを通して、或る図形についての真理に至り着くことができるということは、その真理が「私」の外にあるわけではないということである。というのも、三角形のさまざまな特性が真であるか否かを決する基準となる真理が「私」の外にあるとするならば、「私」は論証の結果を外なる真理と突き合わせなければならない。しかし、そのことができるならば、「私」は論証する必要がなかったのである。論証せずに、最初から外なる真理を探せばよかったのである。ここで〈外なる真理〉と表現しているのは、そこから「私」が感覚をとおして何らかの知を受け取るという意味での〈外〉である。「感覚をとおして滑り込んできた」ということである。そのような意味での〈外〉に真理があるのではない。三角形は、それを

「私」が想像しようとすまいと、ある。しかし、「私」の外に実在するのではない。三角形の本質は三角形の観念として捉えられる他には「私」によって明晰に認識される術はない。しかし、三角形の本質は三角形の観念ではない。三角形の本質は思いのままにならず、不変にして永遠である。三角形の観念は、思いの様態として「私」のうちにある。「私」が思わないときには、思っていることのありさまのかぎりでのその観念は「私」のうちにあるとは言えない。三角形の本質と三角形の観念とでは〈ありよう〉が異なる。[12] 異なるのでなければ、「私」が三角形について真理を捉えるということが成り立たない。しかし、両者が出会うのでなければ、「私」はやはり真理を捉えることができない。出会うということは論証できるということであり、明晰に認識できるということである。逆に言えば、「私がさまざまな特性を論証できる」ということは真理を摑むことができるということである。

「論証する」とは、しかし、どうすることなのであろうか。「第二答弁」につけられた「神の実在と魂の身体からの区別とを証明する諸根拠」のように、理由を幾何学的な仕方で配置することなのであろうか（AT. 160. 01–05）。しかし、この幾何学的な仕方は「総合 synthesis」と呼ばれ、『省察』において従ったとデカルトが述べている「分析 analysis」とは対比的な記述の方法である（*e.g.* Entretien avec Burman, AT. V, 156. 21–26 & *cf.* AT. V, 153. 01–10/BEYSSADE, Texte 11）。それゆえ、「諸根拠」が従っている仕方をモデルにして、物質的な事物の特性を「論証する」とここに記されているその論証を捉えようとすることはできない。否、『省察』全体がその上に立っている方法と、ここでの論証の仕方が異なっていても何ら齟齬は生じない。それでもなお次のように批判されるかもしれない。「数論 Arithmetica、幾何学 Geometria、総じて純粋にして抽象的な数学 pura atque abstracta Mathesis に属する」ことが「第五省察」の主たる標的であるのだから、幾何学的な証明の仕方こそがここでの「論証する」ことに内容を与える、と。

しかし、「諸特性を論証しうる」と記されたその同じ文に、「明晰に私の認識するものはすべて真である、ということを私は論証した」という表現が見いだされる。明証性の一般規則の論証と諸特性の論証とは、論証する実際の手続きが異なっているにせよ、ともに「論証する」という表現が当てはまるような論証でなければならない。そのようなレヴェルでの「論証する」ことが問題なのである。言い換えれば、この「論証する」ことを捉える場合に、どのような道筋を辿るのかということ、言ってみれば、論証の手法のようなものを引き離して捉えなければならない、ということである。このように考えるならば、ここでの「論証する」ということは明晰に認識するということによって内容が与えられるとしか考えられない。とすれば、われわれはかくて出発点に戻ったことになる。しかし、何も成果が得られなかったのではない。この論証は「諸根拠」が展開されているその仕方のレヴェルにはない。形而上学の成果に基づいて諸学の基礎を明らかにするという水準において、この「論証する」ということは捉えられなければならない。「第五省察」の第二部分において、「論証する」ことの根柢に（たとえば三角形とその特性との間の）引き離し難さということが見いだされ、神のア・プリオリな証明のなかでその引き離し難さの強度が測られることになる。このための準備もかくして整ったのである。

「論証する」ということについて、肝要な点を繰り返しておくことにしよう。先ほど見たように、「私」は観念を介して「私」ではない本質を捉える。どのようにして捉えることができるのか。論証することによってである。それではこの場合に「論証する」とはどのようなことなのか。明晰な認識に至り着くということ以外ではない。「私が明晰に認識することはすべて真」なのである。ここでは「論証する」ことも「明晰に認識する」ことも、順序に従った思いの動きを示す。「私が明晰に認識することはすべて真であるということを、私は既に詳しく論証した(13)」とされる。このことはもちろん「第三省察」から「第四省察」の末尾における結論までの論述のことを指している。

三角形についてその特性（たとえば、内角の和が二直角であること）を論証するということは、当の特性について「明晰判明に知得する」ということである。そのようにして「私」は数学の対象である個別的なものの真理を摑むことができる。「明証性の規則」を数学の対象に適用できるのである。「今や、私が、或る事物の観念を私の思いから取り出すことができるというただそのことから、当の事物に属すると明晰判明に知得することのすべてが実際にその事物に帰する、ということが帰結する」。たとえば、三角形についてその特性を論証する場合に、上に述べた〈外〉を要請することなくなされた。そのことから次のこと、すなわち、〈内角の和が二直角であるということを論証しえたならば、内角の和の二直角であることが三角形に属すること〉が帰結するのである。かくて、「私」によって明晰判明に知得されたものは、観念という領域を超え、知得する「私」は消え去り、〈われわれ〉という場に定置されることになる。言い換えるならば、「明晰に知得する」ということは、思いの推移に従ったその都度その都度のことでしかありえないが、それに対して、論証はその都度その都度ということを溢れ出て行く。それであるからこそ、論証は「学的知識 scientia」として蓄積されうる。

かくして、「純粋にして抽象的な数学」の対象であるかぎりの物質的な事物に明証性の一般規則を適用しうるということが明らかになった。このことをもう一度疑いの道に入る以前を振り返りつつ見直してみて、いま辿り着いている位置を確認する。「私の精神の自然本性は、少なくとも私が明晰に知得しているかぎり、それらに同意しないことができない」というものである。神の実在を証明することを通して確固たる学知へと仕上げなくとも、それが「私」の自然本性であることに変わりはない。そのうえ「感覚の対象にすこぶる執着していたとき」でさえ、数学に属することについて「私」が明証的に認知していた真理を「すべてのうちで最も確実なもの」と看做していたのである。神についての認識がなくとも、物質的な事物に明証性の一般規則を適用しうるということは確かなこととなしうる。このことは無神論者が無神論者であるがゆえに認めざるをえない、あるいは、すすんで承認せざるをえないことである。もちろん、神が実在し、その神が誠実であるという根拠を欠くならば、明証性の一般規則は「同意しないことができない」という自然本性にしか支えを求めることができない。そこから「私」を超え出てこの規則をしっかりした学知の礎《いしずえ》として配することはできないであろう。鍛え上げられ、確かめられ、基礎づけられたこの一般規則を物質的な事物の観念に適用しうることの妥当性が今や明らかになったのである。

第六節　得られたことと残されたこと

「第五省察」第一部分の結論（E. 65. 11–18/AT. 65. 16–20）は次のように提示される。「或る事物の観念を私が私の思いから取り出しうるという、独りそのことのみからして、この事物に属すると明晰判明に私の知得するもののすべてが、実際にこの事物に属するということが帰結する」。「或る事物」と言っても、物質的な事物についての「個別的なもの」、言い換えれば、純粋数学の対象であるかぎりの物質的な事物である。「私」は「私」のもとに、たとえば、三角形の観念を見つける。そのことは不変にして永遠な本質をもつ事物の観念を見いだすということであった。「私」の「随意」には叶わぬ本質を「私」は観念として手にする。そのように「私」のもとで「私」は「私」ではない本質と交差するところでそれを観念として摑む。三角形についてさまざまな特性を論証することと三角形にそれらの特性を帰することとのあいだには、いまや些かの間隙もない。

しかし、数学が個別的なことを対象にするからには、「注意する」とか「思い起こす」ということに直面していることを忘れてはならない。個別的な事物の本質が真にして不変的であり、それの観念（の内容が）が外的な事物にも「私」にも依存しないことが明らかになることによって、一般規則を物質的な事物の観念へと適用することの妥当性も明らかになる。しかし、個別的な事物を対象にしなければならない以上は、このことをさらに同じ論証仕法を用いた神の実在証明によって限なく疑われえぬものにしなければならない。第一部分においてこうして到り着いた地点から、「神の実在が証明される立論が、得られることもまたできるのではないのか」と、展望される。ア・プリオリな神の実在証明が成し遂げられることをとおして、先に引用した第一部分の結論が無神論者の手にはとどかぬ深みにおいて確定されるとともに、彼らがどうして確実な学知をもちえないのかということも判明する。かくて、神についての認識の上に確実な学知が定礎されることになる。数学的知識の真理性の根底に明証性の一般規則を見いだした今、神における本質と実在との引き離し不可能なことを通して、数学の学としての確立基盤を明確にすべく神の実在証明をなすのである。これを言い直すならば、数学が学として基礎づけられるためには、第一に、結合の必然性の源が示されなければならない、第二に、(学的)知識の蓄積の可能性が保証されなければならない、ということになる。第一のことは、(学的)知識が論証によって得られる場合に、項と項との結び付きの強度が測られなければならないということにかかわる。第二のことは、(学的)知識探究における「思い起こす」ということの役割、つまるところ推論の必然性の問題にかかわる。時間的に存在するものである「私」が時間を超えて真理を捉えるに際しての、時間に係わる「私」の(自然)本性が見定められなければならない。神のア・プリオリな実在証明によってなされるのは、この第一のことである。

最後に、端緒としての問いに立ち戻っておくことにしよう。われわれは真理についての探究の可能性について問うた。そして物質的な事物についての真理がどのようにして成り立つのかということを「第五省察」の第一部分に即して究明した。真理について探究することと、真理を探究することとの異なりからするならば、〈物質的な事物についての真理〉という表現からみるに、われわれの究明は真理を探究することへと向かっていると思われるかもしれない。しかし、そうではない。われわれの論究は〈それへと向かっているそれ〉としての真理のありかを露にすることを狙ったものである。物質的な事物についての知という領域のなかで、真理の成り立ちが問われたのである。真理の成り立ちの場は本質と観念との交わりとして明かされた。この場合に、われわれが真理のなかで真理に対面するというわからなさを乗り越えることができたのは、明証性に導かれていたからである。明証性の一般規則が、数学の対象を特徴づける個別的なものに対して類という位置にくるものへと適用可能であることは、既に確保されていたからである。実在しうるということを想定することなく、実在しうる個別的なものにこの規則を適用できるのか、ということこそ問われるべきことであった。このことが第一部分において隈なく明らかになるわけではない。「第五省察」の全体をとおしてはじめて隈なくと言えるのである。

物質的な事物の本質は、「私の外に実在する extra me existere」ことと「私の内にある in me esse」こととの対比からすれば、「私の内にある」と言わねばならない。この点では観念のあり方と同じであるが、しかし、「私」の思いのままにならぬ、思いの様態ではないという点で観念とは異なる。この意味では、「私」の思いの外に〈真にあるもの ens verum〉としてある。物質的な事物についての真理とは何か。それは、「私」の内にありながら、しかし「私」の思うことの外なる物質的な事物の本質を観念として摑むことである。このことを明らかにすることと、物質的な事物へと明証性の一般規則を適用することの可能性を開示することとは同じことなのである。

（1）「第五省察」からの引用に際しては出典箇所の頁数と行数を第二版（Eと略記）、AT版（AT. と略記）の順に示した。

この場合にかぎり出典箇所を多くは表題にまとめて記した。その他の箇所からの引用に際しては、AT版の巻数、頁数、行数を明記する。但し、第七巻については巻数を記さない。使用したテクストならびに翻訳書は以下のとおりであり、引用に際しては同じく以下に記した略記号を用いる。また、邦訳は、三宅徳嘉・小池健男・所雄章訳『デカルト　方法叙説－省察』白水社、一九九一年所収の所雄章訳をほぼ全面的に用いたが、変更した箇所もある。

（2）以上においても、以下においても、「第一省察」から「第四省察」までに関わる問題点については拙著『デカルト形而上学の成立』（勁草書房　一九九〇年）の主に「第三部」を参照していただきたい。

（3）フェデ（R. FÉDÉ）は「第五省察」を以下のように分け、各々に表題を付けている（FÉDÉ, Table des Méditations & pp. 62-72）。なお、第二版、AT版との対応も付け加えておく。

(1)「物質的な事物を吟味する前に、それについてわれわれがどのような観念をもつか考察しなければならないこと」（E. 62. 15-63. 03/AT. 63. 04-15）。

(2)「われわれは、長さと巾と深さにおいて延長するものについての、そしてそれの幾つかの特性についての、明晰判明な観念をもつこと」（E. 63. 03-11/AT. 63. 16-21）。

(3)「われわれは、数、形、運動等々に関する幾つかの個別的なものについてもきわめて明晰に認識すること」（E. 63. 11-22/AT. 63. 22-64. 05）。

(4)「われわれは、それの本性が真で不変的である幾つかの事物についての観念をわれわれのうちにもつこと」（E. 63. 22-64. 15/AT 64. 06-24）。

(5)「これらの事物の観念は、感覚を介してわれわれにもたらされないこと、そしてそれら観念は必然的に真であること」（E. 64. 15-65. 11/AT. 64. 25-65. 15）。

(6)「そのように、そこから一つの神の存在が帰結する」（E. 65. 11-66. 17/AT. 65. 16-66. 15）。

(7)「反対のことを証明するようにみえる理由」（E. 66. 17-29/AT. 66. 16-25）。

(8)「この理由は純粋に詭弁であること」（E. 66. 29-67. 17/AT. 66. 26-67. 11）。

(9)「神にあらゆる類の完全性を帰すことなしに、神について思うことはできないのであるから、そこから結論される神の実在は、純粋な仮定 pure supposition の帰結によるのではないこと」（E. 67. 17-68. 24/AT. 67. 12-68. 10）。

(10)「そして、われわれが神についてもつ観念は虚想されたものではないこと」(E. 68. 24-69. 07/AT. 68. 10-20)。
(11)「すっかりわれわれを納得させることができるのは、われわれが明晰判明に抱懐する事物だけであること」(E. 69. 08-21/AT. 68. 21-69. 03)。
(12)「神以外に、われわれが絶対的に認知し、より容易に認知するものは何もないこと」(E. 69. 21-28/AT. 69. 04-09)。
(13)「ほかのすべての事物の確実性は、神の実在の確実性に必然的に依存すること」(E. 69. 28-70. 06/AT. 69. 10-15)。
(14)「そして、さもなくば、ぼんやりして不確実な認識しかもちえないこと」(E. 70. 07-20/AT. 69. 16-26)。
(15)「きわめて確実と思い込んでいる事物についてもそうである」(E. 70. 20-71. 07/AT. 69. 26-70. 09)。
(16)「しかし、神についての認識をもつ場合には同じではない」(E. 71. 08-72. 07/AT. 70. 10-71. 02)。
(17)「そして、神についての認識は、無数の事物についての認識に至りつくための保証済みの手段をわれわれに与えること」(E. 72. 08-16/AT. 71. 03-09)。

以上の区切り方を三つの主題に大きく振り分けるならば、われわれの分節化における第一部分はフェデの（1）から（6）まで、以下同じように、第二部分は（7）から（10）まで、第三部分は（11）から（17）までということになる。今は、本章の検討対象である第一部分についてのみ見ておくならば、おそらくフェデは（5）までを一纏めにして捉えているであろうと考えられる。とするならば、第一部分の、それが仮の到達点であるにせよ、到達点は「それらの観念は必然的に真であること」によって示されることになる。そのように解されると「物質的な事物の吟味」と第三部分との連繋が見えなくなる。このことの理由の一つに、彼の（6）に付けた表題が前の部分との内容的なつながりを見失わせる、ということがある。彼の（6）は第二部分に入るべく表題がつけられている。ア・プリオリな証明が第二部分の主題であるという点からすれば当然である。しかし、そのことによってこの（6）が第一部分の到達点を示しているということが見逃されてはならない。（6）は第一部分を締めくくりながら第二部分へと移って行くという役割を果たしているとわれわれは考える。

（4）　ゲルー（M. GUEROULT, *Descartres selon l'ordre des raisons*, 1953, Aubier-Montaigne, t. I, pp. 331-384）は「第五省察」について、存在論的証明というエピソードを別にすれば、「神の誠実」によって学知の基礎付けを完遂することが「第五省察」でなされていることである（p. 332）、としている。その第一の主題についての彼の解釈の要旨だけを纏めれば次のようになるであろう。「私の精神の本性は」「私」が何かを明晰判明に知得している限り、それを真とせざるをえない。この点で『規則論』の地平、つまり、自然本性的確実性の地平は揺るがない。「神の誠実」を通して「第五省察」で得られるのは、それら数学的観念が真であるということだけではなく、なぜ真であるのかということの理解である。言い換えれば、「数学的観念に客観的価値 valeur objective」を与える理由が得られる。「神の誠実」によって保証されるのは、この「客観的価値」だけではない。私が明晰判明に知得するすべての特性はこれらの諸特性の本性に属するということも、真であると主張されうることになる。こうして、数論と幾何学がすっかり基礎づけられることになる（p. 334）。

ゲルーのこのような解釈に対するわれわれの見解を述べておく。『規則論』の地平を「第五省察」の解釈にそのまま取り込むことはできないが、彼が『規則論』の地平ということで示そうとしていることが、誇張的懐疑以前の段階のことであるのならば、これを認めることができる。しかし、デカルトは「神の誠実」を使って、明証性の一般規則を物質的な事物の観念へと適用することの妥当性を明らかにしようとしてはいない。数論と幾何学がすっかり基礎づけられることになるには、この妥当性が得られてから、神のア・プリオリな実在証明がなされ、さらに「注意」と「思い起こす」こととが考察されなければならない。「神の誠実」は「第四省察」において既に確保されている（E. 50. 28-29/AT. 53. 23-24）。それゆえ、「第五省察」における明証性の一般規則は「神の誠実」によって保証されていると言ってもよい。その点では「神の誠実」は効力をもっている。しかし、「神の誠実」を通して、あるいは、それによって物質的な事物について真理を語るという場が開かれるわけではない。われわれは、明証性の一般規則を物質的な事物の観念へと適用しうることの妥当性を成果としてもたらす「第五省察」第一部分において、物質的な事物についての真理の場が観念と本質（本性）の出会いの場として見いだされて行くさまを、本章において跡づけることができるであろう。

また、これまでの解釈において、「第五省察」が全体として「神」の問題を中心にして解釈されたり（*e. g.* H. GOUHIER, *La pensée métaphysique de Descartes*, J. Vrin, 1969, p. 293sqq.）、この部分がア・プリオリな神の実在証明の問題へと吸収されてしまう（*e. g.* G. RODIS-LEWIS, *L'Œuvre de Descartes*, J. Vrin, 1971, p. 313sqq.）傾向が強かったと言わざるをえない。所謂〈デカルトの循環〉を巡って、アプリオリな証明が「第五省察」の中心的問題として解釈上大きな役割を果たさざるをえなかったという点については、本書「第二部第二章」「アプリオリな神証明についての諸解釈」を参照していただきたい。われわれは、あらかじめ錘をつけることなく、「概要 Synopsis」に記されている三つの主題をできうるかぎり精確に解き明かして行くべきであると考える。

（5）「第三省察」において運動は位置によって、位置は形によって、形は広がりによって規定され、大きさも広がりによって内実を与えられている（AT. 43. 15-19）。しかし、持続と「数 numerus」については若干異なる。これらの観念は「私」の思う仕方に基づいて説明される（AT. 44. 28-45. 01）。

（6）《præcipua》を「最始的」と訳し、「主要な」とは訳さないことの理由は「報告書」(pp. 15-16) に示されている。

（7）「概要」では本文中に引用したように、「類において解された物体的（自然）本性」と記されている。この「類」と「第五省察」がそこを基本的探究場としている「個別」とは同じレヴェルとすべきであると考える。かくかくの形たとえば三角形は、実在する事物たとえば三角定規に対して類の位置におかれ、かくかくの形は形に対しては個別の位置に来る。物質的な事物が実在することの意義は「第六省察」において定まるのであるから、ここでは実在する三角定規を個別の位置に配することはできない。「類」、「個別」という語の『省察』的使用について以下若干の考察を加えておこう。

「第一省察」において「われわれが目を開くこと、頭を動かすこと、手を伸ばすこと」などが「個別的なもの particularia」の例として挙げられている。これに対して「類的なもの generalia」として「目、頭、手」（AT. 19. 29-31 & 20. 08-09）などが、さらに「いっそう単純で普遍的なもの magis simplicia & universalia」として「物体的（自然）本性一般 natura corporea in communi」、およびその広がり」などが示され（AT. 20. 10-19）、最後に数論や幾何学は「最も単純にして最大限に類的な事物について de simplicissimis & maxime generalibus rebus」だけを扱う（AT. 20. 23-25）、とされている。「第二省察」の〈蜜蠟の例〉の箇所に、「物体一般 corpora in communi」（これに対応することとして「類的知得 generales perceptiones」）と「個別における物体 unum (*scl.* corpus) in particulari」という対が見いだされる（AT. 30. 05-07 & AT. 31. 18-19）。「第五省察」については本文中に引用した（AT. 63. 23）。「第六省察」において、夢と「私」の起源の作者を知らないことが「最大限に類的な疑うことの原因 duas maxime generales dubitandi causas」として付け加えられたと言われる（AT. 77. 07-08）。さらに、「太陽がかくかくの大きさもしくは形などであること quod sol sit talis magnitudinis aut figuræ &c.」が「個別的なもの」の例として挙げられるとともに、それと対比的に「純粋数学の対象のうちで（包括的に）把握される類として観られたすべて」について述べられている（AT. 80. 08-10）。次に、「類として観られた自然（本性）natura generaliter spectata」と「個別における私の（自然）本性 natura mea in particulari」という対比がなされている（AT. 80. 21-26）。最後に、「人間生活が個別的な事物に関して circa res particulares」しばしば誤りにさらされている、と言われる（AT. 90. 14-

16)。
以上の通覧から「個別的なもの」という語の使用基準を割り出すことはできないが、それの例として「この蜜蠟」を挙げることもできれば、「われわれが目を開くこと」を例に挙げることもできる。『省察』的な用法としての「個別的」ということは、類・種系列を越えた個体ではなく、類・種系列のなかでのより下位の種を差していると考えられる。しかし、その一方で、デカルトは自然種の分類としての類・種系列を『省察』において取り入れることを否定していると考えるべきでもある（*e.g.* AT. 25. 25-31)。このことはデカルト哲学において〈個体〉ということをどのように捉えるのかという問題に連なるが、少なくとも、デカルトが個体化の原理を立てなかったこと、類・種系列との関連のもとに〈個体〉概念をおかなかったことは確かであろう。また、『哲学の原理』「第一部」「第一〇節」(AT. VIII-1, 8. 06-12)、「第四八節」(AT. VIII-1, 22. 30-23. 12) などから考えても、どこまでを類的なこととし、どこまでを個別的なこととするのかという基準を見いだすことはできない。これらすべてを勘案するに、「概要」中の「類において解された物体的（自然）本性」と本文中の「個別的なもの」とは同じレヴェルに対する異なる視点からの表現であると解すべきなのである。

(8) この箇所の《quorum》と《illa primum detego》の《illa》は《illa sic in genere spectata》と《particularia》の両方を受けるのではなく、M. BEYSSADE (choses particulières, dont la vérité) およびG. HEFFERNAN (particulars whose truth) と同じように《quorum》は《illa》と同じく《particularia》を受けると解するべきであろう (LUYNES: une infinité de particularités touchant les nombres, ... et autres choses semblables dont la vérité およびJ. COTTIGHAM: And the truth of these matters も同じように解しているとも考えられる)。「思い起こす」ということが言われるのは個別的なものについてである。このように読むことが正しければ、類的なものは想起ということに関わらないということになる。そうとすれば、ここで述べられていることをそのまま「本有観念」ということに結び付けるわけには行かない。この点については次の註（9）と関連する。

(9) 既に指摘されているように、「ヴォエティウス宛書簡」においてプラトンの『メノン』篇への言及がなされている（AT. VIII-2, 166-167)。これについてロディス-レヴィス (G. RODIS-LEWIS) は「想起ということは権利上の先行性を象徴的に表現しており、その概念があらかじめ認識されているということには何ら係わらない」(*op. cit.*, p. 315)、と述べている。この「書簡」の当該箇所では、神のア・プリオリな実在証明は「われわれに植え付けられた諸概念」だけに基づいており、「幾何学のすべての真理」もこの類に入るとされている（AT. VIII-2, 166. 15-167. 14）。ここでは「本有観念 idea innata」と呼んでよい事柄に関して「想起 reminiscentia」という問題が生じている。しかし、「第五省察」の今われわれの検討している箇所では、個々の形、数、運動など個別的なものについての知と係わりながら「思い起こす」こと（ないし想起ということ）が言われている。この両者をまったく別の問題とすることはできない。だが、同じ問題として論じるならば、数学的知の特有性が見失われることになろう。観念の本有性については拙著『観念と存在　デカルト研究1』知泉書館、二〇〇四年、「第三部第三章「「本有観念」と「観念」の本有性」一七三頁から一九三頁までを参照していただきたい。そこで示したように、観念の本有性によって捉えられねばならないことは、思いのままにならず、それを足場に論証が可能になる、ということである。「第五省察」のここでは個別的なものの本質と観念とがどのように出会うがゆえに、数学の対象になるものについての観念が、〈思いのままにならず、それを足場に論証が可能になる〉という規定をもちうるのか、このことが論究されている。しかし、数学の学としての基礎づけにはこれだけでは不足なのである。「思い起こす」こと「注意する」ということの役割が測られなければならない。これらのことを酌量せずに、数学的な真理の観念は本有観念であるとするならば、明らかにしなければならない問題が見えなくなるであろう。本有観念と論定するために解明しなければならないことこそ本有観念ということに内実を与えるのである。

(10) アルキエは《invenio apud me innumeras ideas quarumdam rerum, quæ etiam si extra me fortasse nullibi existant》における《quæ》が《rerum》を受けて、《ideas》を受けるのではないと指摘している。もし「観念」をさすならば、デカルトは「恐らく」などと言えないであろうというのが彼の理由である。観念の対象、観念の「対象的実象性」にここでの真理の場、そこは「ほぼ外部 quasi-extériorité」という場であるが、それを見ようとするのが彼の解釈のようである（ALQUIÉ, t. II, p. 470, n. 2 & p. 471, n. 1 & n. 2）。このアルキエの「対象的実象性」という概念を持ち込む解釈は受け入れられない。なぜならこの概念は「第三省察」における第一の神の実在証明と「第六省察」における物体の実在証明においてのみ効力を発揮する概念だからである。「私」の方へと投げられてある観念の表象する内容を示すこの概念は「私」の外に実在する事物との係わりのもとで用いられる。

ここでの《existant》の主語は《possunt》,《cogitentur》,《finguntur》,《habent》の主語でもなければならない。「観念」が「思われる」あるいは「仮想される」という表現の明確な例を『省察』本文のなかには見いだすことができなかった。観念は思いの様態、それをさらに思うというのは『省察』本文の「イデア」論とは異なった境位を示しているように考えられる。「私」は実際にありそうもない事物を「仮想する fingo」。そのように（仮想することによって）「作為観念」を作り上げるのであるけれども、そのこと以外に〈観念を仮想する〉とは言い難いとも思われる。次に挙げられる例が三角形であることから考えても、《quae》の先行詞は《res》であると考えた方がよいという点ではアルキエの読みを採用する。この点について別の解釈を提示したものとして、次の二つを挙げうる。すなわち、J. PACHO, Ontologie und Erkenntnistheorie, Wilhelm Fink Verlag, 1980, p. 165, n. 38 と、小泉義之「デカルトにおける数学の懐疑（II）」（「論集IV」東京大学文学部哲学研究室、一九八五年）pp. 134-135 & p. 139, n. 21 とである。しかし、本論および本註において示した理由によりこの解釈は成り立たないと考える。

(11)「（自然）本性、あるいは本質、あるいは形相」という言い換えについてのアルキエ（ALQUIÉ, p. 471, n. 1）の説に対する「報告書」における所雄章の批判をわれわれも受け入れ（「報告書」、pp. 6-7）、以下においては、物質的な事物の「（自然）本性、あるいは本質、あるいは形相」を「本質」とだけ記す。アルキエの説に対するわれわれなりの批判については前註参照。

(12) 論証可能であることと本質の不変にして永遠であることとの関わりについて、ビュルマン（BURMAN）が問いを提示している。この応接については「報告書」に詳しく述べられている（pp. 7-8）が、議論の都合上われわれなりに纏めておくことにする。ビュルマンの質問の中心は、それに基づいて論証できるということが、何らかの事物の不変で永遠な本質をもつことの理由になるのか、という点にある。これに対してデカルトは次のように答えたようである。ビュルマンの提示したキマエラでさえ、そこにおいて明晰判明に捉えられうることは「真なる存在 ens verum」であり、「仮想された存在 ens fictum」ではない。なぜなら、それは真なる本質をもち、神によってあるからである。しかし、われわれが「真なる存在」を実在すると想定する場合には、その「真なる存在」は「仮想された存在 ens fictum」と言われる。数学者の論証はすべて「真なる（諸）存在 vera entia」を対象にしていて、そのように、「数学の全対象 totom et universum matheseos objectum」は「真にして実象的な存在 verum et reale ens」であり、「真なる実象的な本性 vera ac realis natura」をもつ。この点では自然学の対象と変わらない。両者の差異は次の点にだけある。自然学は、対象を現実的に、かくかくの仕方で実在するかぎりで考察するのに対して、数学は、対象を可能的に、なるほど「空間のうちには現実的に実在する in spatio actu existere」ことはないが、（空間のうちに）実在しうるというかぎりで考察する。ここで注意を喚起しておくべきは、われわれが明晰な知得について語っていて、「想像（力）imaginatio」について語っていないということである。われわれがどれほど明晰にライオンの頭を山羊の胴に結びつけても、それの実在は帰結しない。デカルトは概略このように答えている（AT. V, 160/BEYSSADE, Texte 26, pp. 72-73)。「想像（力）」が問題ではないということは、事柄が本質ないし本性のレヴェルにあるということを示していると考えられる。

われわれにとって重要なことは、ここに二つのあり方と実在との関係が述べられているということである。二つのあり方とは「真なる存在 ens verum」と「仮想された存在 ens fictum」のことである。このことを考える上で、ベイサッドがこの箇所につけた註が役に立つ（BEYSSADE, *op. cit.*, p. 72, n. 1)。彼は、デカルトがキマエラを二つの意味で用いている、とする。その第一は、矛盾を含んでいて実在しえないもの、という意味である（*cf.* Resp. 5, 383. 16-20)。第二は、われわれの外には実在しないが、可能的実在をもつもの、という意味である（*cf.* Resp. 1, 119. 08-11 これは M3, AT. 37. 05 & 15 に戻る)。この二つは一見すると対立的であるが、そうではなく捉えることができる。「第五答弁」の当該箇所に、キマエラのようなものどもについて「どんな実在もありえないと想定される quarum existentia nulla esse posse supponitur」と記されている。この引用文の直前で「というのも、[このこと=三角形の観念において可能的実在が完全性であること、が］かのキマエラどもの観念がそうであるよりも、三角形の観念をいっそう秀でたものにしているのだから」(Resp. 5, 383. 18-20）とされている。キマエラについて「可能的実在 existentia possibilis」さえ認められないとされているように思われる。「第一答弁」では「われわれのうちにそれの判明な観念があるところのすべての事物とも、また、知性の構想によって合成されるもの iis quæ per figmentum intellectûs componuntur」とも同じように、「この上なく力能のある存在 ens summe potens」に「可能的実在」が適合する、と言われる。

第一に、この「知性の構想によって合成されるもの」とキマエラとを同じく扱うことはできないであろう。なぜならば、キマエラのようなものどもとは想像（力）の所産であると考えられるからである。キマエラも、しかし、明晰判明に捉えられるならば、知性によって知得されたことになる。その場合に知得されるのは「真なる存在」である。三角形は空間のうちに実在しうるというかぎりで考察される。その意味で三角形に可能的実在を帰すことができる。これに対してキマエラには「空間のうちに現実的に実在する」という可能性を認められていない。想像（力）の産物たるキマエラは（空間のうちでの）可能的実在をもちえない。第二に、可能的実在さえ認められないものについても、それを明晰に捉えることの可能性が否定されるわけではない。キマエラが広がる事物として捉えられ、その諸特性が見いだされるならば、それらの諸特性は「真なる存在」である。しかし、これが「私」の外に実在するとされるならば、この諸特性は「仮想された存在 ens fictum」と言われる。

要するに、キマエラのようなものどもにどんな実在もふさわしくないとされる場合、そのキマエラのようなものとは想像（力）の産物である。知性の合成するところと看做される場合には、可能的実在が適合するのである。キマエラの例を持ち出したビュルマンに対して、デカルトが、明晰な知得について語っていて、想像（力）について語ってはいないという注意を与えたのも、このゆえと考えられる。このように解するならば、ベイサッドの指摘した対立は解消されるであろう。以上のことからしても、デカルトの言うところを捉えようとする場合には、「実在すること」とは異なる存在領域を確保せねばならないことがわかる。本註冒頭で述べた二つのあり方と実在との関係については、本章においてはその些かを提示するに留まる。この点はア・プリオリな証明の解明においてさらに論じられることになろう。

(13)「第五省察」の第一部分における明証性の規則の提示について、「たとえこのことを私が論証しなかったとしても quamvis id non de monstrassem」(E. 64. 30-65. 01/AT. 65. 06-07) という点を巡って、モワイヤル、キャロー、ベイサッドの間で神証明の順序についての論争がある。モワイヤルはここと「第一省察」における「ほかのすべての事物が不確実であると信じるよりも、これほどの力能のある神を否定することを好む少なからぬ人びとが、もしかして、いるかもしれない。しかし、私は彼らに背かずに、神についてのこうしたすべては虚構であるとわれわれはしておこう」(M1, E. 12. 06-10/AT. VII, 21. 17-19) とを関係づけ、神順序の問題を複線化することによって解決しようとする。しかし、彼の説はキャロー、ベイサッドによって不成立を宣告されることになる。(1) Georges J. D. MOYAL, VERITAS ÆTERNA, DEO VOLENTE, (*Les Études Philosophiques*, 1987, 4), pp. 463-487. (2) Georges J. D. MOYAL, La preuve ontologique dans l'ordre des raisons, (*Revue de Métaphysique et de Morale*, 1988, 93, 2), pp. 246-258. (3) Vincent CARRAUD, in Bulletin Cartésien XIX (*Archives de Philosophie*, 54, 1991, Cahier 1), pp. 71-72. (4) Jean-Marie BEYSSADE, 《Devenir Athées》 sur un passage controversé de la Première Méditation, in Bulletin Cartésien XX (*Archives de Philosophie*, 55, 1992, Cahier 1), pp. 3-6. (5) Georges J. D. MOYAL, A la défense d'un contresens et du Duc de Luynes, in Bulletin Cartésien XX (*Archives de Philosophie*, 55, 1992, Cahier 1), pp. 6-9 参照。)

第三章　神のア・プリオリな実在証明

第一節　証明の提示

「第五省察」の第二部分（E. 65. 18–69. 07/AT. 65. 21–68. 20）において、「明証性の規則」が神の観念に振り向けられる。ア・プリオリな神の実在証明である。この証明が「存在論的証明」と呼ばれ、さまざまに論じられることがある。ここではそれらさまざまな問題には触れずに、学的知識の基礎づけということに、この証明がどのような役割を果たしているのかということに集注する。この証明は、「この上なく完全な存在の観念 idea entis summe perfecti を私のもとに見つけ出す」ということの確かさと、「常に実在すること ut semper existat が神の自然本性に属すると、私が明晰判明に知得する」ということとを前提にし、そこから「神の実在 existentia Dei」を帰結する証明である（E. 65. 18–30/AT. 65. 21–66. 01）。この証明は「図形あるいは数について」の論証と並行的に述べられている。さらに「先日来私が省察してきたすべてが真ではないとしたとしても、これまでの数学的な諸真理がそうであったのと、少なくとも確実性の同じ度合いにおいて」結論が得られるとされる（*ibid*.）[1]。要するに、形而上学に支えられることがなくとも、数学的な証明と少なくとも同じほどに確実な証明として提示されているのである。また、「先日来私が省察してきたすべてが真ではないとしたとしても」という反事実的仮定の示していることは、明証性の規則をその理由づけの過程から切り離して使用できるということを示している。この第二部分において徹底的に問い抜かれるのは神における本質と実在との分離不可能性の問題である。上に提示した証明の仕方に対する三つの仮想的な反論とそれらへの答弁を通してこのことが解明される。

第二節　第一反論と答弁

第一の反論は、「常に実在すること semper existere」(E. 65. 22/AT. 65. 24)[2] が神の自然本性に属するというのは詭弁である、という点に存する (E. 65. 30-66. 03/AT. 66. 02-03)。この反論の理由は次のことに求められる。つまり、他のすべての事物において「私は実在を本質から区別するのに慣れてしまっている assuetus sim」ので、神についても同断であると納得してしまう、ということである (E. 66. 03-07/AT. 66. 03-07)。神についても、その他のすべての個別的なものとひとしなみに、その本質と実在とを区別してしまう。[3] そのように区別してしまう理由は「慣れてしまっている」ということでしかない。この〈慣れている〉ということは、一方ではそれ以外の理由のなさを示し、他方ではこれまでの諸「省察」に支持されていなければならない、ということを示す。しかし、このことは相反することではない。「慣れている」ということの理由が『省察』の道筋のなかに求められるからである。「第二省察」の〈蜜蠟の分析〉以来、「私」は感覚から精神を引き離すということに自分を慣らしてきた (M4, E. 49. 22-23/AT. 52. 23-24)。このことに慣らすとは、また、何かを感覚するときにその何かが実在すると思ってしまうという思い込みを遠ざけることでもある。なぜならば、「私」が感じるままに感じられた事物がある、と思うとき、その〈ある〉は世界のうちに実在するということを巻き込んでしまうからである。要するに、神についてその実在を本質から区別することの理由は見いだされていないのである。先に見た「第五省察」の第一部分では、その実在とは別に、物質的な事物の本質が問われている。「第六省察」において物質的な事物が実在するか否かを問うことになる前に、この「第五省察」でその本質を問うのである。

この反論に対して、次なる答弁が与えられる。神と他のすべての事物の同列化ということから離れて、「いっそう入念に」注意して考察すれば、三角形の本質と内角の和が二直角に等しいということが分離されえず、山の観念と谷の観念とが分離されえないのと同じように、神の本質と実在とが分離されえないことが明らかになる。そうなれば、「谷を欠いた山を思うことに劣らず、実在を欠いた（言いかえるなら或る完全性を欠いた）神（言いかえるならこの上なく完全な存在）を思うことは矛盾ということになる」(E. 66. 07-17/AT. 66. 07-15)。ここで問題になっている本質と実在の関係は、神についてだけ言われうるものだということであり、神の場合は、二つの項の間の引き離し難さという点でのみ、三角形の場合、山の場合と同じなのである。この論脈のなかで、「実在を欠いた」ということが「或る完全性 aliqua perfectio を欠いた」ということと言い換えられている。被造物について言われる「実在」が「完全性」であるとされているのではない。本質とのかかわりにおける神の実在と被造物の実在との差異が議論に用いられている(4)。

この第一の答弁について三つのことを指摘しておく。その一つは、なぜ「山の観念」と「谷の観念」という例が用いられているのかということである。われわれはここに形而上学と数学と自然学の接する地点で問題が立てられていることを見抜かなければならない。神における本質と実在の引き離し難さが、数学的なそして自然学的な引き離し難さを超えるものとして測られるのである。もう一つは、この神における結び付きに対してどのような異議の申し立てが可能であるのか、という問題がある。もし神において実在と本質とを引き離すことが可能であるとしたならば、それは神についての理解と実在についての理解を変えるのでなければならないであろう。神を人間の構想の産物として有限化すること、実在とは〈感覚されてある〉ことだとすること、そのように設定するならば、異議を申し立てるのは容易である。しかし、神は「この上なく完全な存在」であり、その神における実在は「何らかの或る完全性」である(E. 66. 14-16/AT. 66. 12-14)[(5)]。この神の規定は「第三省察」における第二の神証明において獲得された「最高に完全な存在 ens perfectissimum」(E. 47. 22-23/AT. 51. 03-04)という規定にまで戻って行く。つまり、このように神を規定することの理由は既に与えられているということである。そして実在とは〈感覚されてある〉ということであるとする意見は「第一省察」において懐疑にふされている。「実在する」ということは、「私」の思いへの無依存性のもとに、実体のありかたとして「第三省察」において見いだされる。

だが、第三に、実在が神の完全性ではないという途が残っていると考えられもするであろう。しかしながら、神はすべての完全性を〈一つ〉としてもつ(「唯一性 unitas と単純性 simplicitas」M3, E. 47. 01-02/AT. 50. 16-17)という意味で最高に完全なのである。神において、もし実在が完全性ではないならば、神の実在は神のことではなくなる。神の実在は、それについて原因を問いえない何かということになるか、他によって与えられたものであるか、人が神とのかかわりのなかで神に賦与する何かということになる。その場合に、われわれはわれわれ自身の実在の理由を探る途を閉ざしてしまうか、あるいはこの途を無限の闇で覆い隠すことになるか、おそらくは何れかにしかなるまい。われわれが自らの実在の理由ないし原因を超出という仕方でなく問おうとするならば、際限もなく広がる〈すべて〉という輪のなかで問いの在処を見失うか、ついには問いが自らへと舞い戻り、これを受け取るべき中心を喪失して、〈受難 passion〉としての自己に啞然とするだけであろう。われわれにとって「なぜ実在するのか」という問いが超出という仕方で問う以外にないならば、神の実在は人間の賦与するところであっても、他によって与えられたものであっても、それについて原因を問いえない何かであってもならない。神において実在が完全性の一つであるということは、神の実在が「私」の有限性を超えていて別様には思うことができないということを示している。このことも既に「第三省察」で獲得されたことである。かくて「私とともに省察する mecum meditari」(E. 5. 18–19/AT. 09. 25) 者にとっては先ほどのように異議を申し立てる術は残されていない。

第三節　第二反論と答弁

この答弁に対して第二の反論が用意される。その骨子は神と実在との関係は山と谷との関係とは異なるという点にある。実在しない神を思うことは不可能であるということを認めても、「私が谷とともに山を思うということから、したがって何らかの山が世界のうちにあるということは帰結しない」と反論される。この反論は二つのことを示している。第一に、「私の思いは事物に何らの必然性 necessitas をも押し付けない」(E. 66. 24–25/AT. 66. 21–22) ということ、第二に、翼のない馬を「想像する imaginari」のはかまわないように、神が実在しなくとも「神について実在を仮想する affingere」(E. 66. 27–28/AT. 66. 23–25) ことができるかもしれない、ということである。要するに、反論の立場は、必然性を思いの届かぬ先に追い遣り、かくて実在しない神を仮想することを許し、さらには神の実在の確かさを危うくすることへと通じているのである。

これに対する答弁は「かえって詭弁はここに潜んでいる」というものである。なぜならば、「私が、谷なしに山を思うことができないということから、どこかに山と谷とが実在するということは帰結しない」。ここから帰結するのは、「実在するにせよ、実在しないにせよ、山と谷とが、相互に切り離されえないということだけ」である。

けれども、「私が、神を実在なしに思うことができないということからは、実在が神から分離しえないということが帰結し、したがって、神は実際に実在するということが帰結する」。「このことを私の思いがこしらえあげるのではなく、言うなら、或る必然性を何らかの事物に押し付けるのではなく、そうではなく反対に、事物そのものの」、つまり、神の実在するということの必然性が、「私を、このことを思うべく規定する」からなのである。というのも、「翼を持った馬や、翼を持たぬ馬を想像することは自由であるが、そのようには、実在なしの神（この上なき完全性なしのこの上なく完全な存在 ens summe perfectum absque summa perfectione）を思うことは私に自由ではないからである」（E. 66. 29–67. 17/AT. 66. 26–67. 11）。

要するに、この第二の答弁は、詭弁の本拠を神とその他の事物との同列化として指弾し、その差異するところを必然性として明かす点に核心をもつ。「翼をもつ馬を想像すること」の自由さと対比的に、「実在なしの神を思うこと」の不自由さとして「私」の側での必然性の拠点が示される。想像不可能性をも含む思うことの不可能性は意の儘《まま》にならぬという一点に収斂する。「私」の側の意志することによる肯定・否定という働きを超えていることを、別言すれば、思うことの限界を理由として、神における実在の引き離し不可能なことを範型として、必然性という概念に内実が与えられる。

このように神だけが例外であるのは、神を例外として立てるからである、という言い方がなされるかもしれない。ガサンディは神だけが例外であることを用いた議論を論点窃取であるとする（Obj. 5, 382. 25–384. 07 & P. Gassendi, *Disquisitio metaphysica*, Texte établi, traduit et annoté par B. Rochot, 1962, Vrin, p. 497）[6]。なぜなら、実在するとしてあらかじめ立てておいて、そこから実在することを帰結しているからである。この問いの答えは、「第三省察」に求められることになる。「第三省察」における神証明の果実、とりわけ神観念の成立が神の実在の意味を明らかにすることを踏まえるならば、論点窃取にはならない。批判の進んで行く別の道筋として、このように例外を立てること自体に対する異議があるであろう。神だけを例外とすることによって、われわれは何を失い何を得るのか。超越的なものを措定することによって失うことがあるとするならば、ここで失うものはそれと同じである。得るものは何か。その一つが必然性の範型である。しかし、この「必然性」概念の適用に関して未だ不明な点が残っている。第三の反論はこの点をつく。

第四節　第三反論と答弁

四辺形のすべては円に内接し、菱形は四辺形の一つである、ゆえに菱形は円に内接する、という推論の帰結が偽であるように、〈神がすべての完全性をもち、実在が完全性のうちの一つである〉という前提が偽であるので、推論は必然的でも、偽なる結論が生じた、というのが第三の反論である（E. 67. 17–27/AT. 67. 12–19）。しかし、「神はすべての完全性をもつ」という前提が必然的ではない、と言われる場合の、その必然性とは何の必然性であるのか。(7) 第三の反論は、「私」は何れの方向にも思いを向けることができるということと、思われている内容について「私」の「自由」は確定されているということとの混同の上に成り立つ。慥《たし》かに「私がいつか神について思う」ということは必然的 necesse ではない。しかし、神について思ってみれば、「その度毎に」、「私が神にすべての完全性を帰すということは必然的 necesse」なのである。つまり、神の何であるかについての必然性である。神について思うことにおいて、言わば折れ返ってきて「私」を規定する必然性である。向こう側で決まっているのではなく、思われている事物が思われる、その思われる仕方に規定される。送り出して跳ね返ってくる、その仕方によって規定される。

「神にすべての完全性を帰す」と言っても、そのすべての完全性を枚挙しなくとも、個々の完全性に注意を向けなくともよい。〈神がすべての完全性をもつ〉ということがどのようなことであるのか、そのことが把握されていればよい。神は「無限実体 substantia infinita」(M3, E. 40. 23/AT. 45. 11) であり、「不可分離性 inseparabilitas」は神の最始的完全性のうちの一つである (M3, E. 47. 02/AT. 50. 16–19) ということは既に了解されている。しかし、そのことが根拠をもって了解されているとしても、〈神がすべての完全性をもつ〉ということの必然性がどのようにして保証されうるのか。〈神がすべての完全性をもつ〉ということの否定の不可能性は何を示しているのか。このことが第三の反論において問われていることである。

この反論に対してなされなければならないことは、〈神がすべての完全性をもつ〉ということが必然的ではないという想定が成り立つ、その圏域の相対化である。〈神がすべての完全性をもつ〉ということが必然的ではないとすることは、〈神がすべての完全性をもつ〉ということも、〈神がすべての完全性をもつわけではない〉ということも可能だとすることである。神がすべての完全性をもつわけではないことが可能であるかのように思われるのは、〈すべてのこと〉を思うことができるかのような幻想の上に立っているからである。なぜなら、神はすべての完全性をもっているわけではないと考えるためには、〈すべてのこと〉を思い終えて、そのなかに神には帰すことのできない完全性があるということを見いださなければならないからである。〈神がすべての完全性をもつ〉ということが、必然的ではなく、単に可能的であるとするならば、〈神がすべての完全性をもつ〉ということと、その反対である〈神がすべての完全性をもつわけではない〉ということとが並び立つことになる。そしてもし、〈神がすべての完全性をもつわけではない〉ということが一つの幻想であるならば、〈神がすべての完全性をもつ〉ということとの反対が成立しないということになる。反対も可能であることを可能性の成立要件として採るならば、〈神がすべての完全性をもつわけではない〉ということは可能ではないということになる。〈すべてのこと〉を思うことができるということが、一つの幻想であるのは、「私」が有限だからである。〈すべてのこと〉に、「私」は地平的に触れることができるだけであって、〈すべてのこと〉を包括的に把握する、つまりはすっかりわかって並べ立てることはできない。それゆえ、この〈すべてのこと〉を規定することはできない。〈すべてのこと〉を規定しようとして、枚挙することも、一つ一つに注意を向けることも、無益なのである。

しかし、〈すべて〉ということがどのようなことであるのか、このことについて事情は異なる。「私」は〈すべて〉ということについて、それがどのようなことであるのか知っている。われわれが〈すべて〉に向かって思いを馳せることができ、幻想としてではなく〈すべてのこと〉を規定できるのは、その〈すべてのこと〉が相対化されているからである。〈すべてのこと〉を枚挙することも、その一つ一つに注意を向けることもできない。しかしながら、相対化されながらも、〈すべてのこと〉について語り、そのようにして〈すべて〉をわれわれの知の言葉にする。そのことは、相対化を受け入れない絶対的な「すべて」つまり、「無限」に支えられているということを示している。知識の枠組における「神」概念の位置として知っている。逆に言えば、神把握を通してでなければ、あるいは、無限についての把握を通してでなければ、この〈すべて〉ということをわれわれの知の言葉にすることができない。その境地において「神はすべての完全性をもつ」ということは必然的なのである。この境地の提示によって先の圏域が相対化される。つまり、〈神はすべての完全性をもつ〉ということが可能であるということの成り立つ圏域が相対化される。このことこそ第三の答弁の要である。〈すべてのこと〉はいつも相対的である。相対的な〈すべてのこと〉が成り立つためには、相対性を超えた〈すべて〉に支えられていなければならない。

第五節　神はすべての完全性をもつ

こうして〈神がすべての完全性をもつ〉ということの必然性の意義が明らかになる。この必然性は、「後になって、実在が完全性であると気づくときに、第一にしてこの上ない存在 ens primum & summum が実在するということを正しく結論するのに、まったく十分である」(E. 68. 04-08/AT. 67. 25-28)。ここから次のことも見えてくる。つまり、「私が何らかの三角形をいつか想像するということは必然的 necesse ではない」が、しかし、「三つだけの角をもつ直線図形を考察しようと意志する度毎に」、それらに基づいて内角の和が二直角であると「正しく推論される recte infertur」ところのものを、その図形に「私が帰すことは必然的 necesse である」(E. 68. 09-15/AT. 67. 28-68. 02)。「私が帰す」ということの必然性は、思いの「自由」を超えているということを示す。「神がすべての完全性をもつ」ということの必然性と、三角形が本質をもつということの必然性とが思うことの道筋の同等性のもとに、そしてそれに基づいて論証が可能になるその始めという点での同等性のもとに、おかれる。この同等性はそれぞれの道筋における第一なるものを示している。しかし、神についての道筋の方が先立つのであるが、そのことは後に示される。「私」が三角形を「考察する」場合にそれに帰すことも論証の始めとしての第一のものであり、そこを基点にして論証がなされる、つまり、そこを出発点にして明晰判明な認識に至る。命題の必然性から、命題を重ねて行くことによって構成される論証の問題へと展開して行く。先に述べたように、論証されて結論が得られたということは、明晰判明な認識に至り着いたということを示す。「正しく推論され」たか否か、論証の妥当性、推論の必然性は明晰判明な知得の連鎖によって評価されることになる。

このように「偽なる［諸］措定 falsæ positiones」と「私に植え込まれた真なる［諸］観念 ideæ veræ mihi ingenitæ」（E. 68. 21-23/AT. 68. 07-09）との間には大きな差異がある。それら真なる［諸］観念 veræ ideæ」のうちの第一のものとしての、つまり、その他の観念はすべてこの上に成り立つという意味での、「第一にして最始的な prima & praecipua」観念が神の観念であるとされる（E. 68. 23-24/AT. 68. 09-10）。それは神の観念が、「私の思いに依存する虚構的な何かではなく、真にして不変な本性の像」（E. 68. 24-26/AT. 68. 10-12）であると、三つの仕方で知解されるからである。その一つは、神についてだけその本質に実在が属しているからである。このことは、実在ということが神にとって、自らに固有の規定性であるということ、「第三省察」の表現を用いれば、「自らによって実在する力をもつ vim habeat per se existendi」（M3, E. 46. 11-12/AT. 50. 01）ということである。このことはいくつかの「答弁」における「自己原因」という把握に収斂する。第二の仕方は、神の永遠性という規定から生じる。今、ただ一度実在するならば、永遠にそうだからである。第三の仕方は、神のうちに、たとえば、全知のように、「私」が取り去ったり、変えたりすることのできないものを知得するからである。そして「私」が明晰判明に知得することの「全体が神の観念に含まれている」（M3, E. 42. 05-08/AT. 46. 16-18）のであるから、「私」のうちの真なる諸観念のなかでも「第一にして最始元的な」ものである。神の観念は真なる諸観念の範型なのである。

こうしてア・ポステリオリな証明を先立てない場合にも、数学の論証がもつ確実性と同じ程度には確実である神証明が得られる。ア・ポステリオリな証明を通して無限な神の実在が「私」の知と実在をどのように超えているのかということが摑まれているならば、ア・プリオリな証明は数学的論証の確実性を超えている。それは数学的な知が、何らかの事物の自然本性ないし本質と諸特性との結合について、別様に思うことができないという途を遮断できないからである。神について本質と実在を分離しえないということが、結合を別様に思うことができないということに、つまり、結合の必然性に、範型を与える。しかし、これだけでは学的知識の成立には不足なのである。推論についてその必然性の成り立ちが解明されなければならない。

（1）「少なくとも確実性の同じ度合いにおいて in eodem ad minimum certitudinis gradu」という表現について、数学の証明に依存しないがそれと同じ程度に確実なのか、それとも数学の証明に同化されうるのか、という解釈上の問題がある。グイエは前者（*cf*. H. GOUHIER, La Preuve ontologique de Descartes, in *Revue Internationale de philosophie*, no 29, 1954, pp. 295-303）、ゲルー（*cf*. M. GUEROULT, *Descartres selon l'ordre des raisons*, 1953, Aubier-Montaigne, t. 1, p. 335）は後者に立っていると考えられる。この点についてアルキエの注記がある（F. ALQUIÉ, *DESCARTES, Œuvres philosophiques (1638-1642)*, Tome II, édition de F. ALQUIÉ, Garnier, 1967, t. II, pp. 472-473, n. 2）。われわれは本文中にも示したが以下のように解釈する。明証性という基準を用いた証明は、数学的真理の論証と同じ度合において確実である。明証性という基準は、神の実在証明を経ることがない場合にも、（無神論者にとっての）数学的な確実性と同じ確実性を提供する、と。明証性は神の実在証明によって支えられた場合には、数学を基礎づけるだけの確実性をもつ。このことは数学よりも形而上学の方がいっそう確実であることを示している。

（2）初版では《vt existat actu》（S. 79. 03）となっている。いつ修正されたのか今のところ不明である。リュインヌ侯（DUC DE LUYNES）の訳では《vne actuelle & eternelle existence》となっている。この《semper existat》が答弁において、「必然的実在 existentia necessaria」へと展開してゆく（e. g. Resp. 1, 116. 21-22: Resp. 2, 152. 11: Resp. 2. Rat. 166. 25: Resp. 5, 383. 03）。

（3）ここに「実在しないような神が思われる」《ut non existentem cogitari》（E. 66. 07, AT. 66. 07）という表現が見いだされるが、初版では《vt non actu existentem cogitari》（S. 79. 19-20）になっている。これもいつ修正されたのか不明である。しかし、少なくとも、初版と第二版の間、そして、六つの「反論」と「答弁」の後と言うことはできる。この場合に、「第一答弁」における「自己原因」という概念の導入と、同じく「第一答弁」での「必然的実在」という概念の導入との、論脈が異なるにも係わらず通底せざるをえないという理拠の解明が問題になる。この問題については本書「第二部」において論じられる。

（4）本質と実在との差異については、村上『観念と存在――デカルト研究1』知泉書館、二〇〇四年、「第一部第一章」および本書「第二部第三章」を参照していただきたい。重要な関連箇所だけを再掲しておこう。PP, I, art. 16, AT. VIII-1, 10. 27-11. 04: PP, I, art. 60-62, AT. VIII-1, 28. 18-30. 25: ***, 8-1641, [ad HYPRASPISTEM] AT. III, 433. 09-13/AM. V, 56. 06-17: ***, 1644, AT. IV, 348-350/AM. VI, 345-348 [P. MESLAND?].

（5）神について帰せられる規定について、これまで現れていた箇所を振り返ってみれば、「第一省察」では、E. 11. 19-20/AT. 21. 02-03, E. 11. 30-12. 02/AT. 21. 11-12、「第三省察」では、E. 34. 25-29/AT. 40. 16-18, E. 40. 22-27/AT. 45. 11-14, E. 47. 22-23/AT. 51. 03-04、「第四省察」では、E. 50. 13-15/AT. 53. 11-12 を挙げることができる。また、諸「答弁」にだけ現れる《immensitas》は、たとえば、Resp. 1, AT. 114. 04: Resp. 2, AT. 137. 15-16: Resp. 2, Rationes, AT. 165. 02: Resp. 4, AT. 236. 11 などに見いだされ、《inexhausta potentia》は、たとえば、Resp. 1, AT. 109. 04: Resp. 4, AT. 236. 09 & 11 などに見いだされる。

（6）この証明に対するガサンディの批判とデカルトの答弁とを纏めておく。

(1)「第五反論」「第五省察」「第二項」(Obj. 5, AT. 322. 12-326. 15)。

第一の批判は「実在 existentia」を「特性 proprietas」と比較している点に向かう（322. 11-323. 11）。神の全能と神の本質が引き離されないということと、三角形と〈その内角の和が二直角であること〉とは引き離されない、という比較はよいが、それと神の実在とを比較するのは誤りである。第二の批判は「実在」を神の完全性のなかに入れているのに、三角形や山の完全性のなかに入れていないのは誤りだということである。「実在は、神においても、他のどんな事物においても、完全性ではなくそれなしには諸完全性がないところのものである」（323. 15-17）。「実在しないものは、完全性も不完全性ももたない」（323. 18-19）。実在は完全性のように事物のうちに実在するとは言われないし、また、もし事物が実在を欠いているならば、その事物は不完全なものというよりはどんな事物でもないと言われる（323. 19-26）。そういうわけで、論点窃取を避けようとするならば、実在を神の完全性のうちの一つに入れてはならない。第三の批判は、すべての事物と同様に神においても本質と実在とは思うことによって区別されるという点にある。この点では、神についても、プラトンの実在とプラトンの本質についてと同じである（324. 01-07）。第四の批判において、ガサンディは実在しない神が実在するということを想定する一方で、実在しない人間とか馬という想定をしていないのは詭弁である（324. 08–15）とする。第五の批判は、もし、実在を完全性だとしてもデカルトの論証は論点窃取になり、成り立たないというものである。その実在を思うことなしに、翼をもたぬ馬を思うことは自由である。そのように、その実在を思うことなしに、知識や力能やその他の諸完全性をもつ神を思うことは自由である。

(2)　「第五答弁」「第五省察」「第二項」（Resp. 5, AT. 382. 25–384. 07）。ここでデカルトはなぜ実在が特性と言われえないのかわからないとする。「必然的実在は実際に神においては、最も厳密な仕方で解された特性であり、それというのも、それは独り神のみに適合し、そして独り神においてのみ本質の一部をなしている」。

(3)　「再抗弁 Instantia」(Pierre GASSENDI, *Disquisitio metaphysicæ*, texte éabli, traduit et annoté par Bernard ROCHOT, 1962, J. Vrin.) においてガサンディは「実在は特性ではないこと、また事物のどんな規定された類にも属さないこと」(p. 497) を繰り返す。

また、デカルト哲学において「実在」が完全性であるのか否かということについては、本書「第四部」「第二章」を参照。

（7）　デカルト的「必然性」概念については本書「第二部第一章」参照。

第四章　神の認識への依存

第一節　真理の発見

「第五省察」の第三部分（E. 70. 07-71. 07/AT. 69. 16-71. 09）は、学的知識が神についての認識に依存することを明らかにする。次にこの部分を検討することにしよう。明証性の規則を神の観念に適用することによって、これまで述べてきたことが得られた（E. 69. 08-11/AT. 68. 21-23）。この規則の適用によって獲得される明晰判明な知得のなかには、「誰にでも手軽に分かるものも」あれば、「いっそう近くで洞観し、入念に探究する人々によって発見される」ものもある。しかし、どちらかがいっそう確実だということはない（E. 69. 11-16/AT. 68. 23-27）。ここで見逃してはならないことは、発見までの過程がどのように複雑であろうと、見いだされたものの明証性には係わらないということである。「発見された detecta sunt」（E. 69. 15/AT. 68. 26-27）ということと論証されるということとの間には差異がある。なぜならば、論証には前提を忘れるという事態が生じうるからである。しかし、発見する場合には、順序に導かれ、明晰判明な知得の連鎖を辿り、それゆえに、結論の明証性は前提の明証性の記憶には依存しないのである。

この発見されるまでの順序という点に着目しつつ、ア・プリオリな神証明と数学的な証明の関係を捉えてみれば次のようになる。「先入見」に覆われていず、「感覚的な事物の像」が取り囲んでいないならば、「神よりも先に、あるいは、神よりもいっそう容易に」認識されるものはない（E. 69. 21–28/AT. 69. 04–09）。このことが示している一つのことは、「第三省察」におけるア・ポステリオリな証明が、「先入見」からの離脱と「精神を感覚から引き離す」ということを成し遂げる過程でもあったということである。かくて得られた「第三省察」におけるア・ポステリオリな証明は、順序に導かれ、明晰判明な知得の連鎖を辿ることによって成し遂げられた。ア・プリオリな証明は、その確実性を前提の確かさに依存する証明である。つまり、「明証性の規則」と「第三省察」において獲得された「神」概念を前提にしていた。先のことが示している第二のことは、このア・プリオリな証明の結果得られる神についての認識が、他の事物についての認識よりも順序において先立つということである。ア・プリオリな証明の確立を通して数学的証明の確実性が基礎づけられるということである。こうして「その他の事物の確実性は、このことなしには何もけっして完全には知られえない、というように独りこのことに依存している」（E. 70. 02–06/AT. 69. 13–15）ということになる。この「このこと」というのは、「その本質にのみ実在が属している神が実在する」（E. 69. 27–28/AT. 69. 08–09）ということが順序として（その他の事物よりも）第一に認識される（*cf*. E. 69. 25/AT. 69. 06–07: prius aut facilius）ということである。

第二節　論証の積み重ね

神についての認識に諸々の学的知識の確実性が依存するということを明確にするためには、さらに、次の二つの点に照明を当てなければならない。第一に、「或るものをきわめて明晰判明に私が知解しているかぎり、それが真であると信じないことができないという自然本性を、私はもっている」(E. 70. 07–09/AT. 69. 16–18) ということである。このことは「明証性の規則」が既に保証されているということを示している。「第三省察」において「神が欺く者ではありえない」(E. 49. 03–04/AT. 52. 06–07) ということは明らかにされている。明晰判明に知解するという点での「私」の自然本性の信頼性は確保されている。(1) しかし、第二に、或るものを明晰に知得するために、「精神の眼差し mentis obtutum を同じ一つの事物に常に据えていることができない」(E. 70. 09–12/AT. 69. 18–20) という自然本性をも「私」はもっている、ということがある。そのために、「私」がどのようにか判断したその理由に、もはや注意していないとき、「以前に行われた判断の記憶 memoria judicii ante facti がしばしば舞い戻ってくる」(E. 70. 12–13/AT. 69. 20–22) ことになる。これが論証の場面である。或る論証に注意しているかぎり、そしてその論証を明証的に捉えているかぎり、そのかぎりでの「私」の自然本性は保証されている。つまり、一目で把捉されたその論証が真であることを疑う余地はまったくない。たとえば、三角形の内角の和は二直角であるということは論証の帰結として明晰判明に捉えられている。しかし、「精神の眼をその論証から逸した途端に」(E. 70. 26–27/AT. 70. 01–02)、疑いの可能性が頭をもたげる。数学的論証がいかにして物質的な事物の真理を捉えうるのかという点での疑いである。〈点〉や〈直線〉の定義は何であったのか。三角形についての先の論証の確かさは、論証に現れてこないこれらの前提の確かさに依存している。論証の結果得られる学的知識についてこのことは不可避的な事態である。

ここで明らかにしなければならないのは、この事態、すなわち、数学という学的知識の基礎づけのうちでも、論証の積み重ねという、何かしら時の流れに係わる事態である。その点での「私」の自然本性の信頼性を確保できるのかということである。それがここで論じられる「記憶」の問題である。(2) とは言っても、〈覚える〉とか〈思い出す〉という働きの正当化でも、人によって異なるような〈記憶の正しさ〉ということでもない。ここで疑われなければならないことは心の働きそのものでも、「私」のもっている個々の意見でもない。前者は疑いようもないことである。後者は、事実との対応によって確かめるという次元の問題であり、論証という構造自体のもつ確実性の評価には係わらない。問われていることは、時の流れのなかにある「私」が時の流れを超えて学的知識を蓄積するという点での「記憶」の問題である。論証を重ねて学的知識を蓄積するという際には、現に明晰判明に知解するという点での「私」の自然本性の信頼性が保証されるだけでは事足りない。もし、神についての認識が得られていないのならば、いつでも「第一省察」の境地に差し戻されて、何度でも疑いの道を辿り直すという事態を排除しえない。そのように後戻りすることによって、「私はどんな事物についても、けっして、真にして確実な学的知識をもたず、移ろいやすく変わりやすい意見だけをもつ」(E. 70. 19–20/AT. 69. 24–26) ということになる。この後戻りの道を遮断しなければならない。それでは以前に明晰に知得したと思い出されることと、現に明晰に知得されていることとの差異はどこにあるのか。この差異は、前者がかつての「私」への信頼を含むか否かという点以外にはない。かつての「私」に対する信頼を今の「私」が支えることはできない。なぜならば、かつての「私」を今の「私」が無から創ったというように考えることができないからである (*cf*. M3, E. 45. 05–06/AT. 49. 02–03)。しかし、「私」が欺く者ではない神によって創造されたということをとおして、学的知識を蓄積することの可能性が保証される。以前に明晰に知得したと思い出されることに対して疑いを繰り返す必要がないということが明らかになる。「私」の起源の作者を求めて欺く者ではない神に行き着くということ、その探索の遂行が学的知識の蓄積の可能性という局面において、「記憶」の役割を保証する。

物質的な事物についての学的知識の一切が神に依存すること、神が欺く者ではないことが識られた後に、「明晰判明に私の知得するすべては必然的に真である」と論決される（E. 71. 08-11/AT. 70. 10-13)。或ることが真であると「私が判断した」その理由に、時の流れを越えて注意し続けるということがなくとも、「私が明晰判明に知得したということを思い出しさえすれば」疑いへと差し戻すどのような理由の余地もなく、「私は真にして確実な学的知識をもつのである」（E. 71. 11-19/AT. 70. 13-18)。さらに三つの反論の可能性が検討されるが、ここに至ってみれば、それら反論に答えるのは容易なことである。第一の反論とは、以上で明らかになったことに対立する見解を想定するという点にある。しかし「私」の起源の作者との係わりのなかで、明晰に知解される事柄において「私が欺かれて間違うことのありえないのを私は知って」おり、しかも、このことは最大の懐疑理由をもはねつけて得られたのであるから、もはや対立する何もないことは明らかである（E. 71. 22-25/AT. 70. 21-23)。第二の反論は、そうは言っても「私」には、以前に真にして確実だと看做していて、後になって偽であると見いだしたということがあるではないか、というものである。それは「私」がこれらのうちの何も明晰判明に知得していず、「この真理の規則」を識らなかったことから生じたことなのである（E. 71. 27-72. 01/AT. 70. 25-28)。第三の反論は、今一度「夢」という疑いの理由を持ち出すものであるが、数学的真理の問われる局面においては、この夢という理由が何の役割をも果たさないことは、既に明らかである（E. 72. 01-72. 07/AT. 70. 28-71. 03)。この三つの反論によって、数学的論証が形而上学によってその確実性が基礎づけられ、論証に固有の確かさを測るに際して立ち戻って行く経験の場所が「記憶」であるということが測られ、数学の成り立つ領域が、物質の実在を先立てることのない領域であるということも示される。

このようにして「学的知識の確実性と真理が、真なる神の一つの認識に依存する」ということがすっかりわかり、それとともに、「私が神を識る以前には」、神と「私」とについて先立つ諸「省察」において確定できたこと以外には何も、「私は完全には知ることができなかった」ということもわかるのである（E. 72. 08-12/AT. 71. 03-06）。しかし、今や、神とさまざまな「知性的な事物」についての、そして「物体的な自然本性のすべて」についての無数のことが「私に全面的に識られうるのであるし、私に確実でもありうる」（E. 72. 12-16/AT. 70. 06-09）。かくして、数学の確実性の理由が明らかになる。そのことはまた論証学としての学的知識の可能性が開かれたことでもある。その意味で、「第六省察」において果たされるべき自然学の基礎づけの一端は既に得られているのである。

第三節　「第五省察」の成果

かくして、学的知識は、神における本質と実在との不可分離性を範型として、結合の必然性の、つまり、結合しないことを思うことの不可能性の内実を獲得し、推論に係わる記憶が起源の問題として保証されることによって、基礎づけられることになる。数学は、学的知識のうちでも、その対象が世界のうちに実在するか否かを問うことなしに成立し、そのゆえに、また、数学の成立を通して学的知識の根柢をなす形式が見いだされた。素材（質料）の面で数学に特有なことは、物質的な事物の個別的な本性と特性を論じるということである。これに対して、自然学は個別的な事物に係わりつつ論じられる。そこにおいては、そうした事物が実在するということと感覚されるということについての確実性が測られなければならない。これが「第六省察」の主たる課題である。

最後に、われわれの課題の一つであった「第五省察」の三つの部分を、合わせて数学の学としての基礎づけ構造を解き明かすものとして読む、という点について述べておく。実は、第二部分を〈存在論的証明〉として括り上げ、その成否に溺れ、証明の役割を明らかにしようとしないがゆえに、『省察』の道筋からはずれるように思われたに他ならない。言い換えれば、ア・プリオリな証明の役割を必然性の問題として見たときに、われわれの先の課題は達成されていたのである。それはそれとして、もう一度全体の流れをまとめてみよう。第一部分において、物質的な事物の本質が広がりとされ、物質的な諸事物についての探究の始まりに永遠にして不変な本性があり、それを観念という場で明晰判明に捉えるところに、言い換えれば、論証ということが可能になるその場所で、物質的な事物の真理把握が成立するとされた。第二部分においては、その論証が成立するために第一に獲得されなければならない結合の必然性の由来と範型が明らかにされた。第三部分においては、かくて成立する推論が構造的にもっている時の推移のなかで時を超えて行くということにおける「私」のありさまが保証されることによって、推論の必然性が「私」の手にしうるものであることが明らかにされた。神についての認識がなければ、必然性の依拠するところもわからず、時のなかを彷徨うばかりで、疑いを繰り返すか、基礎なしの意見を積み重ねる以外にはないのである。

（1）　無神論者との差異についてデカルトは「第二答弁」で次のように述べている。無神論者は数学的なことがらについて明晰に認識できるが、それは真なる学的知識ではない。無神論者は「神にとってきわめて明証的に思われることごとにおいてさえ彼が瞞かれることはない、ということを確知しえない」のである（Resp. 2, AT. 141）。このことはまた「学的知識 scientia」と「確信 persuasio」との差異にも連なる。レギウス宛の書簡において次のように言われている。「学的知識と確信とを私は次のように区別します。つまり、われわれを疑うことへと押しやることのありうる何らかの理由が残っている場合に、確信があり、しかし実に学的知識とは、きわめて強力な理由による確信、けっしてそれ以上のどんな強力な理由によっても揺るがされえないほどの確信で、神を識らない人々がけっしてもつことがないような理由による確信です。一方しかし、神が実在すること、神が欺かないことを確信させる（説得する）諸理由をひとたび明晰に知解した人は、たとえそれらのことにそれ以上注意しなくとも、「神は欺かない」ということの結論を想起しさえすれば、その人のうちに、かつてそれの諸理由を明晰に知得したと想起するであろう他のすべての結論と同じように、そのことについての、単なる確信ではなく、真なる学的知識が留まることになるでしょう」(à REGIUS, 24-5-1640, AT. III, 64-65/AM. IV, 58-60)。

(2) 記憶と明証性といわゆる「デカルトの循環」との関係については、拙論「保証された記憶と形而上学的探究」『哲学』(日本哲学会編) 第四五号、一九九五年、八七頁から一〇〇頁を参照。

第II部　ア・プリオリな神証明と必然性

第一章　「必然性」の問題

序

必然性とは一体何か。必然的真理とは何か。いつでも常に真である何かが必然的真理なのだろうか。もしそうであるのならば、たまたま実在するに過ぎないこの「私」がどのようにして必然的真理を摑むことができるのか。永遠文を作って永遠化することによって得られるのか。このことにさほどの実効性を求めることはできそうにない。永遠文による永遠化は記念碑を建てるようなものだから。「一日は二四時間である」。これは規約によって真であり、規約を変更しないかぎり必然的に真である、と言ってよいであろう。どのような種類の、どのような性質の規約であれ、当の規約が規約として成立しているかぎり、必然的に真である。しかしその一方で、二人の間で通用することと、世間で通用することとを平準化して捉えることはできない。その差異が必然性の内容にどのように影響を与えるのか、評価できなければならない。もう一つに分析性に依存しながら必然性ということを捉えるという道筋が考えられる。「三角形は三つの辺をもつ」。「三角形」という主語概念には「三つの辺をもつ」ということが含まれている。このような分析判断は常に真であり、これを必然的真理と言ってもよいであろう。だが、分析性と必然性とは異なる。どの主語概念にどのような述語概念が含まれているのか。そのことはどのようにして知られうるのか。

主語を措定し、かつ述語を否定することの不可能性によって知られるのか。それならば、この不可能性の基準は何か、言い換えれば、どこでわれわれの知が壊れる、と知るのか。その限界についてどのように語ることができるのか。「熱は分子運動である」。これの否定が成立する可能的世界をわれわれは構想することができない。なぜ、あるいは、どのようにできないのか。われわれの構想、われわれの思いの果てはどこにあるのか。必然性を超えたところに必然性の源泉が見いだされなければならないのではないのか。

デカルト哲学における「可能性」あるいは「必然性」という概念が問題にされる場合に、神の「力能」とのかかわりのもとで議論をされることがある。われわれは、まず、このような視点からの究明がデカルト哲学における「必然性」概念の意義を解明する上で有効ではないということを示す。第二に、「第一答弁」において初めて明確になる二つの「必然性」を取り出し、それぞれの規定を明らかにし、さらに「必然性」と「可能性」、確実性、明証性との関係について検討する。第三に、「第五省察」におけるア・プリオリな神の実在証明によって確立される「必然性」概念の内実を概観し、デカルト哲学における「必然性」概念の核心に迫る。

第一節　神の全能と必然性

神に何ができて何ができないのかということに関連するデカルトの記述に基づいて可能性や必然性について論じられることがある。デカルトによれば「神に依存しないようなものはおよそありえないということは明瞭である manifestum est nihil omnino esse posse, quod ab ipso non pendeat」(AT. VII, 435. 23-24)[(1)]。全能である神にとってできないことは何もないはずである。とするならば、神に何ができて何ができないのかという先の問いがそもそも有効に機能しないように思われる。しかし、たとえば「相矛盾することが両立することはありえない que les contradictoires ne peuvent être ensemble」(au P. [MESLAND], 2-5-1644?, AT. IV, 118. 20-21) という永遠的と呼ばれてもよいような真理を神が虚偽にすることができるとしたならば、神に何ができて何ができないのかということを越えて、このことの意味が探られることになる。この場合には、神にとっても不可能なこと、その意味での絶対的不可能性を認めうるか否かということが問われる。しかし、相対立することが等しく創造可能であるという問題は、神における自由と関連しながら (*cf.* J.-M. BEYSSADE, p. 108 & p. 113)、その意志をめぐる論脈におかれる。たとえば、神は「無差別 indifferentia」(AT. VII, 435. 27) の自由を行使して「四の二倍は八である bis 4 esse 8」(AT. VII, 436. 14) ことを真でなかったようにすることもできたというように。

「神におけるこの上ない無差別は神の全能のこの上ない証拠である summa indifferentia in Deo summum est ejus omnipotentiæ argumentum」(AT. VII, 432. 23-25)。神はその意志を決定するに際して何ものにも拘束されない。決定に先んじて決定されるべきものの「観念が神の知性のうちに前もってあった cujus idea in intellectu divino prius fuerit」と仮想してはならない (AT. VII, 432. 03-04)。「神において意志することと認識することとは一つである en Dieu ce n'est qu'un de vouloir & de connaître」(à MERSENNE, 6-5-1630, AT. I, 149. 28)。または、「神において見ることと意志することは同じ一つのことに他ならない en Dieu *videre & velle* ne sont qu'une même chose」(au P. [MESLAND], *op. cit.*, AT. IV, 119. 13-14)。このような神の意志決定における無差別の問題がどのようにして必然性の問題へと連係して行くのか。意志決定において無差別であるということは、拘束されていないということ、意志決定における必然性のなさを表している。神は何らかの真理が必然的であると意志したとしても、そのことを必然的に意志するということはない。「というのも、それら真理が必然的であると意志することは、そのことを必然的に意志すること、もしくはそれを意志するのが必然的であること、とは全く別であるのだから car c'est toute autre chose de vouloir qu'elle fussent nécessaires, & de le vouloir nécessairement, ou d'être nécessité à le vouloir」(au P. [MESLAND], *op. cit.*, AT. IV, 118. 26–119. 01)。必然的ではない意志の決定によって必然的真理が産出されるとするならば、「必然的であるものは必然的に必然的であるのではない what is necessary is not necessarily necessary」(H. ISHIGURO, p. 467) ということになる。ここで「必然的に necessarily」という副詞で示されることは、意志することにおける〈必然性〉のことなのだから、デカルトの言葉に立ち戻れば神の「無差別」の自由の否定のことである。神については否定されるだけのこの〈必然性〉から創造された真理について言われる必然性へと到り着くことはできるのであろうか。

もし神についての無差別と〈必然性〉との間に回路ないしは類比性が探られるとしたならば、それは自由ということを介してであろう。その場合には、われわれの論究とは異なる系列を辿って「意志」の問題へと展開することになる。これに対して、もし〈必然性〉という点での回路ないしは類比性を予想すること自体が理由のないことならば、創造された真理について言われる必然性の内実を求めて、神について言われる〈必然性〉に接近しようとすることは無効であろう。しかしながらこの係わりを自由ということにではなく、「絶対的に不可能なこと un *impossible absolu*」(*e.g.* M. GUEROULT, t. II, pp. 26–27) に見いだそうと試みられることがある。たとえば、あることをないことにしたり、真を偽に変えたりすることは神にも不可能であるとしてみよう (M. GUEROULT, *ibid.*《Il ne peut pas faire que ce qui a été n'ait pas été, car ce serait transformer du vrai en faux, de l'être en néant》)。そこから〈あることはないことではない〉ということは、神にとっても必然的であるとされることになる。このように捉えられる場合には、神について言われる〈必然性〉に基づいて、被造的な事物について語られる「必然的」という言葉の使用の場が探られる。しかし、この捉え方が神の全能に抵触することも確かである。この難点を免れるために、「絶対的に不可能なこと」とは、神がそうすることを意志しないがゆえに不可能なのであり、神ができないということではない（M. GUEROULT, p. 35《On peut dire que l'impossible est ici, non parce que Dieu ne *peut* pas le faire, mais parce que Dieu *ne veut pas le faire*》）とされるかもしれない。もしそのように意志しないことが不可能性の徴表であるならば、そして神にはそのように意志することもできるのならば、神にとって絶対的に不可能なことはないことになる。一方、神がそのように意志することができないならば、神は全能ではないことになる。かくして次のことが明らかになる。すなわち、神の無差別とは、何かを意志することができないということの否定でなければならない、ということである。

問題が神の全能に抵触するということだけであるならば、別の仕方でこの難点を解決することができる。神がわれわれの精神を、一＋二＝三を真とするように創っておいて、それをわれわれが偽とすることは神にとって不可能であるとしてみよう。このことは神が一＋二＝四を真としたことも可能であるということと反立しない。神は世界を違ったように創造したかもしれないが、この世界をこのように創造したということは一＋二＝三を偽とはしえないということであり、このことを偽とすることは絶対的に不可能である。神が一＋二＝三を真とする精神を創ったならば、一＋二＝三は必然的に真である（*cf.* H. ISHIGURO, p. 465）。神は「四の二倍は八である」ことを真でなかったようにすることもできたのである。これは神の全能に抵触することなく神について〈必然性〉を語ることのできる捉え方である。しかし、神が精神をどのように創ったのかということを、神の意図を探ることによって知ることはわれわれにはできない。現にある精神に依拠して、神が一＋二＝三を真とする精神を創ったかどうかを問い尋ねることは、一＋二＝三が必然的に真であることの理由を求めることでないとしたならば、人知を越えたことになる。神は無限であり、無限なものの「形相的理拠のうちには［包括的］把握の不可能性が含まれる ipsa incomprehensibilitas in ratione formali infiniti continetur」（AT. VII, 368. 03–04）。それゆえ、一＋二＝三が必然的に真であることの理由を求めることは、神が一＋二＝三を真とする精神を創ったということには依存しない。このように解された場合の、神の全能に抵触しない仕方で手に入れられた〈必然性〉についての捉え方も、しかし、われわれの真理の探究という営みと疎遠なことになる。われわれの精神は「神が可能にしえたにもかかわらず、不可能にすると意志した事物を可能なのものと抱懐できない、という本性として創造されている puis aussi, en considérant que notre esprit est fini, & créé de telle nature, qu'il peut concevoir comme possibles les choses que Dieu a voulu être véritablement possibles, mais qu'il a toutesfois voulu rendre impossibles.」（au P. [MESLAND], *op. cit.*, AT. IV, 118. 15–18）。神の自由創造ということから、われわれの知における必然性の問題へと降りてくることはできない。つまり、上から下という逆向きの途はないのである。このことをわれわれはどのようにして知りうるのか。それは、神を全能であり、無差別であるとすることがわれわれの知にどのような影響を与えるのか、このことを明らかにすることによってしか答えられないであろう。あくまでも神に無差別の自由を認めるということが（「第六答弁」・「第六項」および上に見てきた「書簡」における）この議論の出発点である。神の無差別の自由はデカルト哲学においてそこから降りてきて、人間的自由について解明される出発点ではない。

　神の「力能 potentia」にかかわりながら可能性について言及されるもう一つの局面として、「真空 vacuum」（あるいは、「アトム atomus」）の不可能性が論じられる箇所を挙げることができる（Pour [ARNAULD], 29–7–1648, AT. V, 223. 20–224. 17 & à MORUS, 5–2–1649, AT. V, 272. 13–274. 04）。デカルトは、ここで真空の不可能性を主張しても神の力能を制限することにはならないということを示す。肝要なことは「私が可能であると知得することのすべてを神はなしうる、ということを敢えて私は肯定し、一方しかし反対に、私の概念に背反することを神がなしうるということを敢えて否定しない Quapropter audacter affirmo Deum posse id omne, quod possibile esse percipio; non autem e contra audacter nego illum posse id, quod conceptui meo repugnat, sed dico tantum implicare contradictionem」（à MORUS, *op. cit.*, AT. V, 272. 21–25）ということである。ここでも逆向きの途のないこと、つまるところ神についての［包括的な］把握の不可能性によって自然学的探究の神把握からの独立が保証されることになる。また、この論脈で言われる「可能的 possibilis」ということは、その反対が「無能力 impotentia」であるような〈可能〉である（à MORUS, *op. cit.*, AT. V, 273. 13–17）。このことにも気づかなければならない。この論脈のなかから、デカルト的「必然性」概念の意義を引き抜こうとすることには無理があろう。少なくとも「必然性」が主題的に論じられる場所でないことは明らかである。それでは、はたしてデカルト哲学のうちにそのような場所があるのだろうか。

第二節　必然性の二相

「可能的実在と必然的実在 existentia possibilis & necessaria」（AT. VII, 116. 21–22）の差異は、「第一答弁」において、「第五省察」のア・プリオリな神証明への反論に対する答弁のなかで初めて明確に述べられる。「明晰判明に知解されるすべてのものの概念言うなら観念のうちには可能的実在が含まれるが、必然的実在が含まれるのは神の観念のうちだけである notandumque in eorum quidem omnium, quæ clare & distincte intelliguntur, conceptu sive idea existentiam possibilem contineri」。この必然的実在は、「現実的実在が神の残りの属性と必然的にかつ常に結合している existentiam actualem necessario & semper cum reliquis Dei attributis esse conjunctam」（AT. VII, 116. 21–117. 07）ということを表す。必然的実在が属性間の必然的かつ常なる結合によって示される。「第五省察」におけるア・プリオリな証明を理解する上での、第一の困難除去策は、この結合の必然性の知解ということにある。さらに、それと表裏をなす分割の不可能性を示すことによって、第二の困難除去策が提示される。知性による分割の不可能性が、合成されていないということの理由になり、神における現実的実在とその他の属性との知性による合成ではない結合としての必然性を明らかにすることになる。[2]

知性の「抽象によっても、明晰判明な操作によっても non per abstractionem tantum, sed per claram & distinctam operationem dividi posse」（AT. VII, 117. 12–13）分割しえない観念は、知性によって合成されたのではない。必然的実在の「必然的」であることの内実は、あくまでも実在が神の観念において分離不可能であることに求められている。「真にして不変な本性 veræ & immutabiles naturæ」（AT. VII, 117. 10–11）を含む観念については、反対を思うことが可能ではない。[3] これに対して、「虚構されて知性によって合成された本性 natura fictitia & ab intellectu composita」（AT. VII, 117. 11–12）だけを含む観念については、その反対を思うことは可能である。結合の必然性は「真にして不変な本性」に支えられている。そしてこのことは、否定が明晰判明に捉えられるかどうかによって試される。たとえば、「三角形についてそのこと［つまり、内角の和が二直角であること］を、明晰判明な操作によって、言い換えて、自分の言っていることを正しく知解しながら、私は否定することができない non possum tamen de eo id negare per claram & distinctam operationem」（AT. VII, 117. 30–118. 02）。このことは合成された図形、たとえば、正方形に内接する三角形について「正方形はそれに内接する三角形の二倍より小さくはない quadratum non esse minus duplo trianguli illi inscripti」（AT. VII, 118. 08–10）ということにも当てはまる。結合の必然性は、こうして、反対が明晰判明に捉えられないことに帰着する。この点では、三角形とその内角の和が二直角であることとの結合も、神とその実在の結合も同じである。

しかし、「必然的実在」の問題はこの地点に留まってはいない。物体の観念の考察を経由することを通して、必然的実在に新たな内容が与えられる。物体の観念を吟味することによって「私は、自分自身を産出する、言うなら維持する力が物体のうちには何もないことを知得する nullam in eo vim esse percipio, per quam seipsum producat sive conservet」（AT. VII, 118. 22-23）。このことから、物体の本性に必然的実在の属さないことが結論される。どのような物体の観念を考察しようとも、物体の観念であるかぎり、その物体の非実在は明晰判明に捉えられる。物体とそれの実在との間には結合の必然性は見いだされない。このことは物体と自己産出力のないこととの結び付きが矛盾を生じないということ、つまりは可能であることを示す。こうして結合の必然性から汲み出すことのできなかった、実在の必然性が見いだされる。必然的実在とは、「自らに固有な力で実在すること propria sua vi existere」である（AT. VII, 119. 11-18）[4]。それはまた「常に実在すること semper existere」（AT. VII, 119. 17-18）でもある。

この実在の必然性に対して「必然的に実在する necessario existere」という表現で示される必然性を推論の必然性と呼んでよいであろう。これは『省察』において、議論を積み重ねて行ったその末に、これ以外の結論は得られないという場合に用いられる。たとえば、「私はある、私は実在する *Ego sum, ego existo*」という言表が「必然的に真である necessario esse verum」（AT. VII, 25. 12-13）とされる場合、「今や必然的にあるその私 qui jam necessario sum」（AT. VII, 25. 14-15）と言われる場合、「神は必然的に実在すると結論されねばならない Deum necessario existere, est concludendum」（AT. VII, 45. 17-18）とされる場合などである。この推論の必然性は命題間の結合の必然性として、もっとも単純な場合には項と項との結合の必然性として捉えることができる。推論の必然性は〈それ以外にはならない〉という仕方で実地に示すのでない場合には、規則の提示という仕方であろうとも、結局は、結合の必然性によって示される以外にはない。これら結合の必然性はともに「真にして不変な本性」に支えられつつ、否定が明晰判明に捉えられないということに終着する。実在の必然性は、しかし、結合の必然性から帰着するのではない。「自らに固有な力で実在すること」によってのみその内実を獲得する。こうして 必然的結合から、実在することの必然性へと展開する一筋ではない道筋を辿ることができる。「第二答弁」に付け加えられた「諸根拠」「定理一」の「証明」においては、もはや、結合の必然性が表に現れることはない(AT. VII, 166. 20–167. 09)。

ここで、必然的実在と「自己原因 causa sui」との関連について言及しておこう。というのも、「必然的実在」という概念と「自己原因」という概念とが結びつけられることが多いからである。「自己原因」という表現は『省察』本文には見いだされない。「答弁」においても「第一答弁」と「第四答弁」に現れるだけである。それも「第三省察」における第二の神証明における「自分から a se」ということとの連関においてである。そのような点から言えば、「自己原因」という概念は「第五省察」のア・プリオリな神証明とは何かしら系列の異なる概念にみえる。必然的実在は、われわれが見たように「第一答弁」においてはじめて自己原因的な内実を獲得する。獲得するといっても、結合の必然性から直接得られるのではなく、異なる筋道を考えなければならなかった。「第三省察」における「自分から」という把握を背後におくのでなければ、その道筋を望むことはできないであろう。「第五省察」には「自己原因」的な捉え方は見られない。必然的実在にしても、そのままの表現はむろん出現しないだけでなく、「第五省察」の必然性は結合の必然性であり、実在の必然性は隠れている。「第一答弁」に見られたとおり、必然的実在は「自らに固有な力によって実在すること」でもあり、「常に実在することsemper existere」でもある（AT. VII, 119. 17-18）。このことをただちに「第五省察」に響き返せば、「常に実在すること」が神の本性に帰属するとされているのに突き当たる（AT. VII, 65. 23-26）。しかしそこでは「力」への訴え掛けも、原因への問いかけもなされていない。この「常に実在すること」という把握を解き明かすときに、「自分からある」ものとしての神についての捉え方が浮かび上がる。われわれが解明したように結合の必然性から、実在の必然性が導かれないのならば、ア・プリオリな神証明が成功するためには、「第三省察」の成果を足場にしなければならない。「常に実在すること」に内容を与えるためには、「自分からある」ということを用いなければならない。このように解することは、『省察』の順序に従うことにはなっても、順序を曲げることにはならない。「第五省察」は「第三省察」の成果を踏まえている。だからこそア・プリオリな証明は成立する。(5) そしてア・プリオリな証明の最も肝要な点は結合の必然性を確立することにある。数学の学としての基礎づけのためにしなければならないことである。

このことを認めるのならば、ア・プリオリな証明はア・ポステリオリな証明の後でしか証明として成り立たないことになる。『省察』の順序においてはその通りである。しかし、「諸根拠」と『哲学の原理』では異なる。ア・プリオリな証明が順序として先立つ。どちらの場合にも、「必然的実在」と「可能的実在」という対を証明に用いている。これなしには証明にならない。「第五省察」にこの対を見いだすことはできない。実在の必然性を先立てている「諸根拠」の証明、証明のなかにこれを取り込んでいる『哲学の原理』の証明は、そのかぎりでの独立性を保持する。しかし、それゆえにこれらにおけるア・プリオリな証明は数学の基礎づけという役割を果たすことがない。必然的実在と自己原因とを短絡的に結び付けるとき、このことが見失われる。(6)

第三節　必然性と可能性と確実性

「第二答弁」「第六項」によれば、可能性は矛盾を含まぬことであり、この矛盾を含まないということは観念の明証性によって規定される。事物の側に不可能性は認められない。「すべての矛盾言うなら不可能性は、相互に対立する観念を悪しく結合するわれわれの概念のうちにのみ存するOmnis enim implicantia sive impossibilitas in solo nostro conceptu, ideas sibi mutuo adversantes male conjungente, consistit」(AT. VII, 152. 12-14)。とするならば、或ることの否定の不可能性が、そのことの必然的であることを示すということにはならない。なぜならば、諸概念における矛盾が、「それらが不明瞭で不分明であることだけから生じるOritur autem in nostris conceptibus implicantia ex eo tantum quod sint obscuri & confusi」(AT. VII, 152. 18-19) のならば、不可能性の理由もそこに求められなければならず、とすれば、或る概念の否定が不可能を帰結するということは、その概念の否定が「不明瞭で不分明」であるということになるからである。たとえば、〈三角形は三つの角をもつ〉という場合、三つの角をもたない三角形という概念は「不明瞭で不分明」ということになる。しかし、〈樅の木は緑色である〉という場合には、これの否定が「不明瞭で不分明」であるとは言えない。否、それは〈樅の木は緑色である〉ということが明晰判明に捉えられないからだ、と反論されるかもしれない。それはそうであってもよい。問題は、この言明が可能的であるということにある。

矛盾を含まぬものは可能的である。明晰判明に捉えられたものは矛盾を含まない、つまり、可能的である。このことは、しかし、あまり明晰判明には捉えられていないことの不可能性を主張してはいない。全面的に「不明瞭で不分明」である場合の不可能性を主張していると考えなければならない。明証性によって可能性を規定することができても、あまり明証的ではないということによって不可能性を規定することはできない。明晰判明ということが程度を許すからである。少し知っているというのは知らないのではない。本当に知っているのでもない。「人間的な概念に背反しないすべて illud omne quod non repugnat humano conceptui」を可能的だとする見解を、デカルトは受け入れることができた（AT. VII, 150. 09–21）。可能性が明晰判明ということによって規定される場合の明晰判明ということは、程度上の広がりをもつものでなければならない。同じことを逆の角度から言うならば、全面的に「不明瞭で不分明」でない場合に、当の概念は可能的だということである。

否定が不可能であるとは、否定が全面的に「不明瞭で不分明」ということである。この場合に、必然性はその否定が全面的に「不明瞭で不分明」であることとして規定されるはずである。そして全面的に「不明瞭で不分明」ということが明証性とは異なる基準をもっていないとしたならば、結局のところ、必然性も明証性によって規定を与えられるということになる。或ることを否定すれば、最もわからないことになる、そういうことが必然的なことになる。しかし、最もわからないということは、わかることの順序の逆転としてしか捕まらない。ということは、最も明晰判明な概念が必然的概念であるとするということである。こうなれば、必然性と可能性の区別は程度の差異になる。最も可能なものが必然的なものであることになる。反対が可能なものと反対が不可能なものとの区別が見えなくなる。そして反対が不可能なものも可能的であるということにもなる。少なくとも可能性と必然性を区別しようとするならば、必然性か可能性のどちらかが明証性ではない何かをその規定の内に含まなければならない。

何かが「知性の外にある」ということはそれが可能であることを意味する（AT. VII, 152. 16–17）。つまり、何かが「知性の外にある」と言うこととその何かが矛盾すると言うことは両立しない。可能性は「知性の外」と「われわれの概念の内」に広がっている。しかし、不可能性は「われわれの概念の内」にのみ見いだされる。結合の必然性は「真にして不変な本性」に支えられているのであるから、このように内と外で事情が異なるということはない。「明晰判明に知得されるすべてのものの概念、言うなら観念には可能的実在が含まれる」(AT. VII, 116. 22–24)。或る事物の観念が明晰判明に知得されるならば、その事物の実在しないことは矛盾にならない。事物といっても三角形でもよいのは無論のことである。実在するか否か問うことがなくとも三角形についてその特性を求めることができる。これは「第五省察」の第一部分において示されていることである。それゆえ、必然的実在と可能的実在という二つの概念の間に明確な区別をつけることができる。問題なのは、結合の必然性と結合の可能性の区別である。結合の必然性の場合には、三角形とその内角の和が二直角であることの結合と、神とその実在の結合との間に線を引くことはできなかった。この線は「翼のある馬 equus alatus」と三角形との間に引かれなければならない(AT. VII, 117. 16)。この両者を分かつのは反対を思うことの可能性であり、「真なる不変な本性」に支えられているか否かということである。結合の可能性は否定を思うことの可能性によって結合の必然性から区別される。結合の必然性はその否定が全面的に「不明瞭で不分明」であることとして規定される。さらに説明的に言えば、それを否定すれば明証性ということがそもそも不可能になるということであり、反対をどのようにしても思うことができないということでもある。反対を思うことの不可能性と否定の明証性の不可能性の差異は、後者が必然性を明証性に基づけつつ表現しているという点、および「真なる不変な本性」に支えられていることをも示しているという点にある。以下一言で、否定の明証性の不可能性と表現する。これに対して、結合の可能性はその規定に明証性を含まない。否定が矛盾を含まなければよい。それを、説明的に論を弛めて、人間が物事を把握するその仕方を擾乱しない、と言ってもよいであろう(7)。

デカルト哲学において確実性と必然性も混同されてはならない。「デカルト的様相概念を《認識的》と呼ぶべきではない We should therefore not call the Cartesian notion of modality "epistemic"」（H. Ishiguro, p. 463）ことは既に指摘されている。「認識的」ではないとは、「個人の知識の状態に依存しない It does not depend on any *individual's* state of knouwledge」ことと考えられる（*ibid.*）。既に明らかなように、実在の必然性を確実性に置き換えることも、確実性に還元することもできない。一方、われわれは結合の必然性を否定の明証性の不可能性として規定した。たとえば、〈三角形の内角の和が二直角である〉ことを例にとるならば、その否定である〈三角形の内角の和は二直角ではない〉ことを明晰判明に捉えることは不可能である。この否定を明晰判明に捉えることの不可能性は「私」の知識の状態に依存しない。結合の必然性が「真にして不変な本性」に支えられているということがこのことを明示している。したがって、結合の必然性も確実性に還元できない。

デカルト哲学において、確実であることと明晰判明であることは異なる。「私」は何かを明晰判明に知得することがある。何かが「私に確実である sum certus」（*e. g.* AT. VII, 35. 02）ということもある。何かが「確実である est certum」（*e. g.* AT. VII, 27. 09）という事態も、何かが明晰判明であるという事態もある。しかし、幾何学のような学知の確実性を主張するためには、神についての認識が求められるが、明晰判明に知ることのためにはそれが求められはしない。確実性と明証性が合致する局面は見いだされる。「私はある、私は実在する」（AT. VII, 25. 12）という認識は、「すべての認識のうちで最も確実で最も明証的 omnium certissimam evidentissimamque esse」（AT. VII, 25. 18）である。これが「第一で最も確実な認識 cognitio ... omnium prima & certissima」（PP, p. I, art. 7, AT. VIII-1, 7. 08–09）と一括されることもある。しかし、確実性は知り方よりもむしろ知られる内容について言われ、明証性は知ることのありさまに係わりつつ言われる。(8)「明証性」、「確実性」、「必然性」という概念はデカルルト哲学においてそれぞれ異なる役割を果たす。「私はある、私は実在する」ということは必然的に真、つまり議論を尽くして得られた別様ではありえない帰結であるが、「私」が必然的にあるのでも、必然的に実在するのでもない。

第四節　必然性の範型としての神

以上においてわれわれは、「必然性」という概念がどのような内実をもち、どのようにはたらき、他の様相表現や「明証性」、「確実性」という概念とどのように異なるのかということを中心に据えて考究してきた。しかし、「必然性」概念にどのようにして到り着くのかということの解明はいまだ残っている。われわれの最初の問いは、必然性が主題となり、仕上げられる場を、デカルト哲学のうちに見いだすことができるのであろうか、というものであった。われわれは「第一答弁」のうちに結合の必然性から実在の必然性へと展開して行くさまを捉えた。それは「第五省察」におけるア・プリオリな神の実在証明を理解する上での「少なからぬ困難」(AT. VII, 15. 15–16)を取り除くという作業のなかでなされた。「第三省察」の第二の神証明における「自分からあるか他からあるか」(AT. VII, 49. 30)という問いに導かれて行き着いた「自らによって実在する力をもつ vim habeat per se existendi」(AT. VII, 50. 01)という把握を表立てることによって、その困難は除去されえたのである。このことはア・プリオリな神の実在証明が困難なく理解されるためにはア・ポステリオリな神証明の解き明かしたことが了解されていなければならないということを示すのであった。ア・プリオリな神の実在証明は結合の必然性と実在の必然性の両者が合して完成する。この証明がそれまでの諸「省察」によって獲得された事項から引き離されて、独立に吟味されるときに、不足分が生じるようにみえる。しかし、「第五省察」におけるア・プリオリな神の実在証明にその役割を果たす上で欠けるところはない。

「第五省察」においてなされなければならないのは、数学の学としての基礎づけである。「真理の探究」に際して何を避けるべきであり、何を為すべきであるのかわかった後に、第一に為されるべきことは「疑わしいことごとから浮上すべく努める ex dubiis ...., coner emergere」ことである（E. 62. 18-19: AT. 63. 06-10）。その第一部分（E. 63. 03-65. 18: AT. 63. 16-65. 20）において「真にして不変な本性 vera & immutabilis natura」（E. 63. 29-30: AT. 64. 11）が「私」の観念を超えていることが示される。第二部分（E. 65. 18-69. 08: AT. 65. 21-68. 20）においてはア・プリオリな神の実在証明を通して結合の必然性が確立される。結合の必然性の生成する場はこの第二部分に求められる。今は、生成のさまを追い明かすのではなく、ア・プリオリな神の実在証明が三つの反論とそれに対する答弁を通して成し遂げられる、その結論的事態だけを素描するに留める。[9] 証明の最終局面において実在が完全性であると気がつくにいたれば、「私は第一にしてこの上なき存在が実在すると正しく結論を下す recte concludam ens primum & summum existere」（E. 68. 06-08: AT. 67. 26-26）。これと並行的に「私が何らかの三角形をいつか想像するということは必然的ではない non est necesse me ullum triangulum unquam imaginari」がしかし、「三つだけの角をもつ直線図形を考察しようと意志する度毎に sed quoties volo figuram rectilineam tres tantum angulos habentem considerare」、それらに基づいて内角の和が二直角であると「正しく推論される recte infertur」ところのものを、その図形に「私が帰すことは必然的である necesse est ut illi ea tribuam」（E. 68. 08-15: AT. 67. 28-68. 02）。「私が帰す」ということの必然性は、思うことの「自由」を超えた結合の必然性である。「神がすべての完全性をもつ illum habere omnes perefectiones」（E. 67. 19-20: AT. 67. 13-14）ということの必然性と、三角形が本質をもつということの必然性とが思うことの道筋の同等性、それに基づいて論証が可能になるその始まりとしてのかぎりでの同等性のもとにおかれる。

かくして、もし、必然性をめぐる哲学的問題が、「それの源泉は何であるのかということと、どのようにしてわれわれはそれを認識するのか」(M. DUMMETT, p. 169) という二点にあるとするならば、デカルトにとって (結合の) 必然性の源泉は神についての認識にあり、われわれは否定が明証性を不可能にするということによって必然性を認識すると言えるであろう。ただし、明証性が知ることの順序と相関していることを、別言すれば、明証性の一般規則の意義と役割とを忘れないかぎり、反対をどのようにしても思いえないこととして必然性を認識すると言ってもよいであろう。神における実在と本質の引き離し難さが必然性の源泉であり、必然性の認識に範型を与える。たとえば、谷なしの山はどのように思っても思うことができない。しかし、それは「山」という概念に「谷」が含まれているからなのではない。むしろ山と谷という例は、考察が分析性に絞られていないことを示している。そうではなく〈谷なしの山〉は明晰判明な知得を拒絶し、どのようにしても思いえないのである。思いの事実として不可能である。思いの事実として不可能とはどのような裏付けをもっているのか。

翼のない馬を、われわれは容易に思うことができる。「翼のない馬」という表現を、絵によって説明することができる。谷のない山を絵で説明することはできない。谷のない山がどのようなものであるのか言葉で説明しようとするならば、「谷のない山」という表現をどこかに潜めなければならない。三つの辺をもたない図形である三角形は三角形の定義に反する。この関係を分析的であると言ってもよい。しかし、そのように定義する理由は何もないのであろうか。反対の定義は思いの事実として不可能である。そのことの裏付けは何もないのであろうか。実在しない神の不可能性はたしかに神についての知解内容に依存する。しかし、実在するという神把握と独立にそれの実在が証明されたならば、そして証明されることによって必然的実在という仕方で神把握のなかに実在が含まれているということが確保されるならば、実在しない神の不可能性は、われわれの知における神（無限性）の位置から必然的結合の範型になる。それは分析性という地点に留まることではない。われわれの思いの自由の限界設定としての範型なのである。思いの事実として不可能ということは、この範型に突き当たることによって裏付けを得る。必然性を超えたところに必然性の源泉が見いだされなければならない。デカルト哲学における必然性の問題とは、世界を前にした思いの限界設定の問題なのである。翻って言うならば、神の無差別の自由とはこの限界を超えているということを示している。人間精神についての必然性がこのように捉えられることによって、その限界の外におかれる神の自由も知解可能になる。

（1）　デカルトの著作については、次のものから引用し、頁数、行数の順に明記する。*Œuvres de Descartes*, publiées par Charles ADAM & Paul TANNERY, Nouvelle présentation par P. COSTABEL et B. ROCHOT, Vrin 1964-1974. デカルトの著作以外のものからの引用に際しては、以下の略記号を用いる。

「報告書」：『デカルトの「第五・第六省察」の批判的註解とその基本的諸テーマの問題論的研究』平成三年度科学研究費補助金（総合研究A）研究成果報告書、研究代表者所雄章、一九九二年

J.-M. BEYSSADE: J.-M. BEYSSADE, *La philosophie première de Descartes*, Flammarion, 1979.

M. GUEROULT: Martial GUEROULT, *Descartes selon l'ordre des raisons*, Aubier, 1968, t. II.

H. ISHIGURO: Hide ISHIGURO, The Status of Necessity and Impossibility in Descartes, in *Essays on Descartes' Meditations*, ed. by A. O. RORTY, University of California Press, 1986, pp. 459-471.

M. DUMMETT: Michael DUMMETT, Wittgenstein's Philosophy of Mathematics (1959), in *Truth and other Enigmas*, Harvard University Press, 1978, pp. 166-185.

（2）　結合の必然性ということから、『理知能力の指導のための諸規則 *Regulae ad directionem ingenii*』（『規則論』）における「必然的結合」との関係が問われるであろう。「単純本性 natura simplex」の「必然的結合 compositio necessaria」および単純本性を複合する仕方（deductio）について言われる必然性に関して若干の註記だけをしておくことにする。後者は「必然的な結びつき conjunctio necessaria」と「直視する intueri」ことによって獲得されるのであるから（AT. X, 425. 02-03）、前者の問題に根づいてはいる。結合が必然的であるとは、「一方が他方の概念のうちに、何か不分明な理拠によって confusa quadam ratione 巻き込まれていて、われわれが相互に引き離されていると判断するならば、どちらをも判明に概念することができない」場合である（AT. X, 421. 05-08）。「形」と「広がり（延長）」はそれぞれ単純本性であり（AT. X, 418. 17）、だが「形」と「広がり」は必然的に結合している（AT. X, 421. 09-10）。「単純本性はすべてそれ自身によって識られる」（AT. X, 420. 14-15）のであり、さらに「それの認識が明瞭で判明である」（AT. X, 418. 15-16）ならば、「形」と「広がり」がそれぞれ単純本性であることと、「形」と「広がり」が必然的に結合しているということとがどのように両立しうるのか。ここには何かがある。この問題は『規則論』を解読する上で重要であるが、本書においては取り扱わない。デカルトが『規則論』の当時から、学知の成り立ちに結合の必然性を看ていたことだけを指摘しておこう。

（3）　この「真にして不変な本性」については本書「第一部第二章」を参照していただきたい。

（4）　ここで、《agnoscamus illud propriâ suâ vi posse existere》（AT. VII, 119. 17）および、《quod propriâ suâ vi potest existere》（AT. VII, 119. 14-15）というように可能様相的表現が付されているのは、「この上なく力能のある存在 ens summe potens」の力能を問うという論脈によるものと解される。神について言われる「力能 potestas」は、未だ現実化されない潜勢態としての能力を意味しない（*cf.* AT. VII, 47. 12-13）。「実在しうる posse existere」という表現が『省察』において可能的実在を狙うものではないということは、「必然的に実在する necessario existere」という表現が必然的実在を指表しないのと同様である。

（5）　*Cf.* Tatsuro Mochida, La refonte de l'idée de Dieu et la preuve a priori de son existence chez Descartes, Discussion Paper NO. 17, The Institute of Industrial Science, Nagoya Gakuin University, October 1992. これは一九八八年以来、持田が取り組んできた研究の成果であり、「第五省察」までの神証明の過程を「神観念の精錬」として捉えるという考察なしに、所謂「存在論的証明」をデカルトに帰すことの非を決定的な仕方で露にしている。

(6) 神証明の順序、あるいは独立性・依存性に関連して、「第五省察」第二部分における「先日来私が省察してきたすべてが真ではないとしても」(AT. VII, 65. 27-66. 01) という叙述が問題になる。このことによって明証性の一般規則をその基礎づけ過程から切り離して適用することが示されているとわれわれは解す。しかし、この点についての詳細はこの部分の検討作業のなかで明らかにされるであろう。またこの叙述を巡る解釈史上の問題については、本書「第二部第二章」を参照していただきたい。

(7) 「諸根拠」「要請五」(AT. VII, 163. 22-164. 04)、「公理一〇」(AT. VII, 166. 14-18)、「定理一」の「証明」(AT. VII, 166. 23-167. 09)、「第五反論」(AT. VII, 382. 25-383. 08 & 383. 15-20) などに「必然的実在」、「可能的実在」、あるいは「偶然的実在 existentia contingens」といった表現が見いだされる。「偶然的実在」という表現は、AT版第七巻のなかでもこの一箇所にしか見いだせない。これを「可能的実在」と別個に論じる理由はないと考える。また『哲学の原理』「第一部」においては必然性ないし可能性にかかわる論述は、神のア・プリオリな証明がなされる「第一四節」にほぼ集中していると言える。

(8) デカルト哲学における確実性の問題について、さらに明証性との差異についても、拙著『観念と存在　デカルト研究一』知泉書館、二〇〇四年、「第二部第一章」を参照していただきたい。

(9) 「第五省察」の叙述と議論の展開およびそこに含まれている諸問題については、本書「第一部」を参照していただきたい。

第二章　ア・プリオリな証明についての諸解釈

序

神が実在すると証明すること、そのこと自体が哲学の問題なのではない。神の実在を証明するとはどのようなことなのか。これは哲学の問題である。この点では眼前の青山が実在することの証明と同断である。その実在を証明された後に当の何かが実在することになるのではない。このことを明らかにするための準備作業として「第五省察」のア・プリオリな神証明についての諸解釈を検討する。さらにこの展望の下にア・プリオリな証明を解釈する場合のその仕方が、デカルト哲学全体の解釈と何らかの連動関係にあることが浮き彫りになるであろう。「第四省察」の後、「第五省察」のなかでア・プリオリな証明がなされているという道筋を軽視するならば、証明の意義をゆがめることになる、ということも判明するであろう。さらには証明の仕方を論じることと、或る仕方で証明されているということの意義の解明との差異も見えて来るであろう。以上をもって、神の実在証明がどのような哲学的問題であるのかということを問題として定立するための土台を築くことができるであろう。

デカルトは「第三省察」においてア・ポステリオリな二通りの仕方で神の実在を証明し、「第五省察」においてア・プリオリな仕方で神の実在を証明した。『方法序説』「第四部」にはア・プリオリな証明が見いだされる。『哲学の原理』ではア・プリオリな証明の後にア・ポステリオリな証明がなされている。ア・ポステリオリな証明の順序は『省察』と同じである。『哲学の原理』における神証明の順序は「第二答弁付録」の幾何学的様式に即したそれと同じである。「第一答弁」と「第二答弁」では「第五省察」の証明に対する反論への答えとして、いくつかのア・プリオリな神の実在証明が提示されている。

第一節 「順序」と「ア・プリオリ」

(一) 順序について

「ブュルマンとの対話」のなかで、デカルトは神証明の順序について次のように答えている。つまり、『省察』は分析的順序、『哲学の原理』は総合的順序で論述されている、と。分析的とは「発見の順序 ordo inveniendi」であり、総合的とは「教える順序 ordo docendi」であると説明されている (AT. V, 153; BEYSSADE (2), Texte 11)。この順序ということに関して、「第二答弁」(Resp. 2, 155-159) を参照しながらもう少し固めておこう。「順序とは、最初に提示されることが、後続するどんなことの助けも借りることなしに認識されなければならないという点にのみ存する」(Resp. 2, 155. 11-13)。ところで「論証の仕法」には二つあり、一つが分析で、もう一つが総合である (Resp. 2, 155. 21-22)。「分析とは、ものごとが、方法的にそしていわばア・プリオリに発見される、その真なる途を示す」(Resp. 2, 155. 23-24)。総合は、「反対の、そしていわばア・ポステリオリに探究された途を通して(たとえ当の証明が分析においてよりも総合においていっそうア・プリオリであるとしても) 結論されることを明晰に論証する」(Resp. 2, 156. 23-26)。「幾何学的な事柄」については分析の後に総合が「きわめて適切に aptissime」配置されるが、形而上学的な事柄の場合にはそうは行かない（Resp. 2, 156. 23-25）。この差異はどこに由来するのかと言えば、幾何学的なものの論証のために想定されている「第一なる諸基礎概念 primae notiones」が「感覚の使用に合致している cum sensuum usu convenientes」のに対して、形而上学においては「第一なる諸概念について明晰判明に知得する」ために多大な労力が求められるからである（Resp. 2, 156. 27-157. 08）。「感覚の先入見」（Resp. 2, 157. 11）を取り除くことがなくとも、幾何学の問題の解法を見いだすことはできるが、形而上学上の問題を論ずる場合にはそうは行かない。

以上のことから次のような所見を得ることができる。第一に、上に見た順序は一方向的でなくてはならないということである。ベイサッドはこれを否定し、ゲルーによる「理由の順序 ordre des raisons」の代わりに「首尾一貫性 cohærentia」を立てる（BEYSSADE (1), *e. g.*, p. 337-338）。このこと自体は解釈の問題である。たとえば、「第三省察」の第一の神証明についてみれば、「神は必然的に実在する、と結論されねばならない」（M. 3, 45. 17-18）と論定してから、デカルトはこの論証の吟味を行う。吟味を終えてから論証は終わる。その意味では結論が提示されるのは論証の途中においてである。論証の成否は吟味が終わるまでの首尾一貫性によって測られるかもしれない。しかし、叙述されている事柄の順序をないがしろにはできない。これは解釈の問題ではない。このことを逆から見れば、「理由の順序」とは「首尾一貫性」と同じく解釈の視点に他ならないということである。デカルト哲学の論理的方法としての「理由の順序」が一方向的であるか否かは別にして、デカルトが「第二答弁」で述べていた「順序」は一方向的でなければならない。『省察』と『哲学の原理』との神証明の順序の違いを問われて、デカルトが答えている「順序」も一方向的な順序でなければならない。そこで問われているのは質の差異、秩序の差異、次元の差異、水準の差異ではなく、単なる順序の差異である。というのも、「著者はその二つの立論（「第三省察」の立論と「第五省察」の立論）を、この（第三）省察において導き出される立論が先立ち、他方の立論が後に来るというように見いだした」（Entretien avec Burman, AT. V, 153/BEYSSADE (2), Texte 11）とされているからである（括弧内は引用者の補足）。

（二） 順序とゲルーの解釈

デカルト的「順序」についてのゲルーによる問題提起（GUEROULT (1), t. 1, p. 28）以来、この問題はデカルト解釈の根幹を規定しかねない。しかし、ベイサッドのように一方向的順序を否定する理由は、いったいどこにあるのだろうか。『省察』におけるア・ポステリオリな証明とア・プリオリな証明との間に依存関係があるということになるならば、順序から言って、後者は神が実在し、その神によって明晰判明な知得の真であることが保証されるのでなければ、成り立たない。「理由の順序」を守る限りここから生じる循環を断つことができない（*cf.* BEYSSADE (1), Avantpropos, v-vi）。これ以外に一方向的順序を放棄する理由があるのだろうか。しかしいずれにせよ、デカルトが「遵守した ejusque observatio」（Resp. 2, 155. 16）と宣言する順序をないがしろにすることはできない。われわれは解釈の視点としての「理由の順序」とデカルトが遵守した順序を混同してはならない。もう一度当該箇所を引用しよう。「順序とは、最初に提示されることが、後続するどんなことの助けも借りることなしに認識されなければならないという点にのみ存する」（Resp. 2, 155. 11–13）。これはおよそ論理的に議論を組み立てて行こうとする際には、守られねばならない心がけに他なるまい。読者としては『省察』という書物を最初から読んで行くのが当然の心がけである。解釈者はデカルト哲学からさらなる稔りを得るために、見いだされて行く道を到達地から歩み始めるかもしれない。そうであるとしても、「第一省察」から「第六省察」までの論述の進み方としての順序を変えることは許されない。これは解釈以前の問題である。『省察』は「第一省察」から順に、見いだされた順序に従って論述されているというような叙述方式のもとに読まれるべく書かれている。われわれは、まずこの正当な権利の行使を宣言しなければならない。「第五省察」におけるア・プリオリな証明をめぐる解釈上の要所の一つはこの順序という点にある。

ゲルーは、ア・ポステリオリな証明とア・プリオリな証明の順序から生じる循環を断ち切る切り札として「第五省察」の「先日来私が省察してきたすべてが真ではないとしたとしても」(M. 5, 65. 27-28) という箇所を引用する (GUEROULT (2), p. 48)。彼によれば、ア・プリオリな証明は「心理学的状況」にだけ訴えれば成立する (*op. cit.*, p. 42)。「形而上学的水準」におけるア・ポステリオリな証明が「明証性の直観」を保証し、「心理学的水準」でなされるア・プリオリな証明は、証明としてはこの水準において独立に成り立つが、ア・ポステリオリな証明がなければ、「形而上学的」価値を失うとされる (*op. cit.*, p. 107)。「ア・プリオリな証明は付属品」なのである (*op. cit.*, p. 73)。

一方では、「明証性の直観」が保証されていなければ、ア・プリオリな証明は価値を失う、出発点が見いだせない。この点では、依存関係が認められる。他方、両証明は成立する水準が異なるという点で相互に独立である。ゲルーに従えばこのようになる。この解釈は、ア・ポステリオリな証明は「形而上学的秩序」において「明証性の直観」を、ア・プリオリな証明は「心理学的秩序」において「明証性の記憶」を、それぞれ保証するという両証明および両「秩序 ordre」の役割分担に牽引されているのではないか。彼が組み上げたいくつかの「秩序」ないし「順序」は——これら以外にも、「ものの秩序 ordre de la chose」と「学知（ないし認識）の秩序 ordre de la science (ou connaissance)」が用いられているが、それらは——「循環」を解消しようとする狙いを予め含んでいるので

はないのか (*cf. Descartes*, Cahiers de Royaumont, pp. 121-140)。「秩序 ordre」は、ゲルーにおいては、順序にも水準にも観点にも変容する。それだけではない。先の「第五省察」からの引用箇所は、「分析的順序 ordre の流れ」(GUEROULT (2), p. 41) を括弧に入れる印ではない。もしこれまでに省察してきたすべてが真でないとしても、ア・プリオリな証明は少なくとも数学的真理と同じぐらいに確実であるということを示している (M. 5, 65. 28-66. 01)。「先日来私が省察してきた」その結実の上に立てば、数学的真理よりもいっそう確実だと言えるのである。「第五省察」のこの箇所を前日までの省察との間に区切りを入れるものと解してはならない。

(三) ア・プリオリについて

第二に「ア・プリオリ」ということについて指摘しておかなければならない。「ア・プリオリな証明」、「ア・ポステリオリな証明」という呼び方は上に挙げたいくつかの引用から見ても、デカルト的な用語法に忠実であると言える。そして、ア・ポステリオリな証明を結果からの証明と言い換えてもよい (*cf.* au P. MESLAND, 2-5-1644, AT. IV, p. 112)。そこで問いはこうなる。だからといって、「ア・プリオリな証明」という表現が〈原因からの証明〉という表現と等価であると主張できるだけのテクスト的典拠か、それなりの理由があるのか。「第一答弁」では次のように述べられている。すなわち、神の実在を証明する途は二つだけであり、「一つは結果によるもの、もう一つは神の本質ないし本性そのものによるものである」(Resp. 1, 120. 09-12)、と。「ビュルマンとの対話」においても「第五省察の立論はア・プリオリで結果から進んでいるのではない」(AT. V, 153: BEYSSADE (2), Text 11) とされていた。何れにおいても〈原因から〉とされてはいないのである。先に引用した「第二答弁」の箇所についても同じことが言える。そればかりではない。「第二答弁」から読み取れることは、「ア・プリオリ」ということが「方法的に」ということと通じていること、そして「第一」なるものからということである。これらのことから〈原因〉ということを引き出すには少なくともいくつかの飛び石が必要になる。もちろん「第二答弁」の当該箇所は『省察』全体に、そしてより一般的に順序について述べられているところであり、神の実在証明の順序について述べられているわけではない。しかし、「ア・プリオリ」ということで〈原因から〉ということが示されていないことは確かである。些細なことに思われるかもしれないが、「第五省察」の神証明が「自己原因」ということと関連づけられるに際して、混乱に巻き込まれないためにも、このことを弁えておかねばならない。たとえば、「第三省察」の証明を作用因に基づく証明であるとし、その証明は実在するすべてがそれによって創造された「実体」としての神（M. 3, 45. 11-14）に行き着くとする。その一切の創造の原因である神の観念からの証明として「第五省察」の神証明が解釈される。この場合に、ア・プリオリな証明を理由から切り離された〈原因から〉の証明のごとく解するならば、原因としての神と神の観念との相違が見失われ、創造という視点からの神と被造物との関係と、神についての観念の上での探究とが混同されるという回路をしつらえることになる。『省察』における三つの神証明相互の区別が見失われるとき、このような混同が生じているのではないのか。この疑問を忘れないようにしよう。

第二節　新たな循環からの脱出

（一）循環からの脱出―単一説

「第五省察」のア・プリオリな証明はア・ポステリオリな証明から独立に存立するか、あるいは両証明は一つの証明であり、しかも、明証性の一般規則に依存することなく成り立つ。これがア・プリオリな証明を先に指摘した循環から救うための唯一の手立てのように見える。ジルソンは、ア・ポステリオリな証明もア・プリオリな証明も作用因による証明として捉えられるという点で「単一 unité」であるとする（GILSON (2), p. 351 & GILSON (3), p. 232)。彼のデカルト研究の出発点となる著作において、「第五省察」の証明は「われわれのもつこの上なく完全で、したがって必然的に実在する或る存在するものの観念による神の実在証明」と纏められている（GISLON (1), p. 72)。その後「第三省察」における証明は「作用因による証明」と呼ばれ、「第五省察」におけるそれは「完全という観念による証明」と呼ばれることになる。後者の証明は「実在しないことができない」という「無限な力能の観念」、要するに「自己原因」ということなしには成立しないのであるから、前者の証明と緊密に結びつき、両者は根底的に一つである（GILSON (3), pp. 231–232)。「自己原因という神の積極的本質」の上に神証明を構築する点で、デカルトはアンセルムスの証明に新しい意味を与えた、とされる（*e. g.* GILSON (2), p. 351)。アルキエも、ジルソンの説を認めつつ、「デカルトの神証明は単一である」とする（ALQUIÉ, p. 234)。この場合の「単一」とは、コギトの不十分さが「私を神へと向けるすべての運動の単一性」（ALQUIÉ, pp. 226–227）ということを意味し、この点ではジルソンとは異なる。アルキエの場合には、「コギトの有限性」、および、あらゆる疑いを越えていて人間が神の観念であるような「形而上学的観念」に基づく神の証明ということになる（ALQUIÉ, *op. cit.*, pp. 226–227, p. 229 & pp. 236–237)。このように『省察』における三つの証明が単一であるとされるならば、前記の循環が生じるわけがない。また、単一であるのだから、ア・プリオリな証明と「自己原因」とが関係づけられることに不都合はない。

（二） 循環からの脱出―グイエ説

グイエは、単一であるというジルソンの説を単一とまでは言えないがもっともであるとする（GOUHIER, p. 175)。

グイエは「第三省察」の論証よりも「第五省察」の論証をより根底的なものと看做す。しかし「それぞれ完全という観念を通しての証明であり、より精確に言えば、全能という観念による証明である」とする(*op. cit.*, p. 177)のであるから、三つの証明は源を一つにしていると解していることになる。「第五省察」の「真にして不変な諸本性」のうちの一つとして、「第三省察」の「自らによって実在する力」が見いだされたと述べられているように、グイエの議論には、「第五省察」の証明に第一の座を与えようとする斜考が働いている(*op. cit.*, p. 176)。ア・プリオリな証明の根底に全能ということをおき、「自己原因」に重ねる。ここでも先の循環は生じない。「自己原因」という表現が『省察』本文には現れなくとも、「第三省察」における「自分からa se」ということとの関係は、別途に問われなければならない問題である。しかし、もしグイエが考えているように「自己原因」という把握が「第三省察」において既に確立されているとするならば(*op. cit.*, p. 173)、「ブュルマンとの対話」および「第二答弁」から先に引用した箇所と齟齬を来すことになる。『省察』の叙述の順序を無視するという点では、ジルソンやアルキエの解釈と同じことになる。

上記三者の解釈によれば、ゲルーの苦慮した循環は避けられる。ア・プリオリな証明とア・ポステリオリな証明との間に依存関係がない(ジルソン、アルキエ)ならば、循環も生じない。また、前者が後者に基礎を与えている(グイエ)と解される場合にも、循環は避けられる。この場合には、結局のところ両証明の差異は、あるいは対象とする読者の違い、あるいは容易さの違い、あるいは見いだされた時期の違いなど、テクスト外的な事情によって説明されることになるであろう。この場合に次のことが問われなければならない。すなわち、デカルトはなにゆえ「第三省察」で「順序が要求する」(M. 3, 36. 30)ところにしたがって思いを分類し、観念を精錬し、精錬された観念を足場に第一の神の実在証明をなしたのか。その次にしかア・ポステリオリな第二の証明は成立しないことが明らかなのはなぜか。なぜ「第四省察」が終えられてからア・プリオリな証明がなされたのか。それら証明の置かれている位置への顧慮なしには、三つの証明がそれぞれに担っている役割を解明することはできない。順序の問題を消し去ることによって失うものは大きいのである。

(三) 循環からの脱出―順序を遵守しかつ独立に

それでは発見の順序と齟齬を来すことなしにア・ポステリオリな証明とア・プリオリな証明の独立性を主張することはできないのか。「第五省察」において巻き直し、ないしは、再出発ということがなされたと考えられるのならば、順序と独立性は齟齬を来さない。「第二答弁付録」および『哲学の原理』における順序の逆転は、ア・プリオリな証明とア・ポステリオリな証明が独立していることを示唆するのではないか、とロディス・レヴィスは記している (Rodis-Lewis, p. 317)。神証明の順序の問題は「理由の順序」ではなく、証明の出発点になる明証性の水準の問題として捉えられる。要するに、ア・プリオリな証明の前に「神を前提にする基準の承認がある」と看做される場合に新たな循環が生じるのである (*op. cit.*, p. 318)。「第五省察」での証明の出発点は「第三省察」の冒頭にある。この解釈は『哲学の原理』「第一部」「第一三節」から「第一四節」への移りゆきに支えられている。『哲学の原理』における第一の証明も、「第五省察」の証明も、「生きられた確信」から「形而上学的確実性」への上昇を示している。ともに誇張的懐疑の網をもくぐり抜ける「直接的直観 immédiate intuition」によって獲得される証明である (*op. cit.*, pp. 319-321)。こうしてロディス・レヴィスは、独立でありながら順序を乱さないア・プリオリな証明についての解釈を提示する。

この解釈の問題点は二つあると思われる。一つはなぜ三度目の神証明が「第五省察」でなされたのかという点であり、もう一つは「第五省察」が「第三省察」で得られた成果なしに成り立つのかという点である。第一の点については二つの答えが用意されている。その一つは、「数学的諸本質への反省」が「神の観念の内的必然性」の考察へとデカルトを導くというのはまったく自然な流れだ（*op. cit.*, p. 315）、ということである。しかし、「数学的概念」が本有観念であるということが見いだされて、そこから神の観念も本有観念であることに着目されて証明がなされるならば、われわれの提示した問題点の第二のものに抵触することになろう。彼女の答えの第二は、ア・ポステリオリな証明と「第五省察」の証明とでは、厳密に言えば、同じ読者を対象にしていない（*op. cit.*, p. 322）ということである。この二つの答えのいずれにせよ、「数学的概念」の本有観念であることがア・プリオリな証明によって基礎を得るということを示しはしない。とするならば彼女自身の意に反して、数学の確実性は「生きられた確信」にとどまり、無神論者が到達できる確実性と同じ水準を脱し得ないことになるのではないのか。『方法序説』の証明よりも「第五省察」の証明の方がいっそう深められて展開されている（*op. cit.*, p. 316）とは言えなくなるのではないか。この問いかけは自ずと第二の問題点へと波及する。巻き直し、再出発をするときには、既に「観念」についての捉え方が定まっていなければならない。同じ明証性の水準ということで順序との齟齬を避けても、ア・プリオリな証明の意義、あるいは、数学が形而上学に基礎づけられているという稔りまで失うことになるであろう。

（四）　順序から順序のない永遠へ

「理由の順序」を一方向的な依存関係に還元してしまうことから循環が生じる（*cf.* BEYSSADE (1), p. 337）のならば、「理由の順序」への固執を捨てればよい。しかし、このことは必ずしも叙述の順序を等閑にふすことと同じではない。ベイサッドによれば、論証のア・プリオリ、ア・ポステリオリという二つのタイプの違いが示しているのは次のことである。つまり、この違いは、価値とか堅固さよりも、採用された総合的か分析的かという方法に従う容易さを表している。どちらにしても神の観念を根底にしているのだから、両証明の差異の方へと不当に変形してはならない（BEYSSADE (1), p. 277）。「分析の方法」に従った第一の神証明が結果によるものであることの理由は、「われわれにとって最も認識されやすく最も馴染みのあることから最も馴染みのない神の永遠性」へと結論をもって行くことにある（*op. cit.*, p. 279）。ベイサッドのこの見解は、しかし、ア・ポステリオリな第一の証明は、ア・プリオリな証明と同様に、「観念から実在する事物へと結論することによって普通の人を当惑させる」（*op. cit.*, p. 286）という彼自身の表現に反するのではないか。この問いに対するベイサッドの答えは次のようになるであろう。彼は、ア・ポステリオリな証明内部での順序に関して第二証明の方が「いっそう絶対的に absolutius」（Resp. 1, 106. 04–05）そして「いっそうやさしく palpabilius」（Resp. 2, 136. 07–08）と言われていることを以下のように説明する。第二証明においては、「無限への関係は私自身の存在において直接的に把握される」（BEYSSADE (1), p. 287）。これが第一証明よりも第二証明の方が「いっそう絶対的に」であることの理由とされる。第二証明の方が「もっとやさしく」ということは、結局のところ、「実在する事物から他の実在する事物」を結論することに求められる（*op. cit.*, p. 286）。かくして、ア・ポステリオリな証明とア・プリオリな証明の順序についての、方法に従う容易さという説明は、前者内部での順序の説明にはならないことがわかる。

ア・ポステリオリな証明の第一のものの時間に関する特徴は「多くの特性と瞬間のうちに絵のように展開された観念のもとで」、絶対的単一性を構成する法則を見いだす（*op. cit.*, p. 292）ことに求められるであろう。神の観念は「状態の無時間性」において捉えられる。「状態の無時間性」とは、本有観念のありさまのことであり、生成の起源とは無縁で、産出し再産出するわれわれの能力が現前しているということである（*op. cit.*, p. 292）。第二証明は「有限なもの」と「無限なもの」の関係のみを提示する（*op. cit.*, p. 287）。この証明はスコラによる「世界の偶然性から」の証明のデカルト版であるとされる（*op. cit.*, p. 297）。ここにおいて肝心なことは「自己原因の必然性」を確立することである（*op. cit.*, p. 296）。このことを通して神の諸完全性の不可分離性だけではなく「過去、現在、未来という実在の不可分離性」も得られる（*op. cit.*, p. 298）。これらのことによっても、第一証明がどうして第一になされたのかという理由を、ベイサッドは与えることはできない。また、第一証明が本有観念の本有性を論拠の一つにしているという解釈は、第二証明が終わってから神の観念が本有観念であると定まる（M. 3, 51. 12-14）というテクスト上の順序にそぐわない。

ア・ポステリオリな証明によって、「現在という時間についての先入見」が取り除かれるならば、「或る永遠的現前の明証性のうちに据えられるア・プリオリな途」もわれわれにとって理解されるようになる（Beyssade (1), p. 281）。ア・プリオリな証明は、たとえ神が絶対的に単純な存在であるとしても、合成をうちに含む。それゆえ、もし一切の先入見から解き放たれた精神が、実在は神の他の完全性に本質的に結びついているということを一目で捉えるならば、「直観として提示されうる」。また、「分析の道か総合の道かを通して学知に苦労して近づくものにとっては、推論として提示されうる」（*op. cit.*, pp. 306-307）。ア・プリオリな証明が示しているのは、現前の明証性から「完全な学知の永続性」への移行である。神の固有の力能によって「私」は「永続的現在」を現実的に享受する。こうして得られる「私の論証する瞬間を、神の実在はあふれ越え出る」（*op. cit.*, p. 317）。この証明における神は、単なる永遠なのではなく、「永続性の積極的原理である」（*op. cit.*, p. 310）。かくて、直観のように現実的明証性の時においてではなく、諸結論がそうであるように「過去の明証性と想起するという時」のうちではじめて学知の成立が告げられることになる（*op. cit.*, p. 330）。

以上のベイサッドによるア・プリオリな証明についての解釈は、順序の問題から生じる循環も、いわゆる「デカルトの循環」も回避する。というのも、第一に、ア・ポステリオリな証明が先立つということを、時間についての先入見からの解放として解するからである。第二に、ア・プリオリな証明を疑われえない現前の明証性の上に据えるからである。しかし、まず、彼の解釈から「物質的本質」(M. 5, 63. 02) が数学的基礎の上に解明されるという「第五省察」の主題と神証明との関連を見いだすことができない。「完全な学知の永続性」という把握によって、学知の分節構造が見逃される。さらに、論証する術が疑いを越えていることの彼にとっての証である「神に固有の力能による永続的現在の現実的享受」(BEYSSADE (1), p. 317) ということの支えを「第五省察」のうちに探すことは困難であろう。また、この証を「神の実在は持続と通底するのだから、われわれに伝えられる必要がない」(*op. cit.*, p. 316) という点に求めるならば、「第三省察」における「時間の本性」(M. 3, 49. 06) を巻き添えにせざるをえないであろう。最後に、「第五省察」において肝要な点は〈三角形の内角の和は二直角である〉ということの永続性ではなく、〈三角形であること〉と〈内角の和が二直角であること〉との引き離しがたさでなければならない。「理由の順序」を捨て、時間を主軸に据える「首尾一貫性」を立てることによって、神の観念における本質と実在との不可分離性が永遠性のなかへと消えて行く。

(五) 循環について

以上の考察から、『省察』における三つの神証明の区別と連関の問題がア・プリオリな証明の解釈に多大の影響を与えることがわかる。纏めて言えば、順序の問題と、それら三証明がともに根ざしている何かを設定するかどうかの問題である。われわれは前者の問題を中心に諸解釈を見てきた。そこから得られる診断は、叙述の順序と三つの証明の内的連関とを切り離すことはできないと言うことである。ア・ポステリオリな証明の第一のものは第二のものを用意し、ア・ポステリオリな証明はア・プリオリな証明の成立に何らかの寄与を与えている。それでは神の実在がア・ポステリオリに証明されていなければ、神の実在をア・プリオリに証明することはできないという循環は避けられないのであろうか。神の実在を証明するということがいったい何をすることであるのかという着眼なしには、この循環を避けることができないということが明らかになったのである。なぜならば、この循環が生じるのは、証明の仕方からであり、証明の役割からではないからである。もちろん、それぞれの証明の役割は、証明が相互に独立であると解される場合に、それぞれに解釈されてきた。しかし、それらは〈現前〉と〈記憶〉という対に拘束されている。

たしかに循環という批判に対する「デカルトの答えは一つである」(BEYSSADE (1), p. 320)。「第四答弁」は〈現前〉と〈記憶〉という対を用いてこの批判に答える (Resp. 4, 245. 25–246. 09)。しかし、これは批判に対する答弁である。答弁が『省察』の真意を伝えているか否か、あるいは、どのような視点から答えられているのか、われわれは『省察』のなかにその答えないしはその礎を求めなければならない。答えが見いだされないからこそ「永遠なものを時間のなかで論証することの困難さ」(BEYSSADE (1), p. 317) として循環が解釈し直されることになる。〈現前〉と〈記憶〉という対は循環を回避する手立てに過ぎない。回避する手立てを全面に押し立てて神の実在証明の意義を解明しようとするのは、ブレーキの踏み方から運転の仕方を憶測するようなものであろう。三つの証明の役割にまで〈現前〉と〈記憶〉という対が越境してしまうのは、いわゆる「デカルトの循環」という軛から解き放たれていないからである。この「循環」をどのように断ち切るのかということとは距離をおいて、三つの神証明の役割を解明しなければならない。当然のことながら、二つの循環のいずれも順序に由来をもつ。循環の影に怯えることなくデカルトの従った順序にわれわれも従わなければならない。これが以上で考察したデカルト哲学研究の成果からわれわれの学んだことの一つである。

第三節 「自分から」と「自己原因」

(一) 両証明の差異と「自己原因」について

順序ということとは別に検討されなければならないもう一つのことは、三つの証明が一つの源をもつか否かという点である。今度は何らかの仕方で三つの証明に連関を見いだす解釈から学ばなければならない。これまで見てきたことからわかるのは、ジルソンやグイエのように、三つの証明に共通する源として「自己原因」ないしそれと同等の「全能」という把握が探し出された、ということである。しかし、「自己原因」を三つの証明の根底に据えようとする場合には、カントによる「存在論的証明」への批判に拘束されることになる。あたかも「自然神学的証明」と「宇宙論的証明」の根底に「存在論的証明」があるかのようにである。しかし、それとともに、カントは「自己原因」という捉え方を認めないのであるから (*e. g.*, KANT, A. 544-545/B. 572-573; A. 591/B. 619)、その意味で全能と結びつけられた「自己原因」という把握の問題性はカントによる批判の射程の外にあることになる。要するに、「自己原因」を神の実在証明の要にすることは、カントによる神の実在証明に対する批判を認めつつ、しかし、カントの批判が狙っていない場で証明を成立せしめるということになる。この意味でカントの批判に束縛されるのである。『省察』本文に現れない「自己原因」という把握が神の実在証明に結びつけられるのは、まず、ア・ポステリオリな証明の第二のものにおける「自分から a se」ということを通してである。さらにこれが諸家によって、「第一答弁」、「第二答弁」での「第五省察」の神証明に対する批判への答弁を――とりわけても「全能」ということを――通して、ア・プリオリな証明に結びつけられることになる。デカルト哲学に特徴的な「自己原因」というこの概念がどのように取り扱われなければならないのか。次にこの点について検討することにしよう。

「自己原因」という表現は、『省察』本文と諸「答弁」のなかでも、「第一答弁」と「第四答弁」にしか見いだされない。その規定は「汲み尽くされない力能 inexhausta potentia」（Resp. 1, 109. 03–07 & Resp. 4, 236. 04–10）として示され、これ以外の仕方では示されない。「作用因」との係わりから見れば、神対（神）自身の関係が「或る意味」で結果対作用因と同じとされている（Resp. 1, 111. 05–08; Resp. 4, 235. 17–19）。しかし、デカルトは、アルノーの言う「神は自分自身の作用因ではないということ」を認める（Resp. 4, 135. 19–21; 237. 03–07）。「作用因は、結果を生み出している間しか nisi quamdiu producit effectum、原因という理拠をもたない」（Resp. 4, 240. 06–07）のである。「自分から a se」ということで作用因が指示されるのではないが、「自分から」ということは作用因と「或る意味」で係わることを示すために用いられる概念なのである。こうして「自己原因」の問題は、「自分から」ということを如何に捉えるのか、という問題に戻る。

（二）「自分から」という途で問われていること

「あるところのすべては原因からか、原因からかのように自分からある a se tanquam a causa」（Resp. 1, 112. 03-05）とされる。「自分からある」ということは少なくとも作用因によってあるということではない（ただし、この点は「第一答弁」よりも「第四答弁」においていっそう深められ、表現も精確になる）。神が自分からあると言われる場合には、「実在するためには作用因を必要としないほど広大無辺な本質」（Resp. 4, 241. 03–04）が示されている（あるいは、「作用因」と「無原因」との中間的なものとしての「事物の積極的本質 positiva rei essentia」(Resp. 4, 239. 16–18) とも言われる)。一方、神についても「作用因が問われうる」(Resp. 4, 243, 16–19)。しかし、その場合に問われているのは「元来言われている作用因」ではなく、「事物の本質そのもの、ないしは、形相因」のことである (Resp. 4, 243. 22–23)。

それでは「元来言われている作用因」ではなくとも、ア・ポステリオリな第二の証明においてなぜ「自分から」という道を辿って探究がなされたのか。「第一答弁」で「自分から」という点に関する反論への答弁が始められるところに、この問いに対する答えが見いだされる。すなわち、「なぜ実在するのか cur existat ということを問い求めることの許されない、ないしはその作用因へと探究することの許されない何ものも実在しない、ということは自然の光がまさしく教えることである」(Resp. 1, 108. 18–20; Resp. 2. Rat., 164. 28–165. 03)、と。「自分から」という表現が無原因を示してはならないのは、「なぜ実在するのか」という問いを遮断するからである。それでは、この「なぜ実在するのか」という問いはどのような問いなのであろうか。「第一答弁」において「第三省察」第二の証明に対する反論への答弁を締めくくるにあたって、デカルトは次のように記す。「実在しないよりもむしろ実在するのはなぜか、ということのどんな理由も与えられないような、自分からあるということ esse a se を、われわれは決して仮想しえないからである」。どんな理由も与えられなくなるのは、神について言われる「自分から」ということが、「原因からのように」と解釈されてしまうからである。神の「力能の卓越性 exuperantia potestatis」のゆえにそのように解釈されてはならないのである (Resp. 1, 112. 03–11)。「自分から」ということが無原因を示すと解釈される場合に見失われるのは、神の「力能の卓越性」である。この「力能の卓越性」に「第三省察」から内容を与えれば、「自分から」神があるならば、「自分によって実在することの力」をもち、「自分のうちにその観念をもつすべての完全性、言い換えれば、神のうちにあると私が抱懐するすべての完全性を現実態として所有する力をもつ」(M. 3, 49. 30–50. 04)、ということになる。

(三)「形相因」と「作用因」との「類比」

この「なぜ神は実在するのか」という問いに対して元来の意味での作用因をもって答えられてはならない。「ただ事物の本質そのもの、ないしは形相因によって答えられるべきである」(Resp. 4, 243. 20–23) とされる。この形相因も作用因と「類比」をもっているような形相因であり、それゆえに「あたかも quasi 作用因のように呼ばれうるのである」(Resp. 4, 243. 25–26)。この類比は、「神においては実在が本質から区別されない」というまさしくこのことのゆえに (Resp. 4, 243. 24–25)、言われうることなのである。この理由が類比という把握に先立っている。「あたかも作用因のように呼ばれうるのは」、類比によってである。ということは、神において本質と実在が区別されないという認識があってはじめて、「自分から」ということを「作用因」と言ってもよいことになる。だからといって、「第三省察」における「自分から」という把握よりも、神においては本質と実在が区別されないという認識が先立つわけではない。ア・ポステリオリな第二の証明よりも、ア・プリオリな証明が先立つという証拠をここに求めることはできない。なぜならば、「第三省察」第二の神証明において「作用因」という表現は用いられていないからである。この箇所はグイエの解釈の支えにはならないのである (また、「たとえ作用因が本質に関して問われないとしても、しかし実在に関しては問われうる。だが、神においては本質は実在から区別されない。ゆえに、神について作用因が問われうる」(Resp. 4, 243. 16–19) についても同断である)。それでは「答弁」においてなぜ作用因との類比が用いられたのであろうか。デカルトはそうしなければ、ア・ポステリオリな第二の「論証を知解することから読者をむしろ逸らしてしまう」(Resp. 4, 244. 15-18) と述べる。

それでは形相因ということで何を理解すればよいのか。「私が、事物の全き本質を形相因としてここで解しているとき、私はアリストテレスの跡 vestigia に従っているだけである」(Resp. 4, 242. 15-16)。ここで重要なのは次の点である。すなわち、このように形相因を解しているのは、「自然的複合体の原因について論じているのではなく、そこから何かの認識が求められうるところの諸原因について、より一般的に論じている」(Resp. 4, 242. 21-23) 場合だということである。ここから次のこともわかる。「自分から」ということを「自己原因」に重ね、それを「認識の秩序」と対比をなす「事物の秩序」におくのは誤りだということである。われわれはこの点をゲルーに反論することができる(*Descartes*, Cahiers de Royaumont, p. 135)。「なぜ Cur 実在するのか」という問いは、「自分から」という途の上では、形相因、「事物の全き本質 integra essentia」(Resp. 4, 242. 15) への問いである。それはまた認識の原因への問いであり (Resp. 4, 242. 21-23)。さらに言い明かせば、なぜ実在するのかということの理由を求める問いである。[1] このことはまた、「第三省察」第二の神証明が、実在する「私」の「私である」ことの原因の探索としてなされていることとも相応している。

以上において「自己原因」ということを糸口にして得られたことを纏めてみよう。第一に、「自己原因」は「自分から」ということを説明するために用いられる概念であった。そして、「自分から」ということで作用因が指意されているのではない。神について「自分から」と言われる場合には、「広大無辺な本質」が意味されている。しかし、第二に、神において本質と実在とが区別されえないのであるから、神について作用因を問うことができる。このことは、作用因ということで、実在の原因が考えられていることを示す。作用因の探究として「自分から」という神証明の途を捉えるならば、それは「なぜ実在するのか」という問いへの答えを求める途であると言える。第三に、この途の辿り着くところで得られることは、「力能の卓越性」であり、それを「第三省察」に戻って明らかにするならば、そのうちに観念としてあるすべての完全性が現実態としてある、ということになる。このすべての完全性とは、また、「私」が抱懐するかぎりでのすべての完全性である。第四に、形相因と作用因との間に「類比」が成り立つのは、神における本質と実在との区別のなさの認識による。しかし、このことを「第三省察」にまで差し戻すことはできない。というのも、「第三省察」においては「自分から」ということが「あたかも作用因のように呼ばれる」ことはないからである。「第一答弁」、「第四答弁」において作用因ということが、ア・ポステリオリな第二の証明の説明として用いられたのは、読者の理解を容易にするためである。第五に、神についての「なぜ実在するのか」という問いは、実在についての認識の根元としての原因を明らかにするための問いなのである。したがって、第六に、ア・ポステリオリな証明の根底にア・プリオリな証明をおくことはできない。「自己原因」という概念を三つの証明に共通した源と看做すことはできないのである。また、「必然的実在 existentia necessaria」(Resp. 1, 116. 21-22; 116. 24-25; 118. 24; 119. 18-19; Resp. 2, 152. 11; 152. 23; 2R. Rat., 163. 25-26; 166, 16-17; 166. 25; 167. 02; Resp. 5, 383. 03; 383. 17) と「自己原因」とが出会う場もない。前者はもっぱらア・プリオリな証明との連関のもとで用いられる。後者は「自分から」ということの説明としてもっぱら用いられる。「自分から」と「自己原因」と「必然的実在」とを短絡的に結びつけることはできない。「第五省察」におけるア・プリオリな神の実在証明の意義を解明せんとする場合に、このことを決して軽んじてはならないのである。

(1)　注意しなければならない一つのことは、われわれが今の世の中で普通に考える原因が、四つの原因のなかでは作用因に相当するのに対して、デカルトがここで考えている「原因」は、われわれの考える〈原因〉つまりデカルト的「作用因」とは異なり、われわれの言葉で言えば、原因とも理由とも言えるような「原因」だということである。この点については本書「第三部第二章」を参照していただきたい。

文献表

ALQUIÉ : F. ALQUIÉ, *La découverte métaphysique de l'homme chez Descartes*, PUF, 1966.

BEYSSADE (1) : J. -M. BEYSSADE, *La philosophie première de Descartes*, Flammarion, 1979.

BEYSSADE (2) : Descartes, *L'entretien avec Burman*, Édition, traduction et annotation par J. -M. BEYSSADE, PUF, 1981.

Descartes, Cahiers de Royaumont, Les Éditions de Minuit, 1957.

GILSON (1) : É. GILSON, *Index scolastico-cartésien*,Burt Franklin, 1912.

GILSON (2) : É. GILSON, *Discours de la méthode, Texte et commentaire*, J. Vrin, 1925.

GILSON (3) : É. GILSON, *Études sur le rôle de la pensée médiévale dans la formation du système cartésien*, J. Vrin, 1930.

GOUHIER : H. GOUHIER, *La pensée métaphysique de Descartes*, J. Vrin, 1962.

GUEROULT (1) : M. GUEROULT, *Descartes selon l'ordre des raisons*, Aubier, 1953, 2vols.

GUEROULT (2) : M. GUEROULT, *Nouvelles réflexions sur la preuve ontologique de Descartes*, J. Vrin, 1955.

RODIS-LEWIS : G. RODIS-LEWIS, *L'Œuvre de Descartes*, J. Vrin, 1971.

第三章　ア・プリオリな証明と順序

序

「第五省察」においてデカルトが提示した神証明は、より先なるもの（原因）からより後なるもの（結果）へと進む証明、ア・プリオリな証明と呼ばれる（*e. g.*, Entretien avec Burman, BEYSSADE, Texte, 11/AT. V, 153. 05–06《a priori et non ab effectu》。この証明は多くの哲学者・研究者によって「存在論的証明」と呼ばれてきた。しかし、われわれはデカルトのア・プリオリな証明を「存在論的」と形容しない。マリオンよれば「存在論的」ということで示されているのは、「すべてのうちで最も実象的な、或る本質についての概念だけを用いて、本質という一つの存在様相から実在というもう一つの存在様相へと通過する推論」であり、これがカントによって「存在論的証明」と呼ばれた（MARION (1991), p. 225）。デカルトの証明は、しかし、神の概念からその実在を直接帰結するものではなく、「実在という、この上ない完全性の媒介によって」神の実在を帰結する証明である。それゆえデカルトのア・プリオリな証明は、まだ「存在論的」という名前に価しない（*op. cit.*, p. 226）。「まだ」というのは、彼によれば、デカルト、マルブランシュ、ライプニッツという三段階を踏んで存在論的証明になるからである（*ibid.*）。また、持田によれば「神観念の精錬」なしにはア・プリオリな証明は十分な仕方では成立しない。彼によっても、デカルトのア・プリオリな証明は「存在論的証明」とは呼ばれないことになるであろう（持田（一九九六）、二一〇頁参照）。われわれは、このような観方を方向性としては支持する。だが、一方で「神観念の精錬」として括られる問題を、われわれは「第五省察」の『省察』全体における役割を明確にすることによって明らかにしてきた。他方、マリオンの指摘、すなわち実在をこの上ない完全性として捉え、それを媒介にして神の実在に至り着くということは、デカルト的「完全性」概念の意義の確定を通して初めて答えうる。この点に関して、われわれは本書「第五部」で論じる。

われわれが「第五省察」のア・プリオリな証明を「存在論的証明」と呼ばないことの理由は、上記の二点にとどまらない。第一に「第五省察」の証明を「存在論的（デカルト的）証明」（KANT, *Kritik der reinen Vernunft*, A. 602/B. 630）と呼んだカントが『純粋理性批判』の「超越論的弁証論」のなかで述べていることによれば、「自然神学的証明」の根底に「宇宙論的証明」が、さらにその根底に「存在論的証明」が潜んでいることになる（*op. cit.*, A. 630/B. 658）。しかし、われわれの見るところによれば、『省察』のなかでのア・プリオリな証明の、ア・ポステリオリな証明に対する関係は、むしろ逆転している。というのも『省察』において展開されている三つの神証明が理由の順序に従ってア・ポステリオリな証明が先に、ア・プリオリな証明が後に配置されていることが、以下に見るように明らかになるからである。第二に、デカルトの三つの神証明が、証明することを通して何を明るみに出しているのか、この点に着目しなければならない。神の実在証明のデカルト形而上学における役割である。ア・プリオリな神証明は、数学の学としての基礎を設定する（この点については、本書「第一部第二章」および同「第三章」を参照していただきたい）。これはカントが見晴らしていない眺望であろう。第三に、明証性の規則の問題がある。「第五省察」で確定されることになる明証性の規則は、「私」の思いのままにはならないという意味で〈私の外にある〉「不変にして永遠な本性、いうなら本質、いうなら形相」(E. 64. 04-06: AT. 64. 15-16) へと、観念の途を通して「私」が到達することの、つまり認識することの可能性を示す。この規則を神の観念に適用するところにア・プリオリな証明は成立する。以上の理由によりわれわれはデカルトのア・プリオリな証明を「存在論的証明」とは呼ばない。しかしだからといって、デカルトの神証明が、アンセルムスの神証明、カントの批判した神証明と無縁であるわけではない。さまざまな「ある」がどこで収斂しているのか、あるいは分岐しているのか、あるいはもともと散乱しているのか。ア・プリオリな証明がそれ自体としてもっている豊穣なる内容を拓き出すために、われわれはこの点を『デカルト研究III』において論じることになるであろう。

この歴史的でありながら、時代を超える〈あること〉の或る方向からの探求と、『省察』全体の真理探求の道のうねりのなかでこの証明が果たす役割の探査、これらを別にして、今は「第五省察」のア・プリオリな証明のもっている含意の一面を、位置価という光源から照らしだすべく、「順序」の問題に調査を限ることにする。(1)『方法序説』「第四部」、「第二答弁」「諸根拠」、『哲学の原理』「第一部」の順にア・プリオリな証明の位置価を測って行くことにしよう。

第一節　『方法序説』におけるア・プリオリな証明

位置価を測るという観点に立つならば、デカルトはア・プリオリな神証明を四回提示したことになる。すなわち『方法序説』「第四部」と「第五省察」と「第二答弁」「諸根拠」「定理一」と『哲学の原理』「第一部」「第一四項」においてである。ア・プリオリな証明は「第一答弁」(AT. VII, 113. 01-120. 14) および「第二答弁」(AT. VII, 149.

22–152. 26）においても提示されている。しかし、それは反論に対する答弁のなかという役割に規定されている。それゆえ、ア・プリオリな証明の叙述過程のなかでの位置価を測るという点では、その二箇所で提示されている証明は不適切である。『方法序説』に提示されているア・プリオリな証明から順に検討して行くことにしよう。

　われわれの解釈によれば、『方法序説』「第四部」は二つの部分に分かれる（この点についての詳細は村上（一九九〇）、八八頁以降を参照）。第一の部分は神と心の認識を主題にし、そこでは「私」の思索の歩みを時の、あるいは年の流れに沿いつつ述べるという叙述方式がとられている（AT. VI, 31. 14–36. 31）。第二の部分は、前半部分を振り返りながら読者にとって困難が予想される問題を、「われわれ」という読者と共通の足場の上で語るという方式で書かれている（AT. VI, 37. 01–40. 20）。その第一部分に提示されているア・プリオリな証明はこの叙述方式の制約のもとに位置価（順序値）をもつ。『方法序説』「第四部」の第三段落目で、明証性の「一般規則」が提示される（AT. VI, 33. 12–24）。その次の段落は、神についての認識を論じ、「私」という地平の上に存立する「観念」という場こそが、明証的に認識されるという場であることを明らかにする（AT. VI, 33. 25–36. 03）。「第三省察」において成し遂げられる、「観念」という形而上学を組み上げるのためのデカルト的装置の鍛え上げを欠いているにせよ、それゆえに観念の第二の途は見いだされておらず、探求が神の認識に向かい、実在には向かっていないとしても、「第四部」のこの段落は、『省察』にもしや対応させるならば「第三省察」を念頭に浮かべることになる、そのような段落である。われわれはその次の段落にア・プリオリな神証明を見いだす（AT. VI, 36. 04–31）。

　明証性の「一般規則」は幾何学の証明と少なくとも同じほどに確実な論証を与えることができる。しかし、幾何学者たちは「私」に「対象の実在」を保証してくれない。それに対して「一般規則」は「或る完全な存在 un Être parfait について［私の］もつ観念」の吟味から、その実在への証明を与える（引用文中の［ ］内は引用者の補足を示す)。「したがって、少なくとも、この完全な存在である神がある、いうなら実在するということは、幾何学の証明が確実でありうるのと同じく確実なのである」。この「一般規則」は、いまだ神によって保証されているわけではない。「一般規則」と神の問題とがこの「第四部」で出会うのは、おくれて第七段落においてである（AT. VI, 37. 24-39. 07）。幾何学の証明に対する「一般規則」の優位は、後者が実在に届くという点にある。これを認め、神の観念のうちに実在の含まれていることをも認めるということを条件に、「第四部」のア・プリオリな証明は成り立つ。逆に言えば、この証明は明証性の「一般規則」と神の観念に実在が含まれているということを否認すれば、成り立たない（村上（一九九〇）、八〇頁から一一七頁参照）。ここにおける「一般規則」が、実在に届くところに幾何学の証明に対する優位性をもち、それゆえに神証明が可能になっているということを繰り返し指摘しておこう。なぜならば、このことこそがア・プリオリな証明における明証性の規則の役割だからである。それをわれわれは「第五省察」においても、「第一答弁」においても、「第二答弁」においても、「諸根拠」においても、『哲学の原理』においても確認できるであろう。

『方法序説』に述べられているア・プリオリな証明を捉える上で考量しなければならないもう一つの点がある。それは、この「第四部」に見いだされている形而上学が途上の形而上学だということである。このように解する根拠の一つは「観念」についての理説にある。この「第四部」における「観念」説は補われなければ「第三省察」の「観念」説にはならない。「第四部」には「対象的実象性」という捉え方が欠けており、これなしには「第三省察」のア・ポステリオリな第一の神証明は成立しない。それだけではない。「第四部」の「第一部分」と「第二部分」との間に差異が見出され、また、未だ結びつけられていない輪が見いだされるからである。『方法序説』「第四部」は、何かしら完成された形而上学を手に入れた上での、それのわかり易い版というのではない(2)。ここに提起されているア・プリオリな証明と他の箇所のそれとを比べるためには、これらのことを酌量しなければならない。その上で、次の四つの点を指摘することができる。第一に『方法序説』のア・プリオリな証明は、ア・ポステリオリな証明の後という順序値をもってはいない。第二に「第五省察」におけるように、神についての本質と実在の引き離し難さが証明に用いられているわけではない。第三に「第四部」のア・プリオリな証明は数学に対抗する場に立ちながらも、数学の学としての基盤を切り開くという役割を果たしていない。しかし、第四にこの証明は、明証性の一般規則と、神の観念に実在の含まれることとに直接依存しているという点では、「第五省察」を除いた他の箇所に提示されているア・プリオリな神証明と共通している。

第二節　「第二答弁」「諸根拠」におけるア・プリオリな証明

「第二答弁」「幾何学的な仕方で配置された、神の実在と心の身体からの区別とを証明する諸根拠 Rationes Dei existentiam & animæ a corpore distinctionem probantes more geometrico dispositæ」の「定理一」にア・プリオリな証明が提示されている。位置価という点から考えてみるならば、「定理一」に先立つのは「定義」と「要請」と「公理、いうなら共通的基礎概念 axiomata sive communes notiones」である。「定理二」はア・ポステリオリな第一の証明に、「定理三」はア・ポステリオリな第二の証明に、「定理四」は身心の実象的区別の証明に当てられている。「諸根拠」における「定理」はこの四つだけであり、その他には「定理三」の「系」が一つある。もし、ア・プリオリな証明の置かれている位置について問題になるとしたならば、『省察』の順序と異なるという点であろう。『省察』ではア・ポステリオリな二つの証明がア・プリオリな証明に先立っている。この順序の逆転が問題になる。しかし、ここには留意しておかねばならないことがある。「定理二」は「定理一」を用いず、「定理三」は「定理一」も「定理二」も用いていないということである。「定理一」、「定理二」、「定理三」は横並びになって、それぞれ直接「定義」、「要請」、「公理」のいずれかに依拠して証明されている。各証明間に「理由の順序」はないかのように構成されている。「第三省察」におけるア・ポステリオリな第二の証明は第一の証明によって確立された〈因果の原理〉を適用している（村上（一九九〇）、二一八頁から二一九頁）。これを要するに「諸根拠」に見出されるア・プリオリな証明の順序値を「第五省察」の証明へと戻すことはできない、ということである。「理由の順序」に基づくことなく配列されている。「理由の順序 ordre des raisons」と、われわれが述べるのはデカルトが「第二答弁」で述べている「順序」、彼が『省察』において従うべく努めたとする「順序」のことを言う。繰り返しになるが引用すれば次の通りである。「順序 ordo は次の点にのみ存する、すなわち、第一に提示されるものどもが、後続するいかなるものの助けもなしに認識されなければならないということ、そしてその後は、残りのすべてのものは、先立つものどもだけから論証されるというように配列されなければならない、ということである」（AT. VII, 155. 11-14）。「諸根拠」の最初の三つの定理はこの順序に従って配列されてはいない

しかし、三つの証明の間での依存関係が明示的になされていないからといって、それらの証明がそれだけで独立に成り立つということにはならない。「定理一」の証明は、その「定義九」と「公理一〇」を用いる。「定義九」は次の通りである。「何かが何らかの事物の本性に、いうなら概念に含まれているとわれわれが言う場合に、それは、もしその何かがその事物について真であると、いうなら当の事物に肯定されうると、われわれが言うとしたならば、それと同じことである」（AT. VII, 162. 08-10）。これは「第五省察」において至り着かれる帰属の明証性に相応する（「その事物に帰属すると、私が明晰判明に知得するすべては、実際に、当のものに帰属する」（E. 65. 14-16/

AT. 65. 17–19))。「概念」「本性」(「知得」)のレヴェルから「事物」の(「真にして不変な本性」の)レヴェルへの移行が、ここでの肝心な点である。この帰属の明証性は「第三省察」の「他の途」(E. 34. 11–12/AT. 40. 05)以来の観念の途の上で「第五省察」において見いだされ、確定されることになる。この途はア・ポステリオリな第一の証明を通して形而上学の立論を築きつつ踏み固められた途である。もう一つの支えである「公理一〇」の中心には「必然的で完全な実在がこの上なく完全な存在の概念に含まれている」(AT. VII, 166. 16–18)ということがある。「必然的実在」という連辞は『省察』本文には見いだせない。とするならば、このことの意義を探るためには「第一答弁」(AT. VII, 116. 21–22 この箇所が「反論と答弁」でのこの連辞の初出である)を参照しなければならないであろう。「定義九」にせよ「公理一〇」にせよ、それまでの「答弁」をも含めて『省察』的探求の成果によって支えられている。「定理一」が「諸根拠」の構成のなかでは「定理二」、「定理三」に依存しないとしても、そのことは「第五省察」の証明が「第三省察」の二つの証明に依存しないことの証拠にはならない。(3)

それゆえ、この「諸根拠」の論述のなかだけにア・ポステリオリな証明よりもア・プリオリな証明が先におかれた理由を探ろうとするならば、この証明が「諸々の先入見から解き放たれた人々にとってそれ自身で識られる」(AT. VII, 167. 05–06)という特徴をもつことにしか、その理由を探すことができないように思われる。それはどのような先入見なのか。この点を検討するに先立って考察しておかなければならないことがある。ゲルーは「諸根拠」と『哲学の原理』での神証明順序逆転の理由として、第一に『省察』が「分析的順序 ordre analytique」に従っているのに対して、先の二つが「総合の順序 ordre synthétique」に従っていることを挙げていた(GUEROULT (1953), p. 357)。第二にこの順序の変更が、『哲学の原理』では隠然的であるにせよ、先にわれわれが引用した「諸々の先入的困難 difficultés préjudicielles」にも依存していると述べていた(*ibid.*)。これに対して、グイエは、

『哲学の原理』の教育的性格が強いているのは「分析と総合とが合一しているような或る種の折衷」である(GOUHIER (1954), p. 296)と指摘するとともに、ゲルーが指摘する「諸々の先入的困難」は「理由の順序」に属するものではなく「心理的本性」に由来する先入見であるとする(*op. cit.*, p. 297)。そうであるならば、「分析的順序」と「総合的順序」というゲルーの区別も、「諸々の先入的困難」も、ア・プリオリな証明が先立つことの理由にはならない。

『哲学の原理』「第一部」「第一六項」の表題には「神の実在のその必然性が、すべての人々によって明晰に認識されるのを、諸々の先入見が妨げていること」と記されている。これは「諸根拠」「定理一」の「証明」に記されていることと同じである(*ibid.*)。さらにこのことは、ア・プリオリな証明が三つの証明の最後に置かれている『省察』の「第五省察」に記されていることでもある(*op. cit.*, p. 298)。グイエは「諸々の先入的困難」を「私は、他のすべての事物においては、実在を本質から区別することに慣れてしまっている assuetus sim」(E. 66. 03-05/AT. 66. 04-05)という「第五省察」の文章とも結びつける。グイエに従うならば「諸々の先入的困難」ということも順序逆転の理由にはならない(pp. 297-298)。この批判に対して、ゲルーは『哲学の原理』では「存在論的証明」はア・ポステリオリな証明に条件づけられることなく、「本性の水準で直接的に発見される」と答えることになる(GUEROULT (1955) p. 105)。さてこの「総合的順序」と「分析的順序」については、そもそもデカルトのテクストに支えられているのかどうかという点から問題である。ベイサッドは「分析的順序」および「総合的順序」についてデカルトは語らない(J. -M. BEYSSADE (1996), p. 8)と言う。これはその通りであり、「総合」と「分析」は「第二答弁」において「論証の理拠(仕法)demonstrandi ratio」として挙げられる(AT. VII, 155. 21-22)。つまり「順序」の区別ではない。それらはまたそれぞれ「総合的な叙述様式 modus scribendi syntheticus」(AT. VII, 159.

02–03）あるいは「諸根拠」がそれに基づいて書かれた「総合的なスタイル syntheticus stilus」（AT. VII, 159. 14）であり、『省察』においてデカルトが従ったのは「叙述の分析的様式 modus scribendi analyticus」（AT. VII, 249. 01–02）である。デカルトが対立的に語るのは書くことの「スタイル」ないし「叙述の様式」としての総合と分析であり、「理由の順序」に関してではない（J.-M. BEYSSADE, *op. cit.*, p. 34）。要するに、「分析的順序」と「総合的順序」というゲルー的区別は『省察』に対する『哲学の原理』と「諸根拠」における神証明の順序転倒の説明には無力だということが明らかになったのである。

第三節　ア・プリオリな証明を知解し難くしている先入見

それでは「諸々の先入的困難」の方はどうであろうか。ア・ポステリオリな証明とア・プリオリな証明の順序ということについては、何も教えてくれないのであろうか。「諸根拠」「定理一」にはどのような先入見なのかという記述はない。しかし、『哲学の原理』「第一部」「第一六項」と「第五省察」の先に引用した箇所に共通なのは次の点である。すなわち、神以外のすべての事物において「われわれが実在から本質を区別するのに慣れてしまっている sumus assueti」（AT. VIII-1, 10. 28–30）ということである。「第五省察」で「慣れてしまっている」のは「私」であり、『哲学の原理』では「われわれ」であった。少なくとも「私」だけは、このような先入見とは無縁である、とは考えられていない。「私」も「慣れてしまっている」。デカルトがア・プリオリな証明の理解をめぐって対抗せざるをえなかった先入見を見定めるのは、はなはだ困難であろうが、実在と本質の区別と「概念」についてのスコラ的思考についてこの点を探ってみることには理がある。というのも、ともに実在と本質の引き離しということに関係するからである。

スアレスによれば、被造物の実在と本質の区別は「理拠的区別 distincito rationis」である。事物の側からの実在と本質との区別が問題である場合に比較されるべきは「現実的実在 actualis existentia」と「実在する現実的本質 actualis essentia existens」なのであるから、事物そのものにおいては実在と本質とを区別することができない（Suarez, disp. 31, sect. 1, art. 13）。それゆえこの区別は「実象的区別 distinctio realis」でも「様態的区別 distinctio modalis」でもない。しかし「事物において引き離されていないことを、知性は切り離すことができ、この知性はさらに現実的実在を分離して被造物を概念することもできる。というのも、必然的に実在するのではないのだから、被造物の諸本性を作用性、したがって現実的実在、から引き離して概念しても矛盾にはならないからである」。それに対して、本質や「そこから取られてくる諸述語規定」は、それらなしに事物はありも概念されもしない（*op. cit.*, disp. 31, sect. 6, art. 15）。それらを引き離すことは当の事物の概念を損なうことである。神についてはこのようなことはない。神は「自分から必然的存在 ens ex se necessarium であるのだから可能態的な存在 ens potentialis という仕方では概念されえず、独り現実態としての存在 ens actualis という仕方でのみ概念される」（*ibid.*）。つまり、神についてはその概念から実在を引き離すことはできない。被造物における実在と本質の区別はこのように知性によって実在を切り離すことに基づいて成立する「理拠的区別」であるとされる（*ibid.*）。それに対して、エウスタキウスは、この区別を「様態的」とし（Eustachius, l. IV, p. III, disp. 3, q. 7）、「形相的概念」に基づく「理拠的区別」ではないとする（*op. cit.*, l. IV, p. III, disp. 3, q. 5）。彼の区別の理論は、次に見るデカルトの区別に近いと思われる。エウスタキウスによれば、「実象的区別 distinctio realis」が一番大きな区別であり、「事物の本性からの区別 distinctio a natura rei」がそれより小さい、「理拠的区別 distinctio rationis」が最も小さい区別であるとされる（*ibid.*）。この二番目の「事物の本性からの区別」は「実象的に区別されるにせよ、そうでないにせよ、それによって或る何かが知性の切り離す作用によって præcisa intellectus operatione 他のものから区別される」ことに存する（*op. cit.*, l. IV, p. III, disp. 3, q. 7）。ここで切り離されるものが必ずしも実在というわけではない。もちろん、被造物においてはその「事物の本性から、そして様態的に、実在は本質から区別される」が、「神の実在はその本質であるのだから、神においては本質と実在からのどんな合成もない」（*op. cit.*, l. IV, p. IV, disp. 3, q. 3）。この意味では、被造物における実在と本質の切り離しに慣れているとも言えよう。

次に、デカルトについてみれば、或る書簡で述べられていることから次のことがわかる。事物に基礎をもたない区別である「無拠理拠的区別 distinctio rationis Ratiocinantis」をデカルトは認めない。この区別と比較されるならば、「様態的区別」も「有拠理拠的区別 distinctio rationis Ratiocinatæ」も「実象的 realis」と言われうる。「この意味で本質は実在から実象的に区別される、と言われうる」（à***, 1645 ou 1464?, AT. IV, pp. 348-350）。デカルトによれば実在と本質の区別は事物に根拠をもつ区別でなければならない。スアレスによれば知性によって実在を切り離す、本質だけを残す、そこに実在と本質との理拠的区別が成立する。エウスタキウスによれば、実在と本質との区別はデカルトと同じように事物に根拠をもつ。われわれが明らかにしようとしている「諸々の先入的困難」とは、事物の側で区別のないことを知性によって区別するのに慣れている、ということを内容にするのであろうか。つまりは、スアレス的思考に慣れているということなのか。それとも、実在を属性に数えいれ（「諸属性、いうならもろもろの思いの様態」（AT. IV, 349. 12））、そういう実在を最始的属性でもある本質から区別するのに慣れている――このように考えるならば、実在と本質の区別は属性間の区別、「理拠的区別」（PP. p. I, art. 62, AT. VIII-1, 30. 07–10）になる――ということなのか。間にエウスタキウスを挟んでみるならば、スアレス的思考が当該の「先入見」の内容であると答えることはできそうにない。両者に共通し、デカルトと異なる筋道が浮かんでこないのである。

それでは「概念」に関する、一六世紀から一七世紀にかけてのスコラ的理論の場合はどうであろうか。これに探りを入れるためには「形相的概念 conceptus formalis」と「対象的概念 conceptus objectivus」について考えてみるのが適切であろう。ゴクレニウスによれば、「対象的概念」とは「形相的概念」によって表象される何かであり、たとえば、ライオンの「形相的概念」とは「それを知解しようとするときに、知性がライオンの何性 quidditas について形成する似像 imago seu idolum である」とされる（GOCLENIUS, p. 429）。この点はスアレスについてもフォンセカについてもほぼ同じように捉えられていると言える（*cf.* SUAREZ, *op. cit.*, disp. 2, sect. 1/FONSECA, l. IV, cap. 2, qu. 2, sect. 1,）。もう少しゴクレニウスの説明を見てみると次のようになる。人間の知性による「概念（把握）conceptio」の第一の意味は、「心の外に実在する事物の相似 similitudo rei extra animam existentis」であるという点にある（GOCLENIUS, *op. cit.*, p. 430）。「相似」とは実在を離して何であるかを捉えているかぎりの相似ということである。なぜならば、第二の意味は、相似ではなく、「事物を知解することの仕方から帰結する何か」とされ、第三の意味として、事物に基礎をもたない名前によって意味表示される場合が挙げられる。第二の例としては「類、種」が挙げられ、第三の例としては「キマエラ」が挙げられている（GOCLENIUS, *ibid.*）。これらが「概念（把握）」の三つの意味の例である。また、エウスタキウスによれば、「形相的概念は、知性によって事物を表出するために産出された当の事物の現実的な相似である actualis similitudo rei quæ intelligitur ab intellectu ad eam exprimendam producta」。たとえば、人間の本性を知性が知得する場合に、「人間の本性について知性が表出する現実的相似が、知解された人間の本性の形相的概念である」。形相的概念はまた、「表出された形質、ないし精神の言葉 species expressa, seu verbum mentis」とも言われる (EUSTACHIUS, *op. cit.*, l. IV, p. I, disp. 1, q. 2)。

以上の簡単な列挙を見ただけでも、被造物については概念成立の際に実在から引き離して本質を捉えることが(スコラ的素養をもった人にとって)当然であったということは理解できるであろう。[5] しかし、被造物の何であるかを知るために、実在から引き離して本質を捉えるということ自体については、デカルトだとて同断である。そもそも、このことなしに認識ということは成り立つまい。それゆえ、これがデカルトにとって拭い去らなければならない先入見の内実であるとは言えない。とするならば、このことではなく、「概念」の捉え方こそが「この上なく完全な存在の観念に必然的で永遠的な実在が含まれている」(PP. I, art. 14, AT. VIII-1, 10. 15–18) ということを知得するのを妨げていることになろう。問題はスコラ的な「概念」説にあると言えそうに思われる。「概念」の場は知性によって表出されるという場、「精神の言葉」という場、その意味では心のなかであれ、「語られたことについて de dicto」という場なのである。そのような場で「神はその存在である Deus est suum esse」(EUSTACHIUS, *op. cit.*, l. IV, p. I, disp. 1, q. 2 & DESCARTES, Resp. 5, AT. VII, 383. 15) とされたとしても、そこから直ちに神の実在は帰結できない。エウスタキウスはこの神についての言をあげた後に、ア・プリオリな神証明は不可能であるとする (EUSTACHIUS, *ibid.*)。

もう一つ別の角度からこの「諸々の先入的困難」の内容を探ってみよう。「諸根拠」「定理一」「証明」において、この証明が「第二答弁」「第六項」の「三段論法」と同じであり、「諸々の先入見から解き放たれた人々にとってそれ自身で識られる」、とされた直後に「要請五で言われたように」と記されている (AT. VII, 167. 04–07)。この「要請五」は神の観念のうちには「必然的実在」が含まれているということを要点にしている。このことは「読者にとっては」二が偶数で、三が奇数というほどにそれ自身によって識られることである。この神の観念に必然的実在が含まれているということが了解されているのならば、「何の議論 discursus もなしに」神の実在が認識される。「読者にとって」というのも「或る人々にはそれ自身によって識られて、他の人々には議論を通してしか知解されない、そういうこともある」からである（AT. VII, 163. 27–164. 04）。神の観念に必然的実在が含まれるということは、『省察』を共に歩む読者にとっては自明的であっても、そうではない人々にとっては議論をしなければわからないことなのである。しかし、このことは「第二反論者」にとっても自明ではなかったように思われる。というのも「第二反論者」は、デカルトの証明からは「実際に実在することは帰結せず、実在しなければならないということだけが帰結する non sequitur Deum revera existere, sed tantum existere debere」としているからである（AT. VII, 127. 12–13）。

それではデカルトが「第二答弁」「第六項」で「議論 discursus」していることは何か。それは何よりも「第五省察」でア・プリオリな証明の直前に提示されている、われわれが〈帰属の明証性〉と呼ぶものについてである。このことをはっきりさせるために「第二反論者」のものとしてデカルトが再提示してみせる三段論法と、デカルトが自分のものとして提示しているそれとを比べてみよう。

デカルトが再構成する「第二反論者」側の三段論法は以下のようになる。

大前提　「われわれが何らかの事物の本性に帰属すると明晰に知解するものは、真理をもって当の本性に帰属すると肯定されうる quod clare intelligimus pertinere ad alicujus rei naturam, id potest cum veritate affirmari ad ejus naturam pertinere」（AT. VII, 149. 25–27）。

小前提　「ところで、神の本性には実在することが帰属する atqui pertinet ad naturam Dei, quod existat」（AT. VII, 150. 09）。

結　論「ゆえに、われわれは神の本性に実在するということが属すると真理をもって肯定することができる Ergo cum veritate possumus affirmare, ad naturam Dei perinere ut existat」（AT. VII, 150. 12–13）。

これに対して、デカルトの提示する三段論法は次の通りである。

大前提「われわれが何らかの事物の本性に帰属すると明晰に知解するものは、真理をもって当の事物に帰属すると肯定されうる Quod clare intelligimus pertinere ad alicujus rei naturam, id potest de ea re cum veritate affirmari」（AT. VII, 150. 01–02）

小前提「ところで、神の本性には実在することが帰属する atqui pertinet ad naturam Dei, quod existat」（AT. VII, 150. 09）。

結　論「ゆえに、真理をもって、神について実在することが肯定されうる Ergo potest de Deo cum veritate affirmari, quod existat」（AT. VII, 150. 10–11）

両者の差異するところの要点は、われわれが傍線を引いた部分にある。反論者側が大前提で「その本性に」とし、結論において「神の本性に」としたところを、デカルトは「その事物に」とし、「神について」としている。反論者側がいわば「語られたことについて」というレヴェルで論を立てているのに対して、デカルトは「事物について de re」というレヴェルで論を立てている。二つの論証のそれぞれにおいて大前提と結論のレヴェルは同じである。その点での不整合はない。差異は、大前提における「本性」から「事物」への移行にある。このことは「諸根拠」「定義九」に表現されている。念のため繰り返し引用するならば次の通りである。「われわれが何らかの事物の本性、いうなら概念のうちに何かが含まれていると言う場合に、そのことがその事物について真であると、いうなら当の事物について肯定されうると言うとしたならば、同じである」（AT. VII, 162. 08–10）。これを先に見いだされたことを込めて、きわめて簡略化して言い直してみるならば「Pがxの本性に含まれるならば、〈xはPである〉という言明は真である」ということになるであろう。デカルトは「本性」を「概念」ないし「観念」に重ねている。反論者側の対応する箇所を定式化するならば、「Pがxの本性に含まれるならば、〈xの本性はPである〉という言明は真である」ということになるであろう。この反論者側の定式に基づき、「本性」と「概念」との重ね合わせを受け入れるならば、観念（本性・概念）の領域の外には出ることができない。つまり、神について実在すると肯定することはできない。『方法序説』に示されているように、幾何学者の論証と同じことになり、明証性の一般規則の特徴が失われる（「幾何学者の論証のなかには彼らの対象の実在を私に保証してくれる何もないということに私は気づいた」（AT. VI, 36. 16–18））。しかし、デカルトの定式に従うならば、観念の領域を脱出することになる。この定式を明証性という点から表しているのが「第五省察」の帰属の明証性なのである。

この回り道から見えてきたことは、神の観念には必然的実在が含まれているということを知解するための諸困難とは、少なくともその困難のうちの肝心なものとは、帰属の明証性を自分のものにしていないということである。「第二反論者」は神の本性に実在が帰属する、ということまでは認めていたのである（たとえば、DUPLEIX, l. 2, ch. 3, §9にも「神において実在と本質は一つの同じものである」とされている）。しかし、必然的実在が帰属することまでは認めていなかった。デカルトの証明は必然的実在が観念に含まれるということによって、神の実在を帰結する。三角形の観念に可能的実在が含まれていることから、帰結するのは当の三角形が実在しうるということだけである。「第二答弁」の論証ではこのように大前提に当該の困難が含まれていた。しかし「第一答弁」の論証では困難は小前提にあるとされている。そこでの三段論法は次のように組まれている。

大前提　「何らかの事物の真にして不変の本性、本質、形相に属すると、われわれが明晰判明に知解することは、真理をもって、当の事物について肯定されうる」(AT. VII, 115. 22-25)。

小前提「ところで神が何であるかを、十分事細かに探求した後では、神の真にして不変の本性に、実在するということが属することを、われわれは明晰判明に知解する」(AT. VII, 116. 01-03)。

結　論「ゆえに、このとき真理をもって神についてそれが実在すると、われわれは肯定しうる」(AT. VII, 116. 03-04)。

デカルトは大前提には問題がないと言う。なぜならば、明証性の規則はすでに承認されているからである。その規則とは何か。「われわれが明晰判明に知解するすべてのものは真である」ということである(AT. VII, 116. 05-07)。これは「第三省察」の第一の神証明の吟味過程のなかで確立された明証性の規則である(「明晰判明に私の知得するものは何であれ、実象的であり真である」(E. 42. 05-06/AT. 46. 16-17))。「残るところは独り小前提のみ」。ここに、神以外の事物についてわれわれが実在を本質から区別するのに「かくも慣れてしまっている sumus tam assueti」ということが指摘される(AT. VII, 116. 08-12)。どれほど慣れているのか。一つには、実在が他の事物には属さず、神の本質に属するということに気づかないほど。もう一つには、神の本質に実在が属するということに気づいても、そこから神が実在すると結論しないほど。なぜ神の本質に実在が属すると気づいていても神が実在すると結論しないのか。「神の本質が不変的で真であるのか、それともわれわれによって虚構されただけなのか、われわれが知らないからである」(AT. VII, 116. 12-19)。

第一番目の問題は神の特権性の理解に由来する。無限と有限との差異についての理解と言ってもよい。神の観念が明確に摑まれていない。二番目の問題は帰属の明証性と連係している。というのもその核心をなす思考が〈属すると気づいていても、結論するに至らない〉ということだからである。これらのことがどのような先入見に由来するのか。これらはともに観念のレヴェルから実在に至り着く際に障害となる先入見でなければならない。神以外のものについてはこの道はない。しかし、神以外のものについても二番目の問題は残る。このことが教えるのは次のことである。もし「諸々の先入的困難」ということで神についての先入見が問題になっていないとしたならば、残るところは帰属の明証性のちょうど対蹠点に位置する先入見こそが当該のものである。それがまた実在と本質を区別することに慣れているということでもなければならない。帰属の明証性は、観念からの脱出を正当化する。しかし、神と神以外の事物とでは脱出先が異なる。神以外の事物については「私」の思いのうちにある観念が「私」の思いのままにならない「真にして不変の本性」を捉えることができることを正当化する。つまり、届く先は事物の「本性」であり「本質」であり「形相」である。これが神の場合には、その「私」の思いのままにならないという意味で「私」の外にある「真にして不変の本性」に必然的実在が含まれているがゆえに、実在に届く、ということになる。この思考法の対蹠点を推定するとどうなるか。神と被造物との違いは先入見にはならない。被造物に関して実在と本質を区別することに慣れている。これも当該の先入見にはならない。被造物の本質を「概念」として捉えるのに慣れている、「精神の言葉」として「述べられたこと」というレヴェルで押さえるのに慣れている。ア・プリオリな証明の知解を困難にする先入見とは、このような「概念」に関するスコラ的な思考法に慣れていることに由来するように思われる。こう解釈することの可能性が次第に増してくる。

しかしそれでも「第五省察」の表現は残るようにも思われる。そこでは「私は実在を本質から区別するのに慣れてしまっている」ので、神についても同断であると納得してしまう、とされていた (E. 66. 03-05/AT. 66. 03-07)。「概念」についてのスコラ的思考法に慣れているということが「第五省察」のア・プリオリな神証明の吟味の過程で、自らに問い直されているとは考えられない。そのようなスコラ的先入見を、自分のうちに「第五省察」のここで見いだすと解する場合には、『省察』の流れの外から突然この先入見が流入してくることの理由がわからなくなる。今述べたスコラ的思考法とは、事物を認識する仕方の説明に関する。事物の本質把握がどのようになされるのかということの理論の一つである。デカルトは事物の認識の仕方を「観念」という説明方式で解明する、否、「第三省察」においてその認識理論の核心を神の実在証明を通して樹立した。『省察』を共に歩む者にとって「第五省察」までスコラ的「概念」という捉え方に慣れ続けているというのはむしろ奇妙である。否、スコラ的思考法を脱却することに自分を慣らしてきたのでなければならない。スコラ的認識理論とデカルト的それとが切り結ぶところに「感覚」の問題がある。「前もって感覚のうちになかった何ものも知性のうちにはない」(*e. g.*, E. 77. 27–29/AT. 75. 28–29)。これである。この思考法から脱却するために「第一省察」において感覚的意見を疑う理由をもち、「第二省察」において「密蠟の知得が視覚でも触覚でもない」とわかり(E. 24. 10–11/AT. 31. 23)、「第三省察」において「あらゆる感覚を遠ざけ」(E. 27. 14/AT. 34. 12–13)つつ形而上学の立論を獲得し、かくて「第四省察」の冒頭では「ここ何日か私は精神を(諸)感覚から引き離すことに慣らしてきた assuefeci in mente a sensibus abducenda」(E. 49. 22–23: AT. 52. 23–24)という境地に立つ。

精神を感覚から引き離すことに慣れるとは、また、何かを感覚するときにその何かが実在すると思ってしまう思い込みを遠ざけることでもある。なぜならば「私」が感じるままに感じられた事物があると思うとき、その〈ある〉は世界のうちに実在するということを巻き込んでしまうからである。事物の何であるかを観念に即して捉えようとするに際して、感覚を引き離しておくことは、感じられる通りに事物があると思うことをやめること、とりわけても外的感覚の提供する事物の直接与件性としての実在(感)を括弧に入れることである。実在を括弧に入れて観念という場で事物の本質を捉えようとすることである。「いかなる事物についても、けっして、前もって〈何であるか quid sit〉が知解されることなしに〈あるか an sit〉ということは問われてはならない」(Resp. 1, AT. 107. 27-108. 01)。「識ることからあることへは妥当な帰結である a nosse ad esse valet consequentia」(Obj-Resp. 7, AT. VII, 520. 05)。そのように「私」は「私」を慣らしてきたのであるが、しかし、ア・プリオリな証明の場合には異なる。神の観念のうちには必然的実在、つまりは常に実在するということが含まれ、そこを通して現に実在することが証明される。そのような必然的実在が観念という場で見て取られなければならない。感覚の直接性とはまったく異なる仕方で実在を捉えなければならない。事情がこの通りであるならば「第五省察」における「慣れてしまっている」ことと、『哲学の原理』「第一六項」、「諸根拠」「定理一」の先入見とは異なると考えるべきであろう。前者は先入見ではない。『省察』を歩む者にとって自ら習いとしてきたものをさらに精妙にして行く上で突き当たる問題である。後者で言われる先入見は、『省察』の成果を伝えようとするときに、想定される読者のうちに予想される先入見である。ア・プリオリな証明は、神の「概念」であれ、「本性」であれ――つまりは「観念」という場に立たずとも――そこに実在が含まれるということと明証性の規則さえ容認されるならば、それだけで成立する証明である。それゆえに、理解のためには先入見の排除が求められるのである。この二つのことへの容認を求めるのでなければ、「第三省察」から「第五省察」における帰属の明証性の提示までの過程を理解し受け容れることを求めなければならない。この点では、たしかに、ア・ポステリオリな証明よりも、事柄上（あるいは「本性上」）より少ない理拠に訴えるという点で、ア・プリオリな証明が最初に置かれるということには大いなる理があると言える。

第四節　『哲学の原理』におけるア・プリオリな証明

ベイサッドは先に見たように「総合」と「分析」という点から問い直しつつ『哲学の原理』の構成について論じている。これを参考にしながら『哲学の原理』における神証明の順序についてもう少し深入りしてみよう。『哲学の原理』の「第一部」では「第一四項」にア・プリオリな証明が、「第一八項」にア・ポステリオリな第一の証明が、「第二〇から二一項」にア・ポステリオリな第二の証明が見いだされる。ア・ポステリオリな第一の証明とは「第三省察」の第一の証明、つまり、神の観念を出発点にし、その観念の「対象的実象性」に、いわゆる〈因果の原理〉を適用することによって神の実在を結論するものである（村上（一九九〇）、二〇七頁から二一八頁参照）。ア・ポステリオリな第二の証明とは同じく「第三省察」に提示される二番目の証明のことである。神の観念をもっている「私」の実在することが出発点になる。「私」の実在の原因と「私」であることの起源とを求めて神の実在に至る証明である（村上（一九九〇）、二一八頁から二二六頁参照）。『哲学の原理』ではア・ポステリオリな証明の順序は同じであるが、ア・プリオリな証明がア・ポステリオリな証明に先立っているという点で『省察』と順序を異にしている。さて、ベイサッドによれば、『哲学の原理』の「第一部」が全体として総合というスタイルをもつということはけっしてないとされる。その「第一部」は「諸概念の本性的（自然的）順序」を確立することを目指しており、その書き方、論証の仕方は、分析と総合との両方に支配されている。この作品の順序とスタイルは二つの異質な面を合わせもっている。一つは教育的配慮に結びつけられた書き方である（*cf.* à MERSENNE, 31 decembre 1640, AT. III, 27603-14）[6]。もう一つは、体系的に、すべての部分において「本性的順序」に従うという仕方である。その場合には論証は「最も単純で一般的なものから最も複雑で個別的なもの」へと進む。これに対して分析は、総合が足場にする箇所に直ちに介在してその役割を果たす（BEYSSADE, *op. cit.*, p. 20 & 35）。分析について「第二答弁」は「方法的に、いわばア・プリオリに発見された真なる途を指し示す」（AT. VII, 155. 23-24）と書く。ベイサッドが述べているように解することができるのならば、『哲学の原理』においてア・プリオリな神証明がア・ポステリオリなそれに先立つことの一つの理由を手に入れることができる。というのも、ア・プリオリな証明は神の本性に基づく証明だからである。また、全体として総合というスタイルで書かれ、それゆえに『哲学の原理』とはまったく異なるにせよ、「諸根拠」においてもア・プリオリな証明が先立つのは、本性の順序に従って配列されているからだと解することができる。

論述の順序ということとは別の観点からもこのことに探りを入れることができるであろう。ア・プリオリな証明がなされている「第一四項」の置かれている水準を測るために、「第一三項」から見て行こう。ロディス・レヴィスが指摘しているように（RODIS-LEWIS (1971), p. 320、翻訳書三四一頁）「第一三項」に入るとわれわれは「第三省察」の冒頭の水準に出会う。「第一三項」の冒頭は次の通りである。「自分自身を知っていて他のすべての事物についてはまだ疑っている精神が、その認識をさらに広げるために、そこから見まわすときに、第一に、自分のもとに多くの事物の観念を見いだすのであるが、精神がこれらの観念をただ観想しているかぎりは、そして自分の外にそれらの観念と類似した何かがあると肯定したり、否定したりしないかぎりは、間違えることはありえない」（AT. VIII-1, 9. 14-19）。「見まわす circumspicio」という語は、たしかに『省察』本文においては「第三省察」の用語である（E. 28. 08-09: 37. 22/AT. 35. 05: 42. 27 で使われていて他の「省察」では用いられていない）。「第三省察」の初めの方に「観念に関するかぎり、独りそれらがそれ自身においてのみ観られ、他の何かへと私が関係づけないとするならば、もとより偽ではありえない」(E. 31. 03–06/AT. 37. 13–15) と書かれている。ロディス・レヴィスによれば、「第一三項」が出発する境地は「第三省察」の、明証性の一般規則が提示され、「観念」が導入され、しかし未だいわゆる「観念の三分類説」には至らない、そういう水準にあるということになるであろう (*cf.* RODIS-LEWIS, *ibid.* また、小林 (一九九三) 一九〇頁参照)。これが『哲学の原理』におけるア・プリオリな証明が巣立つ揺籃なのか。

精神はこの「第一三項」で、第一に観念を見いだした後に「或るいくつかの共通的基礎概念 communes quasdam notiones」をも見いだしている。それら共通的基礎概念を用いて「精神は証明を組み立てる」。たとえば、これらによって三角形の内角の和が二直角であることが「容易に」証明される。容易に証明されるがゆえに「前提に注意する限り」その証明が「真であると自分に説得(して納得)する」(AT. VIII-1, 9. 19–29)。「共通的基礎概念」は『省察』本文の用語ではない。『省察』本文では何かが「共通的基礎概念」を「前提」にして証明されることはない。「真であると自分に説得(して納得)する」ということは、神の実在に裏付けられていない知のありさまを示す。それは「第五省察」で「実在が神の本質から切り離されうると、私は容易に自分に説得(して納得)する」(AT. 66. 05–06) と言われる同じ境地にある。「第五省察」でア・プリオリな証明がなされるときに、振り返ってみられる境地、数学的知が最も確実であると看做されていた境地である。懐疑に入る以前にもそうであった、そのような境地である。「第一三項」の最後の文章は次のようになっている。「精神は、それらの前提に常に注意しておくことはできないので、もしかして自分にとって最も明証的に現れているそれら前提においても間違える、というような本性に創られているのかどうか、まだ自分が知ってはいないことを後になって思い出すときに、そのような前提について自分で疑ってみるのは正当であると見、また、自分の起源の作者を認知するまでは、どんな確実な学知ももちえないとも見るのである」(AT. VIII-1, 9. 29–10. 04)。「第一省察」には次のような部分がある。二に三を加えるたびごとに間違えるというように「神がしなかった」ということをどうして「私」は知っているのか（E. 11. 20-30/AT. 21. 03-11)。「第一三項」の最後の文章が疑いの道のおしまい、「私」の起源の作者にぶつかる、その水準にある、とわれわれが言いたいのではない。そのような局面を振り返っている。しかし「私が、すべての学知の確実性と真理性とがひとえに真なる神の認識に依存していることをすっかり見る」（E. 72. 08-10/AT. 71. 03-04）のは、当然のことながら「第五省察」の最後である。このことが疑いの終局で捉えられているのではない。「第一三項」の最後の一文は、疑いの道で見えていることを越えている。起源の作者を認識することを通して確実な学知に至ることができる、と知ってからの振り返りと考えるべきである。要するに、この「第一三項」についてわれわれが言うべきは、いずれかの「省察」にちょうど段階として当てはまるということはない、ということである。「第一四項」が「次に」と始まるとき、それは「第一三項」で精神が多くの事物の観念を見つけたという、その後を意味する。「第三省察」の水準から始まっているとは言えない。「第一四項」が「第一三項」で獲得されたことを用いているというのでもない。これが『哲学の原理』におけるア・プリオリな証明の出発点である。あたかも「本性の水準で直接的に発見される」（GUEROULT (1955), p. 105）かのようであるが、はたしてそうであろうか。

「第一四項」におけるア・プリオリな証明は次のように遂行される。さまざまな観念のなかに「この上なく知解し、この上なく力能があり、この上なく完全で、すべての観念のなかでも格段に最始的な præcipua 一つの観念がある」。「精神が判明に知得する他のすべての事物の観念のなか」には「可能的で偶然的実在」が認められるが、当の最始的観念のなかには、それだけではなく「およそ必然的で永遠的な実在」も認められる。三角形の観念に、三つの角の総和が二直角に等しいということが必然的に含まれていると知得することから、三角形の三つの角の和が二直角に等しいということを、精神は「すっかり自分に説得（し納得）する」。それとおなじように「この上なく完全な存在の観念に必然的で永遠的な実在が含まれている、と精神が知得する、独りそのことから、この上なく完全な存在が実在するとすっかり結論しなければならない」（AT. VIII-1, 10. 05–18)。ここには明証性の一般規則は表だって用いられてはいない。だからといって前項で用いられた「共通的基礎概念」が前提におかれているわけでもない。『哲学の原理』の順序のなかでは「第二九項」において神の「この上ない誠実」が確定され（AT. VIII-1, 16. 09–17)、そこから「第三〇項」において明証性の規則が「帰結する」（AT. VIII-1, 16. 18–22)。『哲学の原理』において「明晰判明」という連辞が現れるのはこの「第三〇項」が初めてである。ア・プリオリな証明もア・ポステリオリな証明も明証性の規則を使わないで導き出されているかのような順序の配置になっている。『省察』との配置における順序の差異は明らかである。「第三省察」において神の実在とその誠実に保証され、「第四省察」において虚偽の成り立ちが明らかになり、そのことを通して「私」のうちにはない「真にして永遠なる本性」の〈ある〉ということが確保され、さらに帰属の明証性が神のア・プリオリな証明を通して「第五省察」において確立されようとしている。これが明証性の規則に着目したときの、『省察』におけるア・プリオリな証明直前のありさまである。ロディス・レヴィスが「第一四項」について述べているように「すっかり自分を説得（し納得）する」から「結論しなければならない」への移行は、「第三省察」と「第五省察」に見いだされる共通の「運動」であると解される[7]のであろうか。われわれは「第三省察」と「第五省察」との間に「第四省察」があり、そうして初めて「真にして永遠なる本性」の〈ある〉という礎のうえに数学の学としての基礎を構築することができると考える。もし、明証性の規則を用いずに、ア・プリオリな証明が完遂されるとしたならば、先に見た「第一答弁」と「第二答弁」とに示される証明方式は余計なものを含んでいることになるであろう。こうして『哲学の原理』でア・プリオリな証明がア・ポステリオリな証明に先立っているのは、『省察』における理由の順序と異なるからであり、この前後問題は、三つの証明の間の関係としてもっぱら問題化されて見いだされるたぐいの順序の問題とはまったく異なる。書物の性格に係わる構成の問題である。

第五節　結　論

われわれは位置価（順序値）という光源からア・プリオリな証明を照らし出した。かくて照らし出され、あらわになった諸点を簡潔に纏めることにしよう。

（一）『方法序説』「第四部」のア・プリオリな証明の場合には、ア・ポステリオリな証明が不在であるために、証明間の順序関係に影響を受けることなく位置価を見定めることができる。この証明が証明として成立するためには、次の二点が了解されていなければならない。第一に、明証性の一般規則であり、第二に、神の観念のうちに実在が含まれているということである。この二つの先行了解に基づいて証明が成立する。しかし、幾何学の証明が実在に届かないのに対して、明証性の規則が実在に届くということの理由は、ここには与えられていない。明証性の一般規則は「第五省察」の帰属の明証性と同じ役割を果たしている。だが、ここでア・プリオリな証明に適用されるとき、「第五省察」のように神の誠実に支えられていることも、「真にして不変な本性」に届く規則であることも明示されていない。

（二）「諸根拠」においても、『哲学の原理』においても、『省察』の順序とは異なり、ア・プリオリな証明が先立つ。これらにおける証明だけではなく、「第一答弁」と「第二答弁」に提示されている証明も、神の観念に必然的実在が含まれること、帰属の明証性、この二つのことが証明の核心を形成する。ア・ポステリオリな証明は、「観念」という、事物の本質開示方式を練り上げつつ、形而上学を樹立する過程のなかでなされ、それゆえに、『省察』の流れから取り出して独立に提示するためには、ア・プリオリな証明よりも先行了解事項が複雑になる。それぞれの作品の性格と作品の構成とともに、これが「諸根拠」と『哲学の原理』でア・プリオリな証明がア・ポステリオリな証明に先立たねばならない理由になる。この点はベイサッドの指摘した「本性的順序」ということと別のことではない。

(三)「第五省察」以外のア・プリオリな証明の理解を困難にしている先入見の主要な候補は、デカルトのほぼ同時代の何人かのスコラ哲学者について確かめることができたように、スコラ的「概念」という捉え方に見いだされるであろう。彼らの概念という捉え方に則るならば、明証性の規則を適用しても、幾何学の証明と同じように実在に届くことはない。〈語られること〉という次元で前提も結論も措定される。デカルトの帰属の明証性は、知得の次元から「真にして不変な本性」の次元への移行を可能にする。ア・プリオリな証明が「第五省察」において「或る種の詭弁的外見を呈して」(E. 66. 02–03/AT. 66. 03) いるように「私」に見えるのは、先のスコラ的先入見によるのではない。「精神を感覚から引き離すことに慣らしてきた」結果である。

(四)「第五省察」のア・プリオリな証明は、神の観念に帰属の明証性を適用して得られる。神における実在と本質の引き離し難さ、それが学的探求における必然性の範型になるということ、これらの点を別にして(それらについては本書「第一部第三章」および村上(一九九五)を参照していただきたい)、帰属の明証性が適用可能になるためには、「第四省察」において獲得された〈存在の明証性〉、つまり「明晰判明なすべての知得は、疑いもなく何かであり」(E. 61. 27–28/AT. 62. 15–16) 神を作者にする、ということが先行的に獲得されていなければならない。これなしには「真にして不変な本性」の〈あること〉は支えられない。神の観念を通して見いだされる神の永遠で不変な本性、本質、形相は実在（これの〈あること〉の次元を離脱していえば、必然的実在）と引き離しえない。ただ独り神の場合にだけ、「私」の思いの作用域からの超出によって、つまり、「真にして不変な本性」の〈あること〉の次元において、この上ない完全性としての実在に「私」は届くことになる。三角形の場合に、この〈あること〉の次元へと超出することによって得られるのは証明によって手に入れられる三角形の本質である。「悪しき循環」という非難は、三つの神証明の役割と明証性の規則の深化過程とを摑まないことから生じる。

（1）デカルトのテクストについては *Œuvres de Descartes*, publiées par Charles ADAM et Paul TANNERY, Nouvelle présentation par P. COSTABEL et B. ROCHOT, Vrin 1964-1974 を使用し、引用に際してはこれの巻数と頁数を本文中に明記する。ただし『省察』本文については、TOKORO Takefumi, *Les textes des《Meditationes》*, Chuo University Press, 1994 に準拠し、その引用に際してはE. で Elzevier での版、すなわち第二版を示し、A.T. で上記 ADAM と TANNERY によって編集された版を示すことにする。L'entretien avec Burman については、*Descartes, L'entretien avec Burman*, Edition, traduction et annotation par Jean-Marie BEYSSADE, PUF, 1981 をテクストに用い、AT版の頁数も添記した。また、『省察』については白水社「イデー選書」版の所雄章訳を、『方法序説』については同じく「イデー選書」版の三宅・小池訳を、『哲学の原理』については朝日出版社「科学の名著」版の井上・水野・小林・平松訳を、その他の作品については、白水社増補版『デカルト著作集』全四巻の訳を参照した。本論の作成に際して「***Text Database René***」、*Concordance to Descartes' Meditationes de Prima Philosophia*, prepared by K. MURAKAMI, M. SASAKI and T. NISHIMURA, 1995, Olms-Weidmann、および、F. A. MESCHINI, *Indice dei Principia Philosophiæ di René Descartes*, Leo S. Olschki, 1996 を利用した。最後にデカルトのテクスト以外のものについての引用に際しては、著者名とページ数を、場合によっては出版年を、合わせて本文中に提示した。詳細については末尾の文献表を参照していただきたい。

（2）「「第一部分」と「第二部分」との間に差異が見いだされ」ると、われわれが書いたその差異というのは、本文で触れている両部分の間にある叙述方式の違い、「人間論」的「想像力」理論の残滓が前者に見られ、後者にはこれが見られないということなどである。「未だ結びつけられていない輪」と記したのは、たとえば、第一段落の夢は明証性の「一般規則」と対抗せず、「私」を真か偽かわからないという場所におく。第七段落の夢は「一般規則」が神についての認識によって保証されることを引き出し、真と偽とが成り立つ場所にわれわれをおく。同じ夢という疑いの理由がこの二つの役割を果たすということの理由が与えられていない。もう少し単純化して言い直すならば、神の実在証明と、その証明によって「一般規則」が保証される次第とが結びついていない。その代わりに夢が二重の役割を果たしている。『方法序説』「第四部」に見いだされる形而上学が途上のそれであるという点について、村上（一九九〇）の「第二部第三章」で詳細に論じた。

（3）本文に述べた理由により、『省察』と比較したときの「諸根拠」における順序の転倒がア・ポステリオリな証明とア・プリオリな証明との「両者の独立性を示唆しているのではなかろうか」という考えにわれわれは反対である（Rodis-Lewis (1971), p. 317, 翻訳書、三三八頁）。また「定理一」、「定理二」「定理三」が「独立」していることは小泉（一九九八）、九八頁から九九頁に指摘されている。小泉のこの研究によれば「デカルトがとくに神証明の順番との関係で「順序」を主題にしているテクストは存在しない」（前掲書、八九頁）。

（4）スアレスによる実在と本質の区別、「形相的概念」・「対象的概念」、「抽象」については、田口（一九七七）、それぞれ七四頁から七九頁、五六頁から六二頁、六二頁から六五頁を参照した。

（5）たとえば、時代は遡るが、清水はオッカムについて「音声言語における語の表示作用という層が概念に相当する」と書いている（清水（一九九〇年）、一四三頁）。渋谷によれば、「オッカムは概念を「事物の記号」と定義し」また「概念は、われわれが話したり書いたりする言語と類似した、心の内の言葉（verbum mentale）である」（渋谷（一九九七年）、三頁から四頁）。ここにエウスタキウスの「概念」についての理解と重なる面を見ることができる。

（6）ここには『哲学の原理』について「容易に教えられうるような順序で」書こうと決めたとされている。『省察』とはまったく別の「スタイル style」で、と。『省察』でデカルトが従ったと言う様式とは別な様式という意味では「総合的な叙述様式」と言えることになる。

（7）「生きられた説得知から形而上学的確実性への上昇運動 mouvement d'assomption de la persuasion vécue par la certitude métaphysique」、Rodis-Lewis (1971), p. 321: 翻訳書三四三頁。

文献表

（1）原典

DUPLEIX : Scipion DUPLEIX, *La métaphysique* ou science surnaturelle, Paris 1610/Rouen 1640/Fayard 1992, texte revu par Roger ARIEW.

EUSTACHIUS : EUSTACHIUS a SANCTO PAULO, *Summa philosophæ, quadripartita, de rebus Dialecticis, Moralibus, Physicis et Metaphysicis*, Paris 1609.

FONSECA : Petrus FONSECA, *Commentariorum in Metaphysicorum Aristotelis Stagiritæ Libros*, 1615 Köln/1985 Olms.

GOCLENIUS : Rodolph GOCLENIUS, *Lexicon philosophicum*, Frankfurt 1613/Marburg 1615/Olsm 1980.

KANT : Immanuel KANT, *Kritik der reinen Vernunft*, 1781/1787.

SUAREZ : Francisco SUAREZ, *Disputationes metaphysicæ*, Salamanca 1597/Paris 1866/Olms 1965.

（2）研究書

J. -M. BEYSSADE (1996) : J. -M. BEYSSADE, *Scientia Perfectissima*. Analyse et Synthese dans les *Principia*, in Descartes : Principia Philosophiae (1644-1994, Vivarium, Napoli, 1996, pp. 5-36.

GOUHIER (1954) : H. GOUHIER, La preuve ontologique de Descartes, in *Revue Internationale de Philosophie*, Vol. 28, no 28, 1954, p. 296

GUEROULT (1953) : M. GUEROULT, *Descartes selon l'ordre des raisons*, Aubier, 1953.

GUEROULT (1955) : M. GUEROULT, *Nouvelles réflexions sur la preuve ontologique de Descartes*, J. Vrin, 1955.

小林（一九九三）：小林道夫「デカルトにおける神の存在論的証明の構造」大阪市立大学文学部紀要『人文研究』第四五巻、一九九三年、六七頁から八六頁。

小泉（一九九八）：小泉義之「順序・論証方式・叙述様式―「第二反論・答弁」最終項をめぐって―」平成七年度―平成九年度科学研究費補助金研究成果報告書『デカルト『省察』「反論と答弁」の共同作業による校訂版の作成と基本的諸テーマの研究』一九九八年所収、八五頁から一〇一頁。

MARION (1991) J. -L. MARION, L'argument relève-t-il de l'ontologie?, in *Questions cartésiennes*, PUF, 1991, pp. 221-258.

持田（一九九六）：持田辰郎「デカルトにおける神の観念の精錬と、神の実在のア・プリオリな証明」、『現代デカルト論集III』勁草書房、一九九六年、一八八頁から二一三頁。この論考でもって、一九八八年以来彼の取り組んできた研究の成果の総纏めとしてを代表させることにするが、詳しくは前記『現代デカルト論集III』の「日本におけるデカルトに関する文献（一九七九―九四）」に示されているア・プリオリな神証明について論じた六つの論文を参照のこと。


村上（一九九〇）：村上勝三『デカルト形而上学の成立』勁草書房、一九九〇年。

村上（一九九五）：村上勝三「保証された記憶と形而上学的探求―デカルト『省察』の再検討に向けて―」日本哲学会編『哲学』、一九九五年、八七頁から一〇〇頁。

RODIS-LEWIS (1971)：G. RODIS-LEWIS, *L'Œuvre de Descartes*, j. Vrin, 1971（小林・川添訳『デカルトの著作と体系』紀伊国屋書店、一九九〇年）。

渋谷（一九九七）：渋谷克美『オッカム『大論理学』の研究』創文社、一九九七年。

清水（一九九〇）：清水哲郎『オッカムにおける言語哲学』勁草書房、一九九〇年。

田口（一九七七）：田口啓子『スアレス形而上学の研究』南窓社、一九七七年。

第III部　一般存在論の構築に向けて

第一章　私を真上に超える

序

私を真上に超える。横でも下でも斜め横でもない。絶対的他を求める。それはかつて神と呼ばれていた。私の起源の作者である。有限なもの一切の原因である。私が私を人にするわけではない。私が私に実在を与えるわけではない。根拠は根拠づけられるものの外にある。結果は原因の外にある。私のもともともっていないものを、私が与えられるならば、与えるものは私ではない。このような考え方を「形而上学」と非難する者は、その理由を提示しなければならない。否、「形而上学」とは何であるのか示さなければならない。「存在－神－論」が最後の形而上学的立論である。「存在論的差異」は解消できない。或る人々はこう言う。しかし、なぜそうなのか。「自己原因」という把握がなぜ誤りなのか、なぜ実効性がないのか。おそらく、肯定的理説も否定的理説も可能であろう。しかし、そのようにして妄想の間を渡り歩いても、そのことにたいした利も理もない。妄想が妄想であるのは実在に届かないからである。そのかぎりで白い馬は黒く暗黒は輝きである。「形而上学」が妄想でなくなるのは実在とリアリティ（実象性）とが結びつくときである。私を真上に超えて見いだされるのは一切が一つになる無限である。リアリティの源である。

超越を問う。他人の方へと超えるのではない。無の方へと超えるのでもない。無の方へと超えるのは上に超えてからである。なぜならば「すべてがない」ということを理解するための「すべて」は、上に超えなければわからないからである。そして「ない」は超えなくともわかることだからである。最後に、斜め横、もう少し精確に言うのならば、斜め横下に超えることでもない。言い換えれば、事物（対象）の方へと超えるのでもない。この超越は意識内部の志向性の問題と、意識そのものの志向的構造の問題、および物体の実在の問題へと展開される。これらの超え方は上に超えてから開かれる。

同じことを別の角度から見る。「他者論」がさまざまに論じられている。「他者論」が「他人」を扱うものであるとするならば、そのような「他者論」をここでは取り上げない。もし「他なるもの」で「超越論的領野の外部」（斎藤(1)、たとえば、二七一頁）が考えられるのならば、それも問題にしない。[1] さらに「われわれの理解を（それに先行するという仕方で）超えたもの、すなわちわれわれの理解の外なるものという意味で、また、私自身の存在に先立つもの、私の存在に決して回収されないものという意味で、「他なるもの（l'autre）」」（斎藤(2)、一九〇から一九一頁）、これも問わない。この引用の後者に含まれている「私自身の存在に先立つもの、私の存在に決して回収されないもの」ということが、これから問題にしようとしていることに近いと思われるかもしれない。しかし、ハイデガー的な「存在の意味」の解明という流れのなかでこの問いが立てられているのならば、それは私の問いではない。「存在の意味」という圏域を離れて問う。私が問い抜こうとしているのは「実在原因 causa existentiæ」への問いである。私の実在の原因へと超越する、この超越を問う。理解されにくいことかもしれない。「実在原因」という概念を了解可能にするためのプロレゴーメナの一つ。[2] これが本章の役割である。

現代哲学のなかで上への超越はレヴィナスの場合にはっきりと看て取れる。この点に紛れはない。レヴィナスは次のように述べている。「思いを創造し、思いに無限の観念を与えた無限に抱かれた思いの位置（措定）la position de la pensée」（TI, p. 232）、と。あるいは「卓越した意味での他」（TI, p. 21）という言い方もしている。このレヴィナス哲学における「私」から「絶対的他」への超越が理解され、一七世紀合理主義における「私」から「神」への超越が理解不能であるのはどのようなことであるのか。この問いを背後にひそませておくことが「実在原因」への回路を浮き立たせるための一助になるであろう。本論はこの回路を開く手掛かりとして、レヴィナスの超越とデカルトの超越との差異について論じる。しかし、この差異は超越への通路の差異でもある。感じられるのか、知られるのか。超越への通路は何らかの仕方で対象認識の説明方式に関わる。絶対的他と私との間での〈ある〉ということを問う問いとは異なる問いと言ってもよい。この点でのデカルトとレヴィナスとのずれを測るためにアンリという迂回をおこなう。彼らの思索のなかでの「感受性 sensibilité」あるいは「情感性 affectivité」と「思うこと〈思惟すること〉cogitare」との関係を見いだす。デカルト的立場に立って探求を進める。上への超越、絶対的他への超越を情感性、感受性、感じるという事態との関連を含めながら、レヴィナスとデカルトの超越法の差異を抜き出す。かくてデカルト的超越法に当たる光を限定し強める。これが本論の課題である。以下、アンリのデカルト批判、レヴィナスによるデカルト的「無限の観念」、最後にデカルトの超越という順に展開する。デカルトの超越法についてここでは要点しか述べる余裕がない。

第一節　アンリのデカルト批判

（一）『精神分析の系譜』「第一章」から「第三章」

アンリの哲学について何かを明らかにするのではなく、アンリという迂回を通してわれわれの問題を浮き彫りにする。望月（望月、一七頁から三〇頁）によれば、アンリのデカルト解釈について、主に取り上げなければならないのは、『精神分析の系譜 *Généalogie de la psychanalyse*』の特に「第一章」から「第三章」、『身体の哲学と現象学 *Philosophie et phénoménologie du corps*』と『顕現の本質 *L'essence de la manifestation*』であるとされる。デカルトとの関連からすれば、この後の二つの書物については特に受動性の問題、アンリの表現によれば「存在論的原的受動性 passivité ontologique originaire としての情感性」（Henry 1963, title de la section IV, § 53）に焦点が当てられる（望月、前掲論文参照）。しかし、われわれの議論の焦点は、「思うこと penser/cogitare」と「情感性」の関係にある。そこで『精神分析の系譜』の上述の部分と、この問題の帰趨を見るという点で『アンキャルナシオン――肉の現象学』（*Incarnation : Une philosophie de la chair*, Seul, 2000）の「第一部」「第一一節」を取り上げる。

周知のように、アンリは『精神分析の系譜』において、デカルトは「或る実質的現象学 une phénoménologie matérielle」の「はじまり Commencement」に手が届いていたとする（Henry, 1985, p. 21 & p. 20）。しかしデカルトはすぐにもそれを手離してしまう。実質的現象学の立場に立つのならば、何かが現れるその現れを捉えるのでも、実質をもった何かが現れるのでもなく、現れが実質である。ところがデカルトは、「われ思うゆえにわれあり」

という地点ではそこに手を届かせていながら、そこから転落する。というのも、思うということが「思いの向こう側にとどまっている実体の最始的属性でしかなくなる」（*op. cit.*, p. 21）からである。このようにして思うという出発点が「さまざまな超越的な構成物の助けによって構成された一つの建造物のなかに」（*ibid.*）押し込められてしまう。これがアンリの見立てるデカルトの転落である。アンリはあたかもデカルト『省察』の「第二省察」に基づいてこのことを示すことができると考えているようである。これもよく知られているように、「第二省察」には「実体」という語は現れない。しかし、アンリにとって「第二省察」であろうと、「第三省察」であろうと、それはどうでもよいことであろう。

アンリは現れの本質についての問いに導かれて、デカルトの「見えると思われる videre videor」（*op. cit.*, p. 24: 2M, E. 21. 16/AT. VII, 29. 14-15）という表現に着目する。これもすでに周知の点である。アンリはこの「デカルトのテクストが指示しているように、このような現れは一つの見ることである」（*op. cit.*, p. 26）とし、デカルトに従って進むならば「エポケーの最後の段階で、可視性 visibilité と見ることとが［中略］顕現する力能を取り逃す」（*ibid.*）ことになると批判する。次の二点を指摘しておこう。アンリは第一に、デカルトの「見ていると思われる」という表現が何らかの存在前提を含んでいるかのように看做している。つまり、そこに還元の不徹底性を見ている。この点は後の『アンキャルナシォン―肉の現象学』で修正されることになる。第二に、見ることが現れではなく、「現れが一つの見ることである」（Henry, 1985, p. 26）という逆転を行う。言うまでもないことだが、デカルトにとって「見ていると思われる」ということの表現は視覚としての「見ること」に限定されている。見るということが現れている、そのかぎりでは欺かれることもないし、夢であっても成り立つ。これがデカルトの主張である。アンリはそこで「或る視 une　vision は、二足す三は五であるとか、三角形の内角の和は二直角である、などを見る」

(HENRY, 1985, p. 25) という例を用いる。デカルトはここで見られるものについて何の例も挙げていない。しかし、デカルトの文脈からアンリの挙げているような例を取り出すことはできない。デカルトの文を引用すれば次のようになる。「しかるに、見る、聞く、熱いと感じると思われること、このことは偽ではありえないことは確実である、これが、もともとのところ、私において感覚すると呼ばれていることである」(E. 21. 16–18/AT. VII, 29. 14–16)、と。アンリのデカルト批判がデカルトのテクストに支えられていると言い難い。しかし、われわれは、アンリのデカルト解釈を俎上に乗せようとしているわけではない。注意を喚起しておきたいことは、デカルトが「見ると思われる」、見るということも思いのなかの一つである、と主張しているのに対して、アンリが「現れが一つの見ることである」と逆転している点にある。これがアンリの次のような言表に引き継がれてゆく。「私は思うと感じる、ゆえに、私はある。見ること、それは見ると思うことである。[中略] しかし、見ると思うこと、それは見ると感じることである」(*op. cit.*, p. 29)[3]。アンリは、この逆転を知性にまで拡張する。彼は次のようにも言う。「見ることにおいても、知ることにおいても、触れることにおいても、知性においても——知性がそれ自身一つの見ること *intueri*（直視すること）であるかぎりにおいて——支配しているところの見ること」(*op. cit.*, p. 31)、と。アンリは、「はじまり」に「思いを感じる原初的な感じ le sentir primitif de la pensée」(*ibid.*) を設定する。『身体の哲学と現象学』において、デカルト哲学の特徴が「情感性の超越論的理論の不在」(HENRY, 1965, p. 198) と指摘されているが、今述べたことはこの指摘の延長線上に看て取れる。

（二）『アンキャルナシォン——肉の現象学』「第一部」「第一一節」

『アンキャルナシォン—肉の現象学』において、この「見ていると思われる」というデカルトの表現を、アンリは再度取り上げ、さらに展開する。デカルトの『情念論』を参照しながら、アンリは次のように言う。「悲しみ」は世界の現れではないし、世界の現れに何も負っていないという条件の下でのみ、「自分自身を自分において絶対的な或る実在として経験する」（Henry, 2000, p. 97）。このような悲しみという現れが「自己－現れ auto-apparaître」であり、この現れの現象学的質料になるのが「超越論的情感性 une Affectivité transcendantale」である（*op. cit.* p. 97）、と。もちろんこれは「悲しみ」の現れについてだけ言われているのではなく、「一切の感得 sentiment、一切の情念 passion、一切の印象 impression」について言われている（*ibid.*）。要点だけを引き抜くならば、あらゆる情念という現れの現象学的質料は超越論的情感性である、ということになる。ここでアンリは「情感（触発）affection」という言葉を使っていないが、情感という現れについてもこのことは当てはまるはずである。情感は情感の現れと重なるのだから、いっそう言葉を縮約して言い直すならば、情感の現象学的質料は超越論的情感性である、ということになる。この境地において「根源的現象学」はその対象として「生命 la Vie」を見いだす、とアンリは言う（*ibid.*）。

また彼は「この生命をデカルトはコギタティオと呼ぶ」（*ibid.*）とし、このコギタティオの本質は「自己－啓示である auto-révélation」（*op. cit.*, p. 98）と言う。彼によれば、最初にコギタティオの内部構造が暴かれるのは「第二省察」においてであるが、そこでデカルトは、「コギタティオの見ることへの還元不可能性を立てるという新たな危険を引き受ける」（*op. cit.*, p. 99）。見ることが自分の不適切性の証拠を負わされてしまうということこそ、「デカルトのうちに破産を読み取らねばならないことである」（*ibid.*）、と。しかし、世界の現れを働かなくするというデカルトの試み、「欺く霊」という仮説に注目するならば、次のことが見えてくる。つまり「疑わしい見ること un voir douteux」と「そのコギタティオにおいて確実な見ること le voir certain en sa *cogitatio*」（*op. cit.*, p.

100）[4]との解離である。デカルトが「見ると思われることは確実である」と言ったのは、決定的なことであったが、この「現れの二重性を確立し、一つの意味を与える」のは根源的現象学だけである（*op. cit.*, p. 101）[5]。「Videre（見ること）は世界の現れることを指す」。これに対して「Videor（私に思われる）は思われ la semblance を指す。つまり、そこにおいて見ることが自分へと自分を啓示する現れである」（*ibid.*）。この二重性を見逃したので、デカルトは「情感性をコギタティオの可能性の内的条件」として解釈することから遠ざかってしまったのである（*op. cit.*, p. 102）。

（三）アンリのデカルト批判に対する批判的検討

以上は「見ると思われる」という問題にほとんど限定して捉えてみたアンリのデカルト批判である。アンリは言葉はどうであれ、思うことが感じることに制約されるそのような地点に根源的現象学を設定する。デカルト的な意味でのコギタティオ、それは知（解す）ること、疑うこと、肯定すること、否定すること、意志すること、意志すまいとすること、想像すること、感覚すること、というように分節化される（*cf.* E. 20. 18–20/AT. VII, 28. 20–22）。アンリによればそれらすべては情感性の制約の下にあるということになる。このように展開した場合に、具体相における感覚することと、条件付けるものとしての情感性とは異ならなければならない。なぜならば、条件付けるものと、条件付けられるものがあらゆる点で同じになってしまってはならないからである。それをアンリは、Videre と Videor の違いとして示すことになったと言えよう。アンリは後者の方が確実であるとする。後者について彼は、「或る見ることにおいてと違ったところで、その或る見ることによってとは違った仕方で」と書いている（Henry, 2000, p. 100）。

これらのことについて若干の批判的検討を試みる。Videre と Videor とは異なっていて連関していなければならない。このことを見直してみるならば、次のようになる。すなわち、その現象学的質料が超越論的情感性であるのは、何も情感であると限定してしまう必要はない。現れがそのまま実質であるのが現象学的質料に求められることである。したがって、何の現れかということは問われえない。現れならば何でもよい。たとえば、先に見た「悲しみ」でもよい。「悲しみ」の場合に至り着いたような仕方で情感性は超越論的という位置を占める。現れならば何でもよいのであるから、情感である現れである必要はない。もし現れならば何でも情感性の位置におかれうるならば、現象学的質料である「情感性」と私の〈この悲しみ〉である「情感」の間に何の連絡もなくてよいことになる。また、現れに、たとえば、基礎づけに関する階層があるわけではない。要するに、「情感」と「情感性」を区別する実質的な理由がない。区別する理由が与えられた場合には、今度は〈この悲しみ〉と「悲しみ」を結びつける理由がない。それとともに Videre で示される「世界の現れること」と世界の現れに何も負っていない「悲しみ」のような情念との連関が不明になるであろう。また、両者の区別も不明になるであろう。これらを区別する理由がないということは、コギタティオを（内からのあるいは外からの）パトスとして（つまりは、最終制約である特権的な原受動性として）捉えることにも理由がないということである。というのも、受動性に層構造を認め、その能動性のないところで受動性を語ることになる。「自己－情感（自己－触発）auto－affection」の「自己 auto」の役割がなくなる。というのも、現れが現れであるかぎり実質であり、一切が受動性であるのならば、この「自己」とは何を示しているのであろうか。「自己」の役割がなくなるのならば、触発の能動性としての働きも役割を失う。かくして現れに構造がなくなる。アンリのデカルト批判を辿って、行き着いた地点は「超越論的情感性」と「情感性の超越論的理論」との関係ということになる。この二つの表現の「情感性」を区別するのかしないのか。区別しなければ現れに構造がなくなり、区別すれば実質的現象学の実質に例外を認めることになる。(6)

われわれは長々とアンリに拘りすぎたかもしれない。確認したいのは、次の一点だけである。知ることや感じることを統括的に自分の分節化として含むコギタティオの可能性の条件としての情感性、これがアンリの議論の一つの根底をなしているということである。もう少し問題を露にすれば、感じることが知ることの条件になる。アンリは、知ることを「直視すること」(あるいは「直観すること」)で言い換えていた。知られる内容、「永遠真理」(HENRY, 2000, p. 96) という現れも情感性を可能性の条件にしているということになる。彼によれば「永遠真理」は感じることを成立要件にする。

(四) アンリの「情感性」とレヴィナスの「感受性」

アンリにおいて知ることの条件が感じることであるという指摘それ自体は、当たり前のことで大した知見でも新しい知見でもない。この迂回路をとったのはレヴィナスにもこの情感性(感受性)の優位を見ることができるからである。しかし、この点もすでにフランシス・ギバルによって指摘されている。(7) ギバルはレヴィナスの『フッサールとハイデガーとともに実在を発見することによって』(*En découvrant l'existence avec Husserl et Heidegger*, Paris, Vrin, 1949, 1967 (éd. augmentée), p. 316, n. 1) を典拠にしてこの指摘をしている。この書物にあとから付け加えられた「言語と近接性 Langage et Proximité」という論文のなかに問題の箇所はある。その論文の「第四章 言語と感受可能なもの」においてレヴィナスは、主眼を言語におきながらも、超越ということと係わりつつ知性と感受性との関係について触れている。直接的に感受可能なものは、「近接性」によって「知ること savoir」から区別される（EDE, p. 315）。知ることに属するのは「観念的なものについての省察」（EDE, p. 315）である。しかし、感受性が知解可能性に対して、認識を曇らせるような要素を導入するわけではない（*cf*. EDE, p. 315）[8]。ここに感受性における「知ること」という面が浮き出す。「すべての超越は知（ること）として思われる」（EDE, p. 315）[9]。レヴィナスによれば、超越ということが志向性の問題に限定されるわけではない。その一方でしかし、超越は「知・知ること」に係わる。さらに他方で、感受性は開けの構造という点で知を帯びる[10]。ここで「感受性の知性的機能」（EDE, p. 316）についてレヴィナスは語ることになる。しかし、このことは感受性のもともともっていたものを失わせることではない。むしろ、観念が「原的に originairement」与えられても、「感受可能なものがなければならない」（EDE, p. 317）とされる。レヴィナスによれば「志向性の向こうの近接性こそが語の倫理的意味において隣人との関係である」（EDE, p. 319）。要するに、超越は感受性に導かれなければならない。しかし、その感受性は、志向性の向こうの近接性である。「われわれはまさしく近接性という概念から出発する」（EDE, p. 316, n. 1）。レヴィナスの場合には、アンリのように情感性が思うことの制約の下にあるというわけではない。しかし、感受性の思うこと・知ることに対する優位は、両者に共通している。感受性（情感性）を知ること（思うこと）の上位におく。この点で二人は見解をともにしているとしても、レヴィナスの場合には、感受性のなかに何かしら知るということが食い込んでいる。このことがレヴィナスの超越への歩みにおける無限の観念の役割になるのかもしれない。この点を念頭におきながら、次にレヴィナスの超越について考える。

第二節　レヴィナスの超越

（一）産出された情感性

レヴィナスは『超越と知解可能性』において、デカルトに言及しながら「神への愛と畏れ amour et crainte de Dieu」について語る。この「畏れ」は「死への怯え la crainte de la mort」（TA, p. 59）の「畏れ（怯え）」でもある。さらに彼は「無限の観念そしてそれだけいっそう神の観念（である無限の観念）において、無限なものによって有限なものの（もつ）情感（触発）がまさしく産出される」（TrIn, p. 26）と述べている。この情感によって有限と無限の否定関係も、純粋な矛盾関係も、両者の分離も、単なる異質ささえも、表出されているわけではない。この情感は「現れとは別の仕方で記述しなければならないであろう情感（触発）」（TrIn, p. 26）であるとされる。「無限なものを通して有限なものへとひっくり返しの効かない情感（触発）」（TrIn, p. 26）（つまり、無限なものから有限なものへという順序という点での逆転のない情感）として先に述べた「神への愛と畏れ（怯え）」が示される。デカルトが「第三省察」の末尾に記している「崇拝し、驚嘆する」、これをレヴィナスは「崇拝とめまい」と訳す。これが無限から有限へという方向性をもった情感に当たる。「神の観念は端から端まで情感性である」（TrIn, p. 26）ともレヴィナスは言う。その情感性は「思いが思うのより以上に思う或る思い une pensée qui pense plus qu'elle ne pense、つまり、思うよりもいっそううまくする或る思い」（TrIn, p. 27）である。情感性のなかに思いが取り込まれている。また、ここには比較級が含まれている。この比較級については今は指摘だけに留めておく。デカルトのテクストとの関係から二つのことを述べておく。第一に、デカルトが「神の広大無辺なる光の美しさを、見つめ、驚嘆し、崇拝するのがよいと思う」(E: 49. 10-15/AT. VII, 52. 12-16) と記しているのは、「第三省察」の終わり、神の実在証明をなし終え、その誠実を見定めた後、休息と享受と至福のときにおいてである。つまり、神の実在証明の結果として開かれてくる境地を示している。「第三省察」において、これらの情感は神の実在証明を推進するのには何の役割も果たしていない。この順序に係わることがデカルトとレヴィナスの差異として指摘すべき第一のことである。さらにもう一つ注意を集めなければならないことがある。それはデカルトの「崇拝し、驚嘆する admirari, adorare」という表現をレヴィナスが「崇拝とめまい adoration et éblouissement」と翻案した点である。

(二) 驚きとめまい

デカルトは《admirari, adorare》(「驚嘆する」、「崇拝する」) というラテン語を使っている。一七世紀の仏訳者リュインヌ侯は《d'admirer et d'adorer》(AT. IX, p. 41) と、現代の仏訳者ミシェル・ベサッドは《de mon admiration, de mon adoration》と訳す (M. BEYSSADE, p. 141)。これらのことは、ラテン語に丁度対応するフランス語がある、ということを示している。これをレヴィナスは《adoration et éblouissement》(「崇拝とめまい」) と表現する。「愛と畏れ (怯え)」という対に置き直してみれば、「愛」と「崇拝」が対応し、「畏れ (怯え)」と「めまい」が対応する。デカルトの表現の順序を逆にして対応させると、デカルトの「驚嘆する」とレヴィナスの「めまい」が対応する。「驚嘆」はデカルトの『情念論』における六つの基本的情念の一つであり、稀であるという印象が脳のなかに生じることを原因とする (AT. XI, PA. a. 70)。この点で他の基本情念である「愛、憎しみ、欲望、喜び、悲しみ」(*op. cit.* PA. a. 69) と異なる。他のすべての情念と「驚嘆」との違いは『情念論』の「第七〇節」に準拠して次の二点に纏められる。第一に、善い悪いに係わらないこと、第二に、この情念の産出は脳を出発点にすること、である。この二つの特徴に基づきながら、カンブシュネルは「驚嘆はすべての他の情念に先立つ」と指摘している（KAMBOUCHNER, t. I, p. 238）。「驚嘆」はデカルトにおいて情念のうちでも或る特権的位置を占める。レヴィナスはこの「驚嘆」の特権性を捨てる。

レヴィナスは、デカルトのテクストの《admirari》を《admirer》あるいは《admiration》とは訳さず《éblouissement》に移した。《Éblouissement》（めまい）は《éblouir》という動詞を名詞にしたものである。この動詞は、第一に「あまりにも明るすぎてうまく見えない」、第二に「美しさによって驚嘆を誘う」と或る辞書には記されている。[11] 要するに、この動詞はあまりに明るくて視覚に異常をきたすということを原義にしている。これを名詞化した《éblouissement》が「目のくらむこと、めまい」を表しているのも当然である。これがフィギュラティフに用いられて、「眩惑」とか「感歎」を意味することになる。この言葉には光とか、明るさとか、輝きがつきまとっている。その一方《admiration》（驚嘆）の意味の構成素に明るさと、光、輝きは含まれていない。[12] マリオンはその著『慈愛へのプロレゴーメナ *Prolégomènes à la charité*』のなかの一章を「明証性とめまい L'évidence et l'éblouissement」に割いている。啓示における「めまい」と「理性的明証性」とが対をなす（*cf.* MARION, 1986, p. 76 et pp. 84-88）。レヴィナスの言う「めまい」は圧倒的な光に対する過度の自明性と言ってもいい。「愛」と「畏れ（怯え）」とを比例で結ぶならば、崇めることと過度の自明性との対になる。レヴィナスによれば、この「畏れ（怯え）」は「〈他なるものどもに対する畏れ（怯え）〉」であり、「社会性 socialité」へともつながってゆく（TrIn, p. 27）。丁度これと対応して、「めまい」をレヴィナスは受動性として捉え、「他人に対する私の応答性（責任）」へと結びつける（TrIn, pp. 27-28）。「無限による有限の触発（情感）」（TrIn, p. 26）としてこの事態が成立する。光としてふりかかりくる受動性としての過度の自明性のはらむ畏れと怯え、デカルトとの対比から明らかになるレヴィナスの神把握の一面である。情感性が超越の通路となる一つの場合がこれである。目眩《めくらめ》く光に射られて生じるめまいが畏れ、他人への怯えと「或る仕方で現象学的に解釈」（TrIn, p. 27）されて、超越への通路を形成する。《Eblouissement》に着目することによって得られた結論を纏め直すと次の二つになる。第一に、デカルトにとって「崇拝し、驚嘆する」のは超越のあとであり、レヴィナスにとって「崇拝とめまい」という情感は超越の通路を用意する。第二に、デカルトにとって超越の「驚嘆」つまり稀であるという感じが、レヴィナスにとって過度の自明性へのめまいの感じに対応する。

（三） 情感性と超越

レヴィナスは次のように言っている。デカルトにおいて「無限の観念は」例外的であり、「その観念によって観念されているもの son idéatum は観念を超える」（EDE, p. 238）。無限の観念における「観念と観念されているものとの距離」は「他の表象における観念の対象を精神的なはたらきから隔てる距離」とは異なる（*ibid.*）。つまり、無限の観念とその観念が表している内容の距離は、有限的なものの観念とその観念が表している内容の距離とは異なる。「無限は無限の観念のなかには戻らない」（EDE, p. 239）。「無限を思うことによって、自我は直ちに自我が思う以上に思う」（*ibid.*）。この無限の観念と、無限を思うこととの差異を、過度の自明性への「めまい」と「畏れ（怯え）」が埋める。「そこにおいて目が耐える以上に耐える、めまい、それは摑むことができるものの向こうで、燃えているものに触れ、かつ、触れない肌の発火である」（DQVI, pp. 110-111）。この「めまい」という「受動性あるいは受難（情念）」において、「思いが思う以上に思うことに捧げられた或るもっとも古い思い」が認められる（DQVI, p. 111）。デカルトが「第三省察」で出会った「そのノエマの、その思う内容の範囲に入りきれない、或る思い、或るノエシス」、「一つの観念が、直観の明証性に宿る代わりに、《éblouissements》（さまざまに照らされて目眩くめまい）をこの哲学者（デカルト）に与えた。思いが真理に従って思うよりもいっそう思う、いっそうよく思うことによって。思いがそれの思いであった無限への崇拝をも伴って応答していた思いである」（Préface à l'édition allemande 1987, TI, IV）。超越への回路において「めまい」に加えてなお「崇拝」が伴う。

ここまでに得られたレヴィナスにおける情感性と超越との係わりを次の二点に纏めることができる。第一に、「志向性の向こうの近接性」であるような情感性が超越の通路であるということ。第二に、その情感性は産出されるということ。こうして生じる情感性は〈圧倒的な輝きを受け止めることができないというめまいと怯え〉であると解される。過度の自明性への怯えを中和させること、そこに「思うよりもいっそうよくする思うこと」のはたらきを見ることができる。しかし、これだけでは足りない。レヴィナスの超越法について、もう少し正面にまわってみる。

（四）無限の観念

デカルトの「第三省察」の同じ部分を、レヴィナスはすでに『全体性と無限』において論じている。そこでは「驚嘆、崇拝、喜び admiration, adoration et joie」と言い換えられている（TI, p. 233）。デカルトのテクストでの《intueri》（「直視する」）をレヴィナスは《joie》（「喜び」）にずらしている。先にも述べたように、このずれは或る点でデカルトの表している雰囲気、つまり、超越を得た後の至福を伝えている。しかし、ここでのレヴィナスの表現のなかには「畏れ（怯え）」もあまりの輝きに対する「めまい」もない。レヴィナスは「第三省察」の当該の部分を、「認識によって連れてこられた無限なるものの観念から、顔として近寄ってくる威厳 Majesté への変換

transformationの表現」として纏める（TI, p. 233）。この「威厳」はデカルトが「第三省察」の末尾で述べている「神の偉大さ（威厳）divina majestas」（E. 49. 15-16: AT. VII, 52. 16/LUYNES, AT. IX, p. 42《la Majesté divine》）である。問題は、レヴィナスの言う「変換」ないし「変質」が何を意味しているのか、という点にある。問われているのは「無限との関係」のなかでの「無限は有限に現前するが、有限の外に現前するという二重の構造」における「倫理的関係」の問題である。「変換」ないし「変質」は「或る推論ないし或る直観」（TI, p. 232）でも、「無限（について）の直観intuition」（TI, p. 233）でも、「神の単なる主題化」（TI, p. 232）でもない。そうではなく「内的情動を通して神へと溢れて行くこと」（TI, p. 233）をもたらすような変換ないし変質である。この変換ないし変質をもう少し明らかにするために「意味表示作用signification」の創始に係わりながら、レヴィナスが述べていること（TI, pp. 226-227）を参照する。「意味sens」は「意味表示作用」を想定する。その意味表示作用は理論に現前するのではない。「超越論的意識が構成する自由」そのものを「倫理的関係」として問う、そこに意味表示作用の「ある」ということが存する。この意味表示作用を通して成立する意味は「他人の顔le visage d'autrui」である。これに対して「意味表示作用は無限である」。無限は「他人に現前する」。言葉の意味のその奥の意味することと（意味表示作用）の成立の場である「第一の意味表示作用についての知解」は何かに「ついての意識《conscience de》」以前に「社会化」されている、その意味ですでに倫理的関係である、とレヴィナスは書いている。

纏めなおしてみる。意味表示作用についての知解に倫理的関係が見いだされる。意味表示作用が無限とされ、無限についての知解に倫理的関係が見いだされる。無限が倫理的関係なのではない。これが思いのうちに思いの外なるものが現前するという二重構造から引き出される倫理的関係である。無限が有限に現前するという境地から、有限の外に無限が現前するという境地への移行、これをわれわれは「直観」から「内的情動」への変換ないし変質、別の言い方では、「無限なるものの観念」から「威厳」への変換ないし変質と看做すことができる。もし「変換（あるいは変質）」ということが或るシステムを利用して、さらにそこから別のシステムへの連続的な移行ということを意味しているならば、その「変換（あるいは変質）」はこの場合には当てはまらない。二つのシステムがあって、こっちでは駄目なので別のシステムへ移る、このような「変換（あるいは変質）」であろうし、その場合であっても座標変換のように、等価な事態の別な表現というわけではないであろう。「変換（あるいは変質）」ということで示されていることは、程度の差異でもない。残るところ、他人の顔として対面することになる無限と、無限の観念の無限は、質が違って、いわば、炎と氷のように融合することがないということである。二者択一的な位置にあるということになる。レヴィナスの捉えるデカルト的思考のなかにこの二者択一を一つに結ぶ接点を求めるのならば、それが「めまい」ということになるであろう。このことは無限な観念を通り道にする場合には、「めまい」という受動性がなければ、レヴィナス的超越は成立しないということを示している。『全体性と無限』で展開され、『あるのとは違った仕方で』において整備されることになる言語を媒介にする感受性と近接性の分析を経た主観性に基づく倫理学、この場合の感受性のなかに何かしら知るということが食い込んでいる。「感受性の支配的な意味表示作用は、既に傷つきやすさ la vulnérabilité において捉えられており、近接性への応答性（責任）la responsabilité de la proximité において、その不安において、その不眠において、示されるであろうし、その認知的機能の動機づけをも含んでいる」（AE, p. 104)。「無限の他性は還元されずに、近接性と応答性（責任）を作るところに存する」（AT, p. 88)。それはまた「応答性（責任）への訴えかけにおける他性の栄光おおき増大である」（AT, p. 88)。「純粋な知として解される」ならば「無限という概念の形式的素描は切り下げになる」（AT, p. 89)。「無限の観念」は「哲学的な第一性」（TI, p. 11）を保つにせよ、倫理学を第一の位置に据えるためには、「めまい」によって補われなければならない。「あることの向こうの彼性 l'illéité de l'au-delà de l'être、これこそ、それの私への到来が、隣人への運動を私に完遂させる一つの出発点である」(AE, p. 28)。フランシス・ギバルによれば、この「超越は何らの志向的ねらいにも対応しない」。「というのも、この到来が、自我の外へ、顔の方へと私を送り、追い出す」(GUIBAL, pp. 235–236) からである。

第三節　私を真上に超える

レヴィナスがデカルトの「無限の観念」を援用するとき、彼は「いっそうの実象性 plus realitatis」という考え方を使わない。これに対して、観念の表す表象内容としての「対象的実象性 realitas objectiva」という考え方は用いられている。「観念されるもの idéatum」というのがそれに相当する。しかし、様態と実体、有限実体と無限実体の差異が実象性の度合いの差異として示されるのであるが、この度合いを用いてはいない。丁度これに対応して、レヴィナスは先に指摘しておいたように、さまざまな箇所で「思う」に比較級を持ち込む。また、レヴィナスは、デカルトが「第三省察」で提示しているいわゆる〈因果の原理〉を使っていない。いわゆる〈因果の原理〉とは、少しパラフレーズして展開すれば、〈或る結果を作るためのすべてをもっている原因（作用的で且つ全体的な原因）、この原因のなかには、当の結果のなかにあるのと少なくとも同じだけの実象性がなければならない〉(*cf.* E. 35. 01–04/AT. 40. 21–23) ということになる。この原理を通して実在原因への問いが開かれる。「いっそうの実象性」と〈因果の原理〉という二つの捉え方は、デカルト的超越、真上に超えるためには、欠かすことができない。この途を通してデカルトは実在原因にいたり着く。無限なるもの、神、絶対的他という一切の起源にとどく。私は次の瞬間の私を実在せしめることはできない。そのことを既に私は希望を通して知っている。なぜならば、希望とは欠けていることの証だからである。私が私の実在原因であるのならば、私に希望はない。それでは、どのようにして私は私であることの理由と私があることの原因とを求めることができるのであろうか。

レヴィナスは、「無限の観念」を捉える場合に、デカルト的超越の方法を把握する上で抜かすことのできないこの二つの装置、つまり、実象性の度合いと〈因果の原理〉を用いていない。この二つの装置は〈いっそうある〉という表現が有意味であるということの上に成り立っている。つまり、存在に度合いを認める存在論である。色よりも色をもった花の方がいっそうものであり、いっそうある。この言い方を許す存在論である。有限実体よりも無限実体の方がいっそうものであり、いっそうある。これがデカルト的〈上昇原理〉のみなもとにある。これを欠いて私を真上に超えることはできない。超えて見いだされるのが、「原因いうなら理由 causa sive ratio」という境地である。そこにおいて実在とリアリティが一つになる。レヴィナスが「包括的把握の不可能性 incomprehensibilitas」という認識装置を用いていないことは（*cf.* TrIn, p. 26《compréhension》）、〈あること〉に度合いを容れる存在論とこの認識装置とが一対であることをも思い出させる。無限なものが無限であることをわれわれは知ることはできる。しかし、無限なものをすっかりわかることはない。私を真上に超えて無限を知るということは、私にはすっかりとはわからないものを認めるということでもある。

これに対して、レヴィナスは「愛と畏れ（怯え）」ないし「崇拝とめまい」という産出された情感を伝わって上に超えた。しかし、彼の「顔」を見るのならば、真上ではなく、横を迂回して上に超えたのではないのだろうか。そのように思われてくる。このことは倫理学を第一哲学の位置に据えることが、宗教性、ないし「啓示の現象学」を伴うことになるであろう、ということをも示している。丁度この結論の反対側に、合理神学こそ現代哲学においいて失われた学であるということが見えてくる。デカルトは合理神学を形而上学として基礎づけた。カントは「ある」はものの述語ではない、と言った。そのことによって失われたものは甚大であった。なぜならば、このことによって、超越の通路として情感性しか残されなくなったからである。

（1）　引用文献については、以下の文献表とそれにつけられた略号を参照していただきたい。
（2）　本書「第三部第二章」参照。
（3）　アンリはこの逆転についてデカルトのテクストを支えにしている。彼が引用しているのは、『哲学の原理』「第一部」「第九節」のフランス語訳である。その部分を翻訳すると次のようになる。「私の思いいうなら感得 de ma pensée, ou du sentiment の働きについて、言い換えれば、私が見る、あるいは、私が歩く、と私に思われる、というようにする私のうちにある認識の働きについて」（AT. IX, 28）。一方、ラテン語原典から訳すならば、次のようになる。「見ることとの、あるいは歩くことの、私の感覚いうなら意識について ipso sensu sive consicientia」（AT. VIII-1, 7. 30–31）。当時のフランス語では「良心」を意味する《conscience》という単語を使えないがために、訳者であるピコ（C. Picot）は上記のように補って訳したと受け取られている。これはデカルト研究者の間では共有されている知見である。デカルト哲学において、思うことを見ることのなかに含めることはできない。
（4）　アンリのテクストの少し前には、「見ることはコギタティオのかぎりで確実である」（Henry, 2000, p. 100）という表現が見られる。
（5）「Videre が言わんとしているのは、普通にそれを理解している意味においてである。つまり、外に自分の前にこの外において自分によって見ることができるようになるものを把握するということである」（Henry, 2000, p. 101）。
（6）　この点は、熊野の論点とも重なる。その一九八頁で言われ二一八頁以下で展開される「固有な意味で問題となる」「〈傷つきやすさ〉」と、一九八頁で例が出される「触覚」としての「痛み」との関係の問題と類似している。熊野によって「痛みを覚える」ことと「傷つきやすさ」の関係は示されていない。「傷つきやすさ」は触覚として痛くはない。「「感受性」とは「現象しないものによる触発」」（熊野、二三七頁）であるとしても、これは感覚知覚の説明ではない。

（7） 彼の言い方を纏めると次のようになる。つまり「感受性として自分自身を経験する生命の名の下に「志向的超越に異議を立てる」という点で、レヴィナスとミシェル・アンリは合致する」（GUIBAL, p. 226, n. 1.）と。

（8） 「感受性は知解可能性の構造に対立する不透明な要素を、認識のうちに導き入れるのではない」（EDE, p. 315）。

（9） この「思われる se penser」は「認識に関連しつつ感受可能なものを測ることへと戻ること」（EDE, p. 315）を意味する。

（10） 「すべての感受性において区別された開けの構造は、視 la vision の構造に似ている。その視において感受性は知を帯びた」（EDE, p. 316）。

（11） これは、*Dictionnaire du français contemporain*, Larousse/Surugadai-Shuppansha, 1971/1979 の記述を翻訳したものである。また、リットレによれば、「目に耐えられないような輝きで目を打つこと」が第一の語義に挙げられている（Le Littré, *Le dictionnaire de référence de la langue française classique*, Texte intégral de l'édition originale de 1872, et du supplément de 1876）。いずれにせよ、この点は揺らぐことがない。

（12） 《Admiration》が、リットレの辞書に見られるように「美しいもの、すばらしいもの、気高いものによって引き起こされる感情」を表しているにせよ、デカルトが示しているように、希少なもの、稀なものに対する驚きを表しているのにせよ、明るさ、輝き、光という要素は含まれていない。語源的にも、《admirari＝admiror》は《ad＋miror》という語の作りになっている。《Miror＝mirari》も「驚く」を原義にしている（*Cf. Oxford Latin Dictionary*, ed. P. G. W. GLARE, 1982/1984）。

レヴィナスの著作についての略号。

AE：*Autrement qu'être ou au-delà de l'essence*, La Haye, M. Nijhoff, 1974 (Paris, Le Livre de poche, 1990).
AT：*Altélité et transcendance*, Paris, 1995.
DQVI：*De Dieu qui vient à l'idée*, Paris, Vrin, 1982.
EDE：*En découvrant l'existence avec Husserl et Heidegger*, Paris, Vrin, 1949, 1967 (éd. augmentée).
EI：*Éthique et Infini. Dialogues avec Philippe Nemo*, Paris, Fayard, 1982 (Paris, Le Livre de poche, 1984).
EN：*Entre nous. Essais sur le penser-à-l'autre*, Paris, Grasset, 1991.

HAH : *Humanisme de l'autre homme*, Montpellier, Fata Morgana, 1972 (Paris, Le Livre de Poche, 1987).
TA : *Le temps et l'Autre*, Paris, PUF, 1983 (Paris, Arthaud, 1947 [48], cf. Bernet, p. 13 et 17; Fata Morgana, 1979).
TI : *Totalité et infini. Essai sur l'extériorit*, L Haye, M. Nijhoff, 1961 (Le Livre de poche, 1990).
TIPH : *La théorie de l'intuition dans la phénoménologie de Husserl*, Paris, Vrin, 1978 (F. Alcan, 1930).
TrIn : *Transcendance et intelligibilité*, Genève, Labor et Fides, 1984.

その他の文献と略号。

AT. : L'édition Adam-Tannery, *Œuvres de Descartes*, (nouvelle présentation par P. COSTABEL et B. ROCHOT, Paris, Vrin 1964-1974).
M. BEYSSADE : *DESCARTES, Méditations métaphysiques*, etc. Présentation et traduction de M. BEYSSADE, LE LIVRE DE POCHE, 1990.
E : TOKORO Takefumi, *Les textes des《Meditationes》*, Chuo University Press, 1994.
GUIBAL : Francis GUIBAL, La trascendance, in *Emmanuel Lévinas, Positivité et transcendance*, Sous la direction de J.-L. MARION, PUF, 2000, pp. 209-238.
HENRY, 1963 : Michel HENRY, *L'essence de la manifestation*, PUF, 1963/1990.
HENRY, 1965 : Michel HENRY, *Philosophie et phénoménologie du corps*, PUF, 1965.
HENRY, 1985 : Michel HENRY, *Généalogie de la psychanalyse*, PUF, 1985.
HENRY, 2000 : Michel HENRY, *Incarnation : Une philosophie de la chair*, Seul, 2000.
KAMBOUCHNER : Denis KAMBOUCHNER, *L'homme des passions*, Albin Michel, 1995.
熊野：熊野純彦『レヴィナス　移ろいゆくものへの視線』岩波書店、一九九九年六月。
MARION, 1986 : J.-L. MARION, *Prolégomènes à la charit*, La Différence, 1986.
望月：望月太郎「ミシェル・アンリのデカルト解釈について」、『フランス哲学・思想研究』第三号、一九九八年、一七頁から三〇頁。
斎藤(1)：斎藤慶典『試行の臨界』勁草書房、二〇〇〇年。
斎藤(2)：斎藤慶典『力と他者』勁草書房、二〇〇〇年。

第二章　「原因いうなら理由 Causa sive ratio」

序

失われた何かを取り戻そうとすることは、また、別の何かを新しく見いだそうとすることである。われわれが試みることは、われわれの「実在 existentia」の原因を問う方途の取り戻しである。このことが全うされうるためには、あらかじめ次の三つのことが予備的に考察されなければならない。まず第一に「実在の原因」という捉え方が見失われてきた道筋についての哲学史的再確認である。第二に「原因いうなら理由 causa sive ratio」という表現がもっていた意義の再提示である。第三に、所謂「存在論的証明」の問題である。これの否定がわれわれの思考からどのような難問を取り除くことになったのか。このことの再探査である。しかる後に、私の実在とわれわれの実在との等根源的原因へと到り着く道を歩み直す。本論は第一点の解明のみを任務とする。

第一節　実在原因への問い

実在の原因を問うという問いは、実在の意味を訊ねる問いとは異なる。これに対して実在の意味への問いと、その理由への問いとの間に差異を立てる必要はさしあたってない。なぜか。実在理由を求める問いと、実在とは何かという意味への問いとは、ともに実在原因への問いに対して同じ側に設定されるからである。否、このような言い方自体が問題的であり、このことを前提に組み込むならば、以後の議論は論点先取を起こしかねない、と反論されるかもしれない。どうしてかと言うならば、はじまりにおいて「実在原因」という表現そのものが未だ了解不鮮明なものとされているからである。しかしながら、この点を薄明のままに残しながらも、スアレス的な道具を借りて次のように展開することができる。つまり、実在の原因を問うとは、「実在の在ること entitas existentiæ」と「本質の在ること entitas essentiæ」という水準において問いが立てられるのではない。そうではなく本質と区別される実在に即して問いが立てられるべきなのである、と (*cf*. SUAREZ, Disp. 31, sect. 6, a. 13)(i)。また当面のところ本質と実在の区別がどのように考えられるにせよ、「現実態として実在することは、被造物の本質に属していない」とも言っておこう (*cf*. SUAREZ, ibid.)。かくて実在の何であるかを究明することは、実在の在ることに即した実在の意味の解明、実在の理由の開示を追求することとして捉えられる。これは本論の求める問いではない。われわれの求める実在原因への問いは、現に存在するものの「情態性 Befindlichkeit」に分け入って「存在の意味」を究明することとも異なる。実在の意味に向けての探求が実在原因と交差するのは、実在原因への方途が開かれることを通してである。

これらからわかることの一つは、「実在」原因への着目が、哲学史的には少なくともトマス・アクィナスよりももっと後という歴史的規定をもっているということである。というのも、周知のように、「実在」と「本質」との対立として存在問題が立てられるに到ったのは、トマス・アクィナスよりももっと後のこととされているからである（山田、特に「二　存在とエッセ」参照。また、GILSON, pp. 14–23 & pp. 344–349 参照）。わかることのもう一つは

「原因」と「理由」という語り分けに係わっている。「そもそも何であるのか」という本質への問いは、「なぜかくかくであるのか」という問いと、「どのようであるのか」という問いとの、どちらか一方が成立しているか、あるいは、両方が成立しているかでないならば、答えが得られない問いである。もちろん、これに対しても反論が可能である。「どこから」という問いを通しても「そもそも何であるのか」という問いに答えが与えられる、と。しかしながら、この「どこから」という問いは「原因いうなら理由」という境地を想定してしまう。というのも、「どこから」が生成の由来を問う問いであるとするならば、原因を引き出すことになるからである。また、この問いで根拠が問われるならば、理由をもって答えとされることになるであろう。だが、生成の由来と言い、根拠と言うも、原因と理由のそれぞれを異なりのもとに語り分けるということ以上に、当面のところ何かしっかりした眺望を付け加えるわけではない。かくしてわれわれの直面している課題に照明を当てることができたであろう。すなわち、「実在の原因」という表現の意味するところを「理由」との関わりのなかで探り当てること、これである。この課題に答えようとするときの哲学史的出発点は、トマス・アクィナス以降のどこにあるのか。

「原因いうなら理由」という表現がデカルト哲学の或る重要な特徴をなしているということは既にマリオンによって指摘されている。しかし、彼の捉え方は、以下の四つの点で、実在の原因という視点を覆い隠すことになる。第一は、神を「自己原因」として捉える把握に係わる。彼の解釈のうちに作用因の排除を「理由」によって補うという方針を看て取ることができる。この点では以下に見るショーペンハウワー的な診断と親和性をもっている。マリオンの説に従うならば「原因された存在 ens causatum」の原因である神についての「原因いうなら理由」という方式における「原因」は「理由」へと転化されるのである（Marion 1981, surtout pp. 427–454: Marion 1986, surtout pp. 111–126: Marion 1996, pp. 165–171）。第二に、彼はデカルト哲学を「二重化された存在‐神‐論 ontothéo-logie redoublée」として捉えるが、その観点からするならば、「形而上学的な諸真理」の「創造の審級は「包括的把握不可能《incompréhensible》」（AT. I, 146, 4）なまま、超-形而上学的 trans-métaphysique であるにとどまる。この意味で、創造の審級は二重化された存在-神-論には属さない」（Marion 1986, p. 376）ということになる。永遠真理の問題にとどまらず、このことは、「パスカルとデカルトとの間の葛藤」（*ibid.*）として提示されており、実在の原因を問うことが存在-神-論から排除されていることを示していると考えられる。第三に、つまるところ、彼は「本質と実在との優れて形而上学的な対立」を「贈与 donation」へと解消することになる（Marion 1997, p. 35）。デカルト論から「贈与の現象性」（Marion 1997, p. 441）へのマリオンの思索の展開は、存在のあることの意味を、原因された存在と思われた存在という二重性に即して問うことから、現れを与えられるという限りでの現れとして現れの意味を構築してゆく作業への展開として押さえることができる。第四には次のことがある。彼は「充分な理由」のライプニッツからカントへの展開について「現象性と可能性」を主題にしつつ論じている（Marion 1997, pp. 254-257）。彼によれば、カントはライプニッツの「充分な理由の原理」を受け継いだが、決定的な仕方で変換したということになる。ライプニッツにおけるような「形而上学の領域では、現れることの可能性は決して現れるものに帰することはなく、現れるものの現象性が現象に帰することもない」（Marion 1997, p. 255）。それに対して「カントはライプニッツによって設定された条件の下にある現象性を、その条件を置き換えることによって、完璧に拡張する」（Marion 1997, pp. 256-257）。可能性は充分な理由を必要とするが、カントにおいては、その可能性が経験の諸条件という条件の下におかれる。そしてすべての経験はその現れに存するのである。さらに、ライプニッツが「最後の理由 ultima ratio」を神とするのに対して、カントは「超越論的統覚」を最後の理由にする（*op. cit.*, pp. 256-257）とも指摘される。カント以来の超越論的思考結構の確立と、ライプニッツ的な

「充分な理由」からの実在原因の滑り落ちとがいわば表裏をなしているということは容易に飲み込めることである。マリオンはカントの流れに棹をさす。

このような大きな流れからするならば、一方では、実在原因をそれとして問う問いが開かれたのは、トマス・アクィナス以降、むしろ表現の明確さに着眼するならばスアレス以降であり、他方では、「原因いうなら理由」という表現は、マリオン（ハイデガー）的な言い方を借用するならば、「形而上学の罷免 la destitution de la métaphysique」直前の或る危うい均衡のうちにデカルトによって見いだされたということになる（MARION 1986, title de la section 25.）。ショーペンハウワーに「一頁に八回も《ratio sive causa》と記す」（SCHOP. 2, SS. 61-62）と揶揄されているスピノザ哲学もこの点では同じ境地において捉えられなければならない。かくして、われわれの試みの一つの側面は、一七世紀合理主義哲学の特有性を、「存在－神－論」とは別の仕方で再解釈する努力ということになる。しかし、われわれの試みにはもう一つ別の側面が含まれている。それは実在原因への問い（起源への問い）の忘却が意味するところを明るみに出そうとすることである。このことは私の実在とわれわれの実在との当根源性の開披に向けての準備になる。実在原因への問いと関連して、現象性の飽くなき純化という潮流に対するわれわれの態度を次のように表明することができる。われわれには、たとえば、現象学の或る方向への徹底として括ることができるであろう「贈与の現象学」を内在的に批判する予定はない。現れを所与性の徹底のもとに現れの意味の発現として探求することによる形而上学の「乗り越え dépassement」はまた、見えていたものを見失わせることになる。われわれはこのことを実在原因への問いがもっている意味の回復を通して明らかにする。かくして、時の流れを越えて求められるべきは、私が他のあらゆる私と共に、われわれを構成しているということの根拠である。このことへの第一歩として、哲学史的振り返りを試みることにしよう。

第二節　実在の原因

少なくとも、実在の原因ということが了解可能な時代もあった。エウスタキウスによれば、実在は「それによって、形相的に、事物が現実態としてある、いうならその事物の諸原因の外にある esse actu sive extra suas causas と言われる様態」とされる（EUSTACIUS, IV, p. 37）。また、ゴクレニウスによれば「創造された事物の実在は、それによって事物が無の外にありその事物の諸原因によって産出されたと言われる事物の様態である」（GOCLENIUS, pp. 196-197）。実在するとは原因の外に現にあるという有様を示していた。上記の引用箇所において「原因」が複数形で示されていることからもわかるように、神による創造がもっぱら原因に指定されているわけではない。総じて被造物が実在するためには原因をもたなければならないとされているのである。こうして、もし「実在の原因」という表現が理解可能になるとするならば、私の実在の原因が特権的にこの私だけの実在の原因であると考えることの困難性にも気づかれるであろう。当の原因の外に実在する私が、その原因についてそれが私だけの原因であると論ずる筋道はないであろう。私の実在原因を問う途は、私を超えて私を相対化する視点を与える途である。

「実在の原因」という言い方は何を意味しているのであろうか。少なくとも先に見た通り、一七世紀までは了解可能な表現であった。しかし、いまや「実在の原因」という表現の意味はわれわれにははなはだ捉え難くなっているように思われる。これに対して実在の理由、ないし、存在理由という表現については何の抵抗もなく受け入れられる。このことの歴史的な見通しを得るために「充分な理由の原理」について考えてみるのがよいであろう。日本語では「充足理由律」とか「充足根拠律 Satz vom zureichenden Grunde」という言い方が選ばれることもあるが、

「理由」と「原因」の関係とともに「原理 principium」と「理由」の関係も問題系に入ってくることを考慮して、「充分な理由の原理」という長い表現を用いることにする。この「原理」については、ヴォルフが高く評価し、ショーペンハウワーの方はあまり高くは買っていないにせよ、ライプニッツを出発点にすることができる（Wolff, § 71, p. 50: Schop. 1, § 9, S. 31)。ヴォルフは『第一哲学いうなら存在論 *Philosophia prima, sive ontologia*』においてこの原理を次のように提示している。「なぜないのではなく、むしろ在るのであるのか、という充分な理由なしには何もない、という命題が充分な理由の原理と言われる Propositio, quod nil sit sine ratione sufficiente, cur potius sit, quam non sit, dicitur Principium rationis sufficientis」（Wolff, § 71, p. 49)。ショーペンハウワーはヴォルフの同書「第七〇節」の表現の方を「もっとも一般的なもの」としている（その際に「充分な」という形容詞をヴォルフの表現から取り除いて引用している。Schop. 1, § 5, S. 15《Nihil est sine ratione, cur potius sit quam non sit》)。彼らが「充分な理由の原理」をどのように捉えているのかということを見る前に、ライプニッツの叙述を参照することにしよう。

　ライプニッツの「充分な理由の原理」について[ii]、ラッセルは「同じ一つの名前のもとに、実際には二つの原理がある」（Russell, p. 30）と述べ、クーチュラによるならば「或る場合には、理由の原理は偶然的であれ、必然的であれ、すべての真理に適用される。或る場合には、矛盾の原理は論理的数学的諸真理だけを支配し、形而上学的道徳的諸真理は理由の原理にだけ依存する」（Couturat, p. 216)。ラッセルの場合には「可能的で偶然的なものの原理」と「現実的で偶然的なものだけの原理」という二つが対立的に捉えられている（Russell, *ibid.*)。クーチュラによれば「可能的な本質に向かう」「抽象的諸学の命題」の場合と、「実象的実在へと向かう自然についての諸学の命題」とが対比される（Couturat, *ibid.*)。ベラヴァルによれば「特殊的本質についての論理」は充分な理由の原理を要しない。しかしながら「共可能的 compossible」である何か、たとえば個体の観念を論証の出発点にする場合には、言い換えれば、それの理由を求めてア・プリオリに（つまり、より先なるものから、より後なるものへと）論証が進められる場合には、「理由の原理は同一性の原理を包含し、理由の原理がすべての真理に適用されることになる」（BELAVAL, p. 388）。さらに、マックリーは、「充分な理由の原理」という「同じ名前をもった三つの異なる原理」（McRAE, p. 104）があるとする。第一は「真理一般の本性から帰結する」とされている原理（McRAE, *ibid.*）、第二は「命題ではなく、出来事と事物の実在に関係する」（McRAE, p. 106）もの、第三は「「最善の原理」と同一視されるもの」（McRAE, p. 108）である。マックリーの分類による第三番目のものについて、ライプニッツは或る箇所で次のように記している。「実在する偶然的なものは、その実在を最善なるものの原理、事物の充分な理由に負わなければならない」、と（17 & *cf.* 26）。マックリーが言うように「同一視され」ているかどうか、議論の残るところであろう。しかしながら、われわれとしては、この点についての探索を放棄して、残る二つのタイプの原理について若干のことだけを確認しておく。

ライプニッツが、主語と述語の論理的関係として、個体的実体の存在論だけではなく現象一切を組織化する存在論を組み上げてゆくという視点からするならば、充分な理由の原理が命題に適用されるのか、存在するものに適用されるのかという区別立てが決定的であるとは考えられない。その点では、われわれは、クーチュラを批判的に継承しているベラヴァルの見解に立つ。すなわち、「充分な理由の原理」が、一見どのように折り合うのかわからないような仕方で提示されているのは、適用される対象としての存在するものの差異に応じて二つの原理が使い分けられるのではなく、事態あるいは命題を眼差す位置に応じて異なるからである。数学的真理であれ、それが物理学的探求のなかで提示されるのならば、理由の原理が同一性の原理を包含することになるであろう。しかしながら、われわれが確保したいことは、もっと基礎的なことであり、おそらくは解釈の余地のあまりないものであると考えられる。すなわち、偶然的なものの「かくかくである」ことと、「実在する」ことのどちらにも充分な理由が要求されているということである。[5&8] そして偶然的なものにおいては、何かが実在することの理由（原因）がもとめられ、さらに、かくかくの仕方で実在することの理由が求められる[9]という順序も見いだされる。この「理由」と「原因」との使い分けについてテクストを見てゆくならば、両者が言い換えられていたり（たとえば、「充分な理由の原理」について「これはまさしく、一般に言われている、原因なしには何も生じないnihil fieri sine causa、ないしは、理由なしには何もないnihil esse sine ratione、ということそのことである[13]」とされている）、「理由」の代わりに「原因」が用いられていたり[15&22]、理由と原因に橋渡しがなされたりしている[20]箇所のあることに気づく。この点について、たとえば、石黒もライプニッツにおける「原因」と「理由」とを別の系列を開く概念として解してはいない（ISHIGURO, p. 129）と考えられる（酒井はその一〇九頁、註二一で、ライプニッツのテクスト[16]について「重さ」が「理由」に比せられている）という表現をしている）。それに対して田中は「「ものが在る」ということ、そのことは一体どのように在る意味なのか」（田中、三六頁）という点に焦点を絞り、「充分な理由として、理由律が充足するものは、存在理由と認識理由の両方にまたがる」（田中、四八頁）とする。実在の原因に関わる問題事象をも「存在理由」として問い抜く構えを見せている。ここではカントの切り開いた地平から、ライプニッツ哲学の豊穣さを抽出するという作業がなされていると考えられる。そしてそれはまた、現代にまで流れる実在問題への対処の基本的態度であろう。しかしながら、ライプニッツにおいて実在の原因は必ずしも実在の理由とぴったり重なるわけではない。この点を必然的なものと偶然的なものとの差異という点から考えてみよう。

「必然的なものは、対立が矛盾を含むのだから、その本質からして必然的である」[17]。この点で偶然的なものだけが実在することの充分な理由を必要とする。[17] 充分な理由は、偶然的な事物の系列の外に、それの「原因」である一つの実体のなかに、それも「必然的な存在」のなかに見いだされなければならない。[10] この「必然的存在」は「自分の実在の理由を自分と共に (avec soi)」もっており、[10] また「最後の理由」であり、神と呼ばれる。[10&26] もし、この「最後の理由」が「原因」と言い換え可能であるのならば、「自己原因」ということと異なるところがない。しかし、ライプニッツは、この論脈においては「理由」を「原因」と言い換えることをしない。神は自分の理由ではあっても、自分の原因ではない。このことは「必然的存在」がその本質から必然的であり、その本質を原因とするわけではない、ということに根ざしている。つまるところ、ライプニッツにおいては神について「原因いうなら理由」という捉え方は成り立たないということである。このことは彼が一方では神の実在についてのア・プリオリな証明を認めながら (*e. g.* MO. § 45, R. pp. 96-97)、デカルト批判として「必然的存在」という概念の可能性の根拠付けを要求する (*e. g.* G. IV, pp. 405-406) ことと関連している。「ライプニッツにとって存在論的証明は、つづめて言えば充分な理由の法則の一部である」(LOVEJOY, pp. 310-311) とされるのも、あながち無理なことではないとも言えよう (しかし、われわれはライプニッツにおける「存在論的証明」の問題についてここでは問わないことにする。[iii] 山本、四二頁から五三頁をも参照のこと)。かくして「原因いうなら理由」という言い方がライプニッツにおいて成り立つのは、偶然的なものについてだけであるということがわかる。なぜならば、偶然的存在に関しては、何かが実在することの理由 (原因) がもとめられ、さらに、かくかくの仕方で実在することの理由がもとめられるからである。[9] この両方が偶然的なものにとっての充分な理由になる。そこに「原因いうなら理由」という表記が可能になる所以を認めることができる。このことを、「原因」概念と「理由」概念の混同とは別の事態と評価しなければならない。同一的ではない或る命題はア・プリオリな証明をもたねばならない[7、13、15&21]ということと、或る偶然的なものは、それが実在するのに充分な原因をもつということとが、同じ事態の別の表現であることに応じて、充分な理由は充分な原因と言い換えられうる。この点での事情はデカルトと逆である。デカルトにおいて「原因いうなら理由」と表記できるのは、神の場合だけである（AT. VII, 165. 02）。もちろん、デカルトのテクストにおいて、「原因」と「理由」が神を論じる場合以外では或る種の位置の相等性を決してもたないというのではない。「第一省察」の「疑うことの理由」（AT. VII, 18. 09）はまた「第六省察」において「疑うことの原因」とも言われる（AT. VII, 77. 08）。「疑うことの原因」と言われる場合には、出来事の生起としてとらえられているとみることができる。このような場合には、見方の違いが〈見られているもの相互の違い〉と相関している。神について言われる「原因いうなら理由」は、一つの同じことの見方の異なりだけを示している。

以上に見てきたことから、ライプニッツの「充分な理由の原理[8]」について繰り返して確認しておきたいのは次の点である。偶然的に実在するものがあること、および、現にこのようであること、この二つのことの理由が求められているということである。もう少し簡潔に言い直すならば、この「原理」は〈であること〉と〈があること〉の、言い換えれば、本質の理由と実在の理由・原因を求める原理だということである。われわれにとって明らかにしなければならないのは、この〈理由・原因〉と述べた「理由」と「原因」の関係である。次にヴォルフによる「充分な理由の原理」の提示を参照しながら、この点に探りを入れてみよう。

第三節　理由と原因

ヴォルフは『第一哲学いうなら存在論』「第一部」「第一篇」の「第二章」「第五六節」で「充分な理由」の「定義」を次のように提示する。すなわち、「充分な理由ということで、われわれは、そこから、なぜ或る何かがあるのかということが知解される、それと解する Per Rationem sufficientem intelligimus id, unde intelligitur, cur aliquid sit」（Wolff, § 56, p. 39）。さらに「充分な理由の原理」を「第七〇節」において証明した後に、彼は「第七一節」において「充分な理由の原理の定義と歴史」について述べている。「定義」は先に引用した通りである。この節の注記（Wolff, § 71, pp. 50–51）において「理由」と「原因」との混同について彼は述べている。以下この点を少し追ってみる。スコラの人たちの間では「原因なしには何もない nihil esse sine causa」ということが公理として使われていた。しかし、この命題を「充分な理由の原理」と混同してはならない。というのも「理由と原因とははなはだ異なっているからである」。そこからして自然学においては「原因なしの結果 effectum sine causa」は認められないが、「充分な理由なしの」結果は認められる。その例としてヴォルフは磁石の場合を挙げている。「隠れた性質を哲学から排除した」デカルトが「理由の明晰な概念をもっていたということは疑われるべきではない」。というのも、デカルトが『省察』「第二答弁」に付け加えられた「諸根拠」の「公理いうなら共通的基礎概念」の第一に掲げたもの（AT. VII, 164. 28–165. 03）は、「充分な理由の原理と合致する」からである。しかし、そこでデカルトが「原因いうなら理由」と記しているように、彼は「原因と理由との間にある差異」を判明には認識していなかった。デカルトによって明らかにされたところを継承したライプニッツは、「原因と理由との差異をどここにも表明することはなかったが、しかし、彼がこの原理について為した使用が私に大きな明かりをもたらしたので、私は理由の判明な概念に到達したのであった」。このように、ヴォルフの見るところでは、「理由」という概念を判明に捉えて行く歴史的過程は、この概念と「原因」という概念とを区別して行く過程なのである。ヴォルフの「原因」概念のとらえ方を少し見ておくことにしよう。

同書の「第二部」「第三篇」「第二章」において「原因」が論じられる。「第八八一節」でその定義は次のように示される。「原因とは、自分とは別個の他の存在するものの実在いうなら現実性が、あるいは実在するかぎりで、あるいはかくかくのものとして実在するかぎりで、依存するところの原理である」（WOLFF, p. 652）、と。要するに、原因とは実在する仕方をも含めて、実在することの原理だとされている。そこで提出されている例に従えば、「家の実在」の原因は建築家である。これに対して、なぜその家が実在するのかという「理由」は、建築家が「心に家の観念を抱いたこと、紙上に家を製図したこと」に求められる（*ibid.*）。「理由は原因のうちに含まれている。したがって、原因の概念を通して、なぜ原因されたものが実在するのか、あるいはかくかくの仕方で実在するのかということが知解される」（WOLFF, § 883, p. 653）。この危うさをショーペンハウワーが批難することになる。彼は『根拠律の四つの根について』（われわれの表現に従うならば『充分な理由の原理の四つの根について』になるであろう）の「第一章」において、「私はヴォルフの定式をもっとも一般的なものとして選ぶ」（SCHOP. 1, § 5, S. 15）とした上で、その「第二章」において「認識理由（根拠）Erkenntnisgrund」と「原因 Ursache」との関係について歴史的に概観する。古代人は両者の「間に判明な区別を立てるにいたらなかった」（SCHOP. 1, § 6, S. 20）。デカルトについては周知のように「彼は両者を混同している」（SCHOP. 1, § 7, S. 21）と記す。その場合にショーペンハウワーの依拠しているテクストは、ヴォルフが典拠としていたものと同じ箇所である。デカルトがそこで「原因いうなら理由」というように「認識理由（根拠）を挿入」したのは、神の実在を証明する上で、「原因」だけでは無限遡及を余儀なくされ、証明が成り立たなくなるからだとされる（*ibid.*）。これに対して、ライプニッツは「理由の原理をすべての認識と学問との主要原則としてはじめて明確に提起した」、しかし「この理由の二つの意味の区別を暗示している」が判明に説明してはいない（SCHOP. 1, § 9, S. 31）。ここでショーペンハウワーのいわんとするところは鮮明には浮かび上がって来ないのであるが、おそらくは「原因」と「（認識）理由」の区別をライプニッツは（も）明確に摑んではいなかったということであろう。

ヴォルフの功績としてショーペンハウワーの高く評価する点は、この「認識の充分な理由の原理 Satz vom zureichenden Grund der Erkenntnis」と「原因と結果の原理（因果律）」の区別である（SCHOP. 2, § 10, S. 29）。しかしながら、彼によれば「存在理由（根拠）Seinsgrund」についてのヴォルフの捉え方には誤りが見いだされる。ヴォルフは「原理」を「自分のうちに他のものの理由を含むもの」とする（WOLFF, § 866, p. 645）。これに依拠してショーペンハウワーはヴォルフにおける「原理」と「理由」を区別なしに論じる。その上でショーペンハウワーは、ヴォルフの「存在の原理 principium essendi」と「生成の原理 principium fiendi」との区別について、その区別の不成立を説いている（SCHOP. 2, § 10, SS. 29–30）。ヴォルフは、或る石の熱くなることを説明する場合に、石の本質のうちに含まれる「熱を受け取る可能性」（Wolff, § 874, p. 648–649）を措定するけれども、熱が生成してくる因果関係とは別にこれを立てることはできない。これがショーペンハウワーの批難の骨子である。要するに、ショーペンハウワーによれば、石が熱くなることの説明は、因果関係に基づく説明であり、理由によるのではないということになる。「存在の理由」はショーペンハウワーによって、ヴォルフとは全く異なった意味を与えられる。つまり「客観の第三の類」において「空間および時間の諸部分が互いに規定しあう法則を、私は存在の充分な理由の原理と呼ぶことにする」(SCHOP. 1, § 36, S. 158) とされるのである。この原理は数学的な事柄に適用されるものであり、実在の原因という問題事象とは異なる。彼によれば「全幾何学は空間の諸部分の位置の結びつきに基づいている」(SCHOP. 1, § 39, S. 160)、つまり「空間における存在理由(根拠)」に依拠する(SCHOP. 1, § 37, S. 159)。「代数学」の方は「時間における存在理由(根拠)」に制約されている(SCHOP. 1, § 38, S. 160)。これに対して原因については次のように言われる。「われわれに経験的に与えられた物質的世界における変化とは別の何かに因果律が適用される場合」に因果律は誤用されることになる(SCHOP. 1, § 24, S. 116)、と。「原因」概念は「物質的世界」に適用されるべき概念なのである。「因果律は外的経験の諸対象の、時間のうちに現れてくる変化を規定するものであるが、しかしこれらの対象はすべて物質的なものである」(SCHOP. 2, § 20, S. 50)。この「因果律」をショーペンハウワーは「生成の充分な理由の原理」と呼ぶ(SCHOP. 2, § 20, S. 48)。彼によれば「因果性」の三つの形式は「最も狭い意味での原因」と「刺激 Reiz」と「動因 Motiv」である(SCHOP. 2, § 20, S. 62)。第一のものは「無機的世界における変化だけを支配し」、第二のものは「有機的生活」を支配し、第三のものは「本来の意味での動物的な生活」つまりは「認識」を「媒体」とする「行為」や「外的活動」を統御する(SCHOP. 2, § 20, S. 62)。「理由」と「原因」との隔離は決定的になる。われわれが確認しなければならないのは、この「生成の理由」も実在の原因という問題事象とは異なるということである。かくして、ショーペンハウワーの「理由の原理(根拠律)」という捉え方においては、実在の原因を問う途は閉ざされていると言うことができる。彼にとって、実在について問いが立てられているときに求められている答えは、実在の理由(根拠)である。

第四節　回復のはじまり

われわれの辿り着いた地点を纏めてみよう。ショーペンハウワーに到って実在の原因を問う道が閉ざされ、物質的世界にのみ「原因」概念の適用が許される。彼によってこの境地がはじめて切り開かれたというよりも、カントによる超越論的問題設定の確立と軌を一にするものと考えるべきであろう。経験の可能性の条件を求めることと「純粋理性の理想」との間に実在原因への問いは成立しない。カントが三つの神証明の根底として「存在論的証明」を見いだしたのは、実在理由の追求の果てである。決して実在原因が求められたわけではない。実在についての問いに関してカントの哲学が大きな転換点になっていることはあらかじめ予想できたことである。しかしながら、ヴォルフの理解を通して、実在原因の忘却が超越論的問題設定とは別の仕方で生じてきているということがわかった。つまり、原因の理由への還元である。ヴォルフにおいては、未だ実在の理由は原因のうちに含まれているとされ、実在の原因を問う余地は残されていたと言える（Wolff, § 882, p. 653）。さらに遡れば、ライプニッツにおいて実在の原因を理由として捉えることを通して、偶然的存在に「原因いうなら理由」という表現を適用することが可能になる。神について「原因いうなら理由」という表現が適用不可能であるのは、この表現が「自己原因」へと導くことになるからである。先に見たようにライプニッツはア・プリオリな証明（所謂「存在論的証明」）を認めている。デカルトの証明を不備として、この証明の完成のためにライプニッツが答えを求めたのは概念の可能性の限界を設定することが如何にしてなされうるのか、という問いである。ライプニッツは「自己原因」ではなく「事物の最後の理由 ultima ratio rerum」(3&26)を求めた。これに対してデカルトは、神についてのア・プリオリな証明を提示し、必然的存在を自己原因として捉えた。「原因いうなら理由」という表現が示していることは、まさしくこのことなのであった。実在の原因への問いを切り拓くのは、何らかの局面において〈ある〉が事物の述語であり、実在する一切のものの原因を自己原因として措定する存在論の構築によってである。われわれは、「原因いうなら理由」と「自己原因」と神についてのア・プリオリな証明とが、実在の原因への探求という地点で一つの問題系をなしているという知見に到り着いた。われわれは、見失われてしまった人間の人間としての共同性の、つまりは、われわれが形成する共同体の形而上学的根拠を探り出すためのはじまりに立っている。

（i）出典箇所を示す略号については、以下の略記一覧を参照していただきたい。

（ii）ライプニッツの「充分な理由」についてわれわれが参照した箇所は以下の通りであり、引用に際しては煩雑さを避けるために以下の（1）から（26）までの番号によって出典箇所を示した（この列挙を作成するために、本文中に引用した文献以外に、以下に掲げた Lexicon と SLEIGH の論文とを用いた）。

（1）G. II, 62　（2）G. III, 402　（3）G. III, 444　（4）G. III, 594
（5）G. III, 678　（6）G. IV, 232　（7）G. IV, 438　（8）G. VI, 127
（9）R. § (7), 45＝G. VI, 602　（10）R. §8, 45－46＝G. VI, 602　（11）R. §32, 89＝G. VI, 612　（12）G. VII, 199
（13）G. VII, 301　（14）G. VII, 301bis　（15）G. VII, 309 (2)　（16）G. VII, 355－356
（17）G. VII, 390　（18）C. 402　（19）C. 513－514　（20）C. 519
（21）Grua 287　（22）Grua 288　（23）Grua 325　（24）Grua 325 (bis)
（25）Cnf. 34　（26）Cnf. 52

（iii）ライプニッツ哲学における「存在論的証明」の問題については村上勝三編『真理の探究』知泉書館、二〇〇五年、三一九頁から三三一頁までを参照していただきたい。

文献略記一覧

原　典

AT. : DESCARTES, *Œuvres de Descartes*, publiées par Charles ADAM et Paul TANNERY, Nouvelle présentation par P. COSTABEL et B. ROCHOT, Vrin 1964-1974.

EUSTACHIUS : EUSTACHIUS a SANCTO PAULO, *Summa philosophæ, quadripartita, de rebus Dialecticis, Moralibus, Physicis et Metaphysicis*, Paris 1609.

GOCLENIUS : Rodolph GOCLENIUS, *Lexicon philosophicum*, Frankfurt 1613/Marburg 1615/Olsm 1980.

LEIBNIZ/C : Gottfried Wilhelm LEIBNIZ, *Opuscules et fragments inédits*, Extraits des manuscrits de la Bibliothèque royale de Hanovre par Louis COUTURAT, Olms, 1903/1966.

LEIBNIZ/Cnf : Gottfried Wilhelm LEIBNIZ, *Confessio philosophi*, Texte, traduction et notes par Yvon BELAVAL, J. Vrin, 1993.

LEIBNIZ/G : Gottfried Wilhelm LEIBNIZ, *Die philosophischen Schriften von Gottfried Wilhelm Leibniz*, éd. par C. J. GERHARDT, t. VI, Olms 1961.

LEIBNIZ/Grua : Gottfried Wilhelm LEIBNIZ, *Textes inédits d'après les manuscrits de la Bibliothèque provinciale de Hanovre*, publiés et annotés par Gaston GRUA, PUF, 1948/1998, 2 tomes.

LEIBNIZ/R : *Principes de la nature et de la grâce fondés en raison/Principes de la philosophie ou Monadologie*, publiés par Andr ROBINET, PUF, 1954/1986.

SCHOP. 1 : Arthur SCHOPENHAUER, Über die vierfache Wurzel des Satzes vom zureichenden Grunde, Sämtliche Werke textkritisch bearbeitet und herausgegeben von Wolfgang Frhr. von L'OHNEYSEN, Band III, Cotta-Insel, 1962.

SCHOP. 2 : Arthur SCHOPENHAUER, *Über die vierfache Wurzel des Satzes vom zureichenden Grunde*, 1813, Herausgegeben von Michael LANDMANN und Elfriede TIELSCH, Felix Meiner, 1957.

SUAREZ : Francisco SUAREZ, Disputationes metaphysicæ, Salamanca 1597/Paris 1866/Olms 1965.

WOLFF : Christian WOLFF, *Philosophia prima, sive ontologia, methodo scientifica pertractata, qua omnis cognitionis *humanæ principia continentur*, Editio nova, 1736 (1728), Gesammelte Werke, herausgegeben und bearbeitet von Jean ECOLE und H. W. ARNDT, II. Abt. Band 3, Olms, 1962

研究文献

Lexicon：*Leibniz Lexicon：A Dual Concordance to Leibniz's Philosophische Schriften*, Compiled by R. FINSTER, G. HUNTER, R. F. MCRAE, M. MILES and W. E. SEAGER, Olms-Weidmann, 1988.

BELAVAL：Yvon BELAVAL, *Leibniz critique de Descartes*, Gallimard, 1960.

COUTURAT：Louis COUTURAT, *La logique de Leibniz*, PUF 1901/Olms 1961.

GILSON：Étienne GILSON, L'être et l'essence, 1948/1972, J. Vrin.

ISHIGURO：石黒ひで『ライプニッツの哲学』岩波書店、一九八四年。

LOVEJOY：Arthur O. LOVEJOY, *Plenitude and sufficient reason in Leibniz and Spinoza, in Leibniz*, A collection of critical essays, ed. by Harry G. FRANKFURT, University of Notre Dame Press, 1976.

MARION 1981：Jean-Luc MARION, *Sur la theologie blanche de Descartes*, PUF, 1981.

MARION 1986：Jean-Luc MARION, *Sur le prisme métaphysique de Descartes*, PUF, 1986.

MARION 1996：Jean-Luc MARION, *Questions cartésiennes II*, PUF, 1996.

MARION 1997：Jean-Luc MARION, *Étant donné*, PUF, 1997.

MCRAE：Robert MCRAE, *Leibniz：Perception, Apperception, & Thought*, University of Tronto Press, 1976/1978.

RUSSELL：Bertrand RUSSELL, *A Critical Exposition of the Philosophy of Leibniz*, 1900/1975 Alden Press.

酒井：酒井潔『世界と自我』創文社、一九八七年。

SLEIGH：Robert SLEIGH, Truth and Sufficient Reason in the Philosophy of Leibniz, in *Leibniz Critical and Interpretive Essays*, edit. by Michael HOOKER, University of Minnesota Press, 1982, pp. 209-242.

田中：田中英三『ライプニッツ的世界の宗教哲学』創文社、一九七七年。

山本：山本信『ライプニッツ哲学研究』東京大学出版会、一九五三年／一九七五年。

山田：山田晶『トマス・アクィナスの《エッセ》研究』創文社、一九七八年。

第Ⅳ部　実体と存在の重み

第一章　デカルト的「実体」論

序

『省察』という書物の「第一省察」から「第六省察」までのなかで「実体 substantia」という表現が使われているのは、「第三省察」と「第六省察」においてである。しかも、この表現は次の三つの議論においてだけ見いだされる。すなわち、(『省察』の順序に従って)第一の神の実在証明、第二の神の実在証明、および物体の実在証明である。『省察』本文における「実体」の使用はこれに尽きる。デカルト形而上学において〈私の外に実在する〉という位置が与えられているのが、神と物体であることを考えるのならば、ここにおける「実体」概念の役割は明らかである。デカルト的「実体」概念は、〈私の外に実在する〉事物のありさまを言い当てるというよりもむしろ、この外への踏み出しに係わり、踏み出しを実現することに係わる。このことを別の視点から見るのならば、『省察』における「実体」概念は形而上学構築のさなかでその意味を獲得するということである。これに対し、諸「反論」と諸「答弁」を経て、振り返られ捉え直された形而上学の提起である『哲学の原理』「第一部」には、「実体」論と呼ばれうる部分が見いだされる。そしてこの「実体」論は、書簡なり、その後のさまざまなテクストなりに引き継がれて行く。思いの領域に見いだされる観念を足場にして神の実在と物体の実在を証明する。この二通りの超越過程のなかで「実体」という把握がどのような役割を果たすのか。このことを精確に捉えることなしに、デカルト的「実体」概念の哲学的発祥を捉えることはできない。この意味づけられながら生成してきた「実体」という概念が、形而上学の概念としてどのような位置を割り当てられるのか。これを明らかにすることなしには、デカルト的「実体」概念を全体として解明したことにはならない。デカルト的「実体」概念の意義を組み入れるのでなければ、われわれが現に用いている「実体」という語の用法の重大な部分が欠落することになるであろう。たとえば、身心二元論の正体も見損なわれることになるであろう。身体と心の区別と、机と椅子の区別とが区別されないことになるであろう。

以下において、われわれは、第一に「第三省察」と「第六省察」におけるデカルトの実体についての捉え方を明らかにし、第二に『哲学の原理』の論述を足場にしつつも、さまざまなテクストを支えとして用いながら、デカルト的「実体」の係わる諸問題を明らかにして行く。最後に結論を与えることにしよう(1)。

第一節　『省察』における「実体」の抑制と切り詰め

『省察』本文において「実体」という語が、上に見たように「第三省察」と「第六省察」においてだけ用いられ、しかも集中して用いられているということは既に指摘されている(所(2)、一八三頁、一八九頁、および所(3)、一八頁から一九頁参照)(2)。さらに、「第二省察」とは異なって『方法序説』「第四部」においては「私は思う、ゆえに私はある」(AT. VI, 32. 19)とされた次の段落において「私は一つの実体であって、その実体の本質あるいは本性はあげて思うこと」にある(AT. VI, 33. 4-5)とされている。また、『哲学の原理』においては「実体論 le traité de la substance」とでも名付けて括り上げることができるような叙述（その「第一部」「第四八節」から「第六五節」まで）が見いだされる（*cf.* Becco (2), p. 45）。それに対して、『省察』において「私」が「思うものいうなら思う実体 res sive substantia cogitans」（AT. VII, 48）とされるのは「第三省察」の、しかも神の（『省察』における）第一の実在証明の終了後である。また『省察』全体においても『哲学の原理』に見いだされるような「実体」や「属性 attributum」、「様態 modus」などについての纏まった規定は与えられていない。「「実体」なる語の使用の全体的な「第二省察」的抑制」（所(3)、一八四頁と一八九頁以下、および所(1)、一三頁参照）ばかりではなく、『省察』における『哲学の原理』的「実体」論の不在ということを、われわれはどのように解意すべきなのか。三つの書物の書物としての性格の違いをもって答えとされるかもしれない。つまり、フランス語で「私」という立場で書かれ、「欺く神」という仮設なしに懐疑が遂行され、「三試論」とともに出版された『方法序説』と、ラテン語で「われわれ」という立場で書かれ、その「第二部」以下に自然学の展開を従える『哲学の原理』と、「私」という立場で「第一哲学」としてラテン語で書かれた『省察』との書物としての性格の違いである。しかしながら、「実体」概念に眼差を据えるのであるかぎり、『省察』のうちでそれがどのようにして導入され、形而上学形成においてどのような役割を果たしているのか。書物としての性格の違いにこのことを解消することはできない。先ずもって『省察』における「実体」という語の使用法を確定するために、「第三省察」から「第六省察」へと進んで行くことにする。

（一）「第三省察」における「実体」概念の生成

『省察』における最初の「実体」出現のさまを精確に取り押さえるために、「第三省察」が辿り始める流れについて一瞥だけを投げかけておこう。「第三省察」の省察は「私」のうちにある思いの様態から出立する（AT. VII, 34–35）。そこからデカルトは「私のうちにある観念」と「私の外に存する何らかのもの」とが「類似している、つまりは符合している」（*ibid.*）ことに基づいて、両者を対応づけようとする通念的見解の誤りを明らかにしながら自らの観念説を精錬して行く。そこに、つまり、観念形成の起源についての不確定性およびものとの類似の不確実性を露呈せしめることを通して、直接的には神についての論証野として観念を練り上げるという点に、われわれは所謂〈観念三分類〉説の意義を認めたのである（村上(2)、一八九頁から一九六頁参照）。そして「その観念が私の内にある in me esse もののなかで、何らかのものが私の外に実在する extra me existere かどうかを探求するための或る他の途が、それでもなお私に立ち現れてくる」（AT. VII, 40. 5–7）。「第二省察」において「私」という確固たる地盤が見いだされ、「第三省察」のこれまでの論述を通して観念を思いの様態としつつ論じ進める領野が用意された。かくて観念は「いわばものの像」（AT. VII, 37. 3–4）からものを「表象する repraesentare」（AT. VII, 40. 11）観念へと展開される。ここで『省察』本文においてはじめて「実体」という語が用いられる。「私の内にある」という観念の領野から「私の外に実在する」ものの場への踏み出しの根底的な第一歩なのである。

次に、その現れの場をまとめてみよう。観念が思いの様態として看られるかぎりでは相互に「不等性」は認められないが、「或る観念が或るものを、他の観念が他のものを表象するというかぎりでは」観念は相互に全く異なっている。「というのも、疑いもなく、実体を私に表示する観念は、様態あるいは偶性 accidens を表象するにすぎぬ観念よりも、いっそう大きな何ものかであり、かくて、いわばいっそうの対象的実象性 realitas objectiva を自らのうちに含む」（AT. VII, 40. 7–15）からである。これが『省察』における「実体」という語のはじめての現れである。つまり、読者は「実体」についての著者による規定も、著者のこの語の別の用例も与えられていない。そのとき、読者としてのわれわれはこの一文をどのように解するべきであろうか。われわれは手持ちの「実体」概念でもって読み解く以外にないのであろうか。中世スコラ哲学における「実体」という概念について何らかの認識をもっている『省察』の読者としての「われわれ」は、ごく普通に、「様態」とか「偶性」と言われる場合に、それが実体の様態であり、実体の偶性であることを知っている。たとえば、「動物が走っている」と言われるならば、それが実体や様態・偶性の正しい理解か否かは別にして、〈動物〉が実体と呼ばれ、〈走っている〉ことがその動物の様態ないし偶性と呼ばれることを、われわれは知っている。そうとすれば、未だ不精確であるにせよ、われわれは実体が様態や偶性よりも「いっそう大きな何ものか」言い換えれば、「いっそうものらしさ」を具えていると思っているのである。われわれは何かを〈ものないし事物 res〉として捉える。その〈ものないし事物〉は、日常的にそう想われている場合が普通であるような、たとえば〈この本〉、〈あの紫色の花〉であるかもしれない。あるいは〈どこそこの場所に、いついつ見かけた、しかじかの形をし、かくかくの色をしている（などなどの）もの〉というように示されるかもしれない。いずれにせよ、われわれは〈ものないし事物〉という捉え方に支えられずに、〈がある〉と言われうる何かを判然と表したり、そのような何かについて明確な知識を得たりすることはできない。ところで〈色〉もものであり、〈形〉もものであるという水準においては、〈もの〉という捉え方を「もの」という視点から究明して行くことはできない。形をもった「もの」も、形も「もの」だからである。〈もの〉という捉え方の分節化を究明し、〈もの〉と捉えることによってわれわれは何をなしているのかを示す。このためには、〈もの〉を「もの」にとどめる場をはずれなければならない。そこに実体と偶性ないし様態という分かれが生じる。たとえば〈しかじかの形〉あるいは〈かくかくの色〉と、〈しかじかの形をし、かくかくの色をしているもの〉との対立が現れる。差し当り前者を「偶性」ないし「様態」と呼び、後者を「実体」と呼ぶならば、両者の間の「実象性」における度合いの差異、つまり後者の方が「いっそう大きな何ものか」言い換えればいっそうものであるということは、右のように〈もの〉が捉えられるかぎり認められることになる。しかし〈いっそうものである〉と言ってみても、ありかつ実在するものとして確実に定置せしめられているのが「私」独りであるときに、それは〈私の内において〉「私」の捉える「いっそう大きな何ものか」に他ならない。「実象性」といっても「対象的実象性」のことに他ならないということである。

実体、様態、偶性と記してきたが、当面している論述に即してより精確に言うならば、われわれが何らかのものを捉えようとする際の実体や、様態や、偶性という捉え方と言うべきである。つまり、われわれが実体、様態、偶性について何かを知っている、そのようにごく普通に知られている何か、それがデカルト的「実体」概念の精錬され行く出発点となる理解である。さらに、「永遠で、無限で、全知で、全能で、自己自身を除いたすべてのものの創造者たる、或る至高な神を私が知解するところの観念」について言えば、それが「有限実体 substantia finita」を表示する観念よりもいっそうの、そして大きな規定性を自らのうちにもっている、ということも当然のこととされねばならない（AT. VII, 40. 16-20）。こうして『省察』の叙述のなかではじめて「実体」「有限実体」「偶性」「（対象的）実象性」という語が導入される。ここではいまだ、「私」も「神」も「物体」も実体とされてはいない。

（二）　神は実体である

さらに「第三省察」の道程は「私」ではないものを求めて、「物体的なもの」の観念と神の観念にまずは行き着く。しかし、物体的なものの観念のうちで「私の内に優勝的に eminenter 含まれ」（AT. VII, 45. 7-8）えないような何ものも結局のところ見いだされない。この論脈のうちで再び「実体」が登場する。物体的なものの観念に含まれるものは「第三省察」の蜜蠟の分析を踏まえつつ三つに分類される。一つは、広がりと形状と位置と運動、もう一つは、実体、「持続 duratio」「数 numerus」、最後には光、色、音、香り、味、熱さ、冷たさ、およびその他の触覚的性質である（AT. VII, 43. 15-32）。最後の類に入ることごとは、ものの観念として少なくとも明晰判明には捉えられていないということ、つまり、「質料的虚偽 falsitas materialis」の嫌疑を免れえないということに基づいて論外におかれることになる。第一と第二の類に入るものは、明晰判明に知得されている。しかし、第二の類に入るものは、「私自身の観念から借りてこられえたと私には思われる」（AT. VII, 44. 21-23）、「私」と「石」との間には思うものと広がるものという大きな差異があるにもかかわらず、「実体という点では in ratione substantiæ」両者は一致するように思われる。ここではけっして〈私が実体である〉と、ないしは〈石が実体である〉と実在の場に踏み出しつつ論決することが問題なのではない。実体という捉え方が私自身の観念から借りてくることができるということだけが示されている。別言すれば、「実体」概念は未だ実在するという規定とは結びついていない。出発点として〈私のうち〉に見いだされた捉え方としての「実体」である。持続と数については最早言及しないが、そうした捉え方も「私」自身の観念から借りてこられるとされる。最後に第一の類に入るものはいずれもかくかくの広がり、かくかくの形状、かくかくの位置、かくかくの運動、つまり実体の様態に他ならない。実体が様態よりも「いっそう大きな何ものか」であることは足場になっているのだから、それらが実体たる「私」の内に優勝的に含まれうる（AT. VII, 45. 2-8）とされる(3)。「実体」という捉え方が、持続や数という捉え方と同じ水準において「私」の思いを分節化している概念として提示されているのである。

かくして『省察』の順序における第一の神証明の最終局面に至る。「そういうわけで残るは独り神の観念のみ、この観念のうちに、私自身から由来することのできなかったような何ものかがあるかどうかを、考察しなければならない」（AT. VII, 45. 9–11)。神の観念の表象する内容に基づいて神を「作用的かつ全体的原因」であると確定できるか否かが問われる。もしその表象内容が「私」を凌駕するような何かを含んでいるのならば、その原因は「私」を凌駕する内容を表象内容としてではなく自らのうちに含む何かである。「神という名 nomen によって私が知解するのは、或る無限な実体」である（AT. VII, 45. 11–12)。かくしてはじめて神は「無限な実体 substantia infinita」と規定される。ここで是非とも留意しておかねばならないのは、神の実在が証明される以前の無限な実体は、神の観念の表象する内容としての無限な実体であり、実在するものとしての実体であることを示してはいない。言い換えれば、『省察』以降に「実体」の「実体性」が実在として捉えられうることになるにしても、[4] ここではそのことは成り立ちえない。そのことはまた、この段階でたとえ「私は実体である」と、あるいは「石は実体である」と言われたとしても、それは〈私の内にある〉という観念の領野においてであるということも意味している。神は無限であり、「私」は有限であるのだから、「私」のもつ観念の「作用的かつ全体的原因」でなければならない。神は「私」から由来したとは考えようもない内容を表象内容としてではなく含むものなのである。「私」が実在することは既にして確実であるのだから「必然的に神の実在するということが、結論されなければならない」(AT. VII, 45. 17–18)。

その「私」の実在することは既に確実であっても、その実在することの意味はいまだ見いだされていない。「私」が思う実体として実在していること、これが「私」の実在することの意味の核心をなす。このことは、しかし、神の第二の実在証明の後に樹立されることになる。もちろん「私」も「石」も実体と呼びうるということは、〈私の内〉における実体、様態、実象性の連関のもとにおいてのかぎりでは、既に気づかれているところであった。さらに、第一の神証明の直後に「私」が実体であることに基づいて〈私の内にある〉実体の観念と「無限な実体の観念」（AT. VII, 45. 19–21）との差異の洞察が得られる。かくして、後者が有限なものの否定を介して知得されるのではないこと（AT. VII, 45. 24–29）も示される。実体という捉え方がいわば空虚へと突き抜けてしまうような捉え方ではなく、実効を有する、言い換えれば、実在するものに行き着きうるということは、実体である神の実在が証明されることを通して明らかになる。しかし、未だ無限なものと有限なものの実在上の関係は見定められてはいない。別言すれば、観念の領野を越えて「私」が実体であるということの意義は未だ判然としてはいないのである。このことが第二の神の実在証明によって成し遂げられる。

（三） 私は実体である

『省察』における第二の神の実在証明は「私が私からあるとしたならば si a me essem」（AT. VII, 48. 7）という想定の成り立ちえないことを最大の〈証明の力 nervus probandi〉にしている。このことは、実体を「無から出現せしめる ex nihilo emergere」（AT. VII, 48. 14）ことの方が、実体の確保された上で偶性を獲得することよりもいっそう困難であるということに支えられている。「私」が「思うものないし思う実体 res sive substantia cogotans」（AT. VII, 48. 13–14）であるのに対して、ものについての「私」の「認識 cognitio」は思う実体の偶性である（AT. VII, 48. 15–16）。かくしてこの証明は「私」が〈自分からの存在 ens a se〉ではないことの認定を扉として神の実在に至り着く。〈自分からの存在〉という〈あり方〉をする実体としての神の実在が、〈自分からの存在〉という〈あり方〉をしない実体としての「私」を足場にして証明されるのである。この証明によって創造するものと創造されるものとの関係も確定する。有限な実体と無限な実体の関係、後者の方が「いっそう大きな何ものか」つまりいっそう大きな実象性をもつということが、創造と被造の関係として示される。このことは〈存在の度合い〉の確立でもあり、「第一答弁」(*e.g.* AT. VII, 106. 01) と「第四答弁」(*e.g.* AT. VII, 236. 06) における「自己原因」という把握の源でもある。[5] かくしてまた「私」が被造実体であることの、言い換えれば、〈自分からの存在〉ではない実体であることの意義も看定められる。「私」が思う実体であることはこの証明の完遂を通して保証される。物体が「私」と異なる実体であるのか否か、その物体が実在するのか否か、その点についての確実な知識はいまだ定まっていない。しかし、「私」が実体であり、その偶性であるさまざまな認識の限られていることが、「私」が創造されて実在する実体であることに理由を与える。

デカルト的な「実体」把握は、無限実体と有限実体という引き離しと「私」が実体であることの内実が定まることを通して、結実する。「第三省察」の第一の神の実在証明の完遂によって、観念がわれわれの認識の説明方式として明確に定められるとともに、思いの領域における把握の一つである「実体」という把捉も基礎をもったものとなる。それゆえに『省察』における第一の〈私の外〉への踏み出しは、観念の途を辿って為されねばならなかったのであるし、さらに実象性の度合いからしてこれにもまして実体であるとは言えないところの神、その神の実在証明によるのでなければならなかったのである。

以上の論述の要点をまとめておこう。第一に、実体が持続、数のような概念と同じ水準において捉えられているということである。神の観念や物体の観念と同列に並べて〈実体の観念〉とは言われていない。第二に、「実体」という捉え方の例として「私」とか「石」が提示されるとしても、そのことによって「実体」という捉え方が説明され意味的内実が見定められるという方向で論述が深まるのではない。逆の面から言い換えるならば、概念としての「実体」は実体たるものの例示によってその意味内容が定まるような類の概念ではない。そうではなく、デカルト的「実体」概念は、実体である神の実在が証明され、実在する「私」が実体であると確定されることを通して、その内実が湧出してくる。第三に、実体が「それ自身によって実在するに適したもの res quæ per se apta est existere」（AT. VII, 44. 22-23）と規定されていることである。第四に、実体が実在するものであることは、順を追ってはじめて露になるということ、そして無限な実体としての神の実在が証明されるまでは、実体は〈私の内〉における捉え方として〈私の外に実在する〉ものとは結びついていない。最後に、これまでの論述から明らかなように、実体は主題として論じられていないということ、言い換えれば、「第三省察」には「実体」論と呼びうるような纏まった記述は見いだされないということである。逆に言えば、実体論として実体、属性、様態がそれぞれ定義され、それら相互の関係も規定され、それらを基本概念としてさまざまな存在するものを秩序づけて行くという、そのような営みにおける「実体」という概念の役割をこの「第三省察」における「実体」に付与してはならないということである。

（四）「第六省察」と『省察』における「実体」概念の熟成

次に、「第六省察」における「実体」概念の役割を明らかにしたうえで、『省察』を通しての「実体」概念のありさまを纏めることにしよう。「第六省察」において「実体」という語が用いられるのは物体の実在証明の最終段階においてである。その箇所を検討する前に、予め次のことに注目しておかねばならない。すなわち、そこで「実体」という語が用いられる以前に、一方には「私自身の明晰判明な観念」、他方には身体（物体）の「広がるもの res extensa」としての判明な観念が獲得されており、「私が私の身体から実際に区別されたものであって、身体に俟《ま》つことなしに実在しうるということは、確実である」（AT. VII, 78. 15-20）とされていることである。(6) 既に「私」が思う実体として確立されているがゆえに、物体（身体）の判明な、すなわち精神である「私」とは区別された、観念を有することから「私」が身体（物体）なしに実在しうることが直接的に帰結するのである。それでは、既に「明晰判明に私の知得するすべてが、私の知解しているとおりに神によって作られる」（AT. VII, 78. 2-3）ことを知っている今、なぜさらに物体の実在を証明する必要があるのか。われわれが、デカルトによる第三の〈私の外〉への、観念の領野から実在の場への第二の踏み出しに立ち会っているということを忘却するならば、混乱が生じることになる。[7] 繰り返しになるが、「私」が思う実体として実在することは既に確保されている。ここで問われて、明らかにされたことは、その「私」が物体とは別個なものだということである。広がるものと思うものは明晰判明に捉えられている。思うものは実在する。とすれば広がるものである物体（身体）なしに実在しうる。残っているのは、広がるものの思うものへの実在に関する無依存性を示すことである。物体についての論述はいまだ思いの領域のなかでのことである。言い換えれば「別個の実体として明晰判明に概念されるすべては、〔中略〕実際に相互に実象的に区別された実体である」（Synopsis, AT. VII, 13. 16-18）とは未だ言われていない。このことを結論するためには広がるものが思うものとの別個性に基づいて、それゆえに〈私の外に実在する〉ことを要求する何かとして物体的実体として摑まれ、それが実在するものとして確定されなければならない。物体の実在証明の最終段階において広がるものが、「物体的実体、言うなら広がる実体 substantia corporea sive extensa」（AT. VII, 79. 3-4）として「知解する実体 substantia intelligens」（AT. VII, 78. 25）との対立のうちに樹てられる。その直後の証明は「第三省察」における第一の神の実在証明がそうであったように、対象的実象性と形相的実象性との対立を支えとしながら、しかし神の場合とは異なって〈神の誠実〉に訴えることにより完結する。かくてまた実体とは実在するものであるという「実体」規定も定まるのである。

こうしてわれわれは『省察』における「実体」把捉を限無く検討したことになる。ここから得られる結論を取り纏めることにしよう。第一に「実体」は神の実在証明と物体の実在証明の過程においてのみその重要な役割を果たしていた、ということがある。『省察』において「実体」という語はその使用において切り詰められ、欠かすことのできない箇所にもっぱら用いられている。しかもそれは〈私の内〉から〈私の外〉への踏み出しという、『省察』の思索を捉える場合に決定的な局面に集中して用いられていたのである。(8) 第二に「第三省察」における通常そうであるという意味で一般的に理解された「実体」という捉え方は、「第六省察」においてはじめてデカルト的「実体」概念として熟成するに至るということがある。「実体」という捉え方は、神の実在が証明されることによって実在するものに結びつき、実在する「私」が思う実体であることが示され、実体としての物体の実在することが証明されるという経路を辿って、それ自身によって実在するのに適したものという「実体」規定へと確定されるのである。神は「無限な実体」として実在し、思うものとしての「私」も有限な実体として実在し、さらには「物体的実体」も実在することが確証されるのであるから、およそ実体は実在すると言えることになる。逆に言えば、実体とは実在するものであることになる。この意味でデカルト的「実体」概念は、神と「私」と物体とが実体として実在することの論決された後には、われわれが対象について実在を帰することができるという可能性の最高制約なのである。神が無限な実体とされるのは、「私」を凌駕する実象性がその観念のうちに見いだされることを通して、神がその観念の「作用的かつ全体的原因」(AT. VII, 40. 22-23) であると確定されることによってであった。物体が実体とされたのは、物体が「私」とは別個のものだとされることを通してであった。そうしてはじめて神と物体にわれわれは実在を帰することができたのである。

このように捉え直してみるならば、「第二省察」における「実体」という語の「全面的な抑制」はけだし当然のことでなければならない。なぜならば、「第二省察」の省察において〈私の外〉への踏み出しはなされていないからである。また『省察』における「実体」論の不在ということの理由も手にすることができた。つまり、「第六省察」においてはじめて精神と物体との実象的区別が、しかも実体と実体との区別としてのそれが確定され、デカルト的「実体」概念も熟成するということになる。かくして仕上げられた「実体」概念を整理して「実体」論として組み上げるのはもはや『省察』の仕事ではなかろう、ということである。もちろんここには、形而上学を構築するということと、構築された形而上学を展示するという差異のあることも見逃せない。デカルトは『省察』以降、このようにして確立された「実体」概念をどのように整理し、どのような「実体」論として組み上げるのであろうか。デカルト的「実体」概念を解釈する場合の困難はむしろ『省察』以降のデカルトによる実体についての記述から生じてくる。われわれはそうした困難を『省察』的実体把握へと逆照射して昏迷を深めることは避けねばならない。その反面、この困難を適切に解決するのでなければ、デカルト的「実体」概念を解明したことにはならない。「反論と答弁」のとりわけ「第二答弁・諸根拠」、「第四答弁」、「第五答弁」および『哲学の原理』「第一部」「第四八節」から「第六五節」までを主たる素材とし、関連する書簡群をも参照しつつ、デカルト的「実体」概念をさらに明らかにして行くことにしよう。

第二節　振り返られて捉え返される「実体」概念

（一）「最も一般的なもの」

先ず始めに「第三省察」において「実体」が持続や数と同列に置かれていたということから検討しよう。『哲学の原理』「第一部」において「実体」論と呼びうるような論述が「第四八節」から「第六五節」までに見いだされる。その冒頭の箇所に、この問題の扉を開ける鍵が潜んでいる。その「第四八節」の要旨のみを記せば次のようになる。すなわち、われわれによって知得されるものは何であれ、「ものないしものの態様 res, rerumve affectiones」か「永遠真理 æternæ veritates」かである。そして前者は、もののすべての類にひろがっている「最も一般的な maxime generalia」ものと「ものの最高類 summa genera rerum」とに分けられる。この「最も一般的な」と言われるのは「実体、持続、秩序、数、そしてそのような他のものがあれば」それら、とされる。「第三省察」において持続や数と同列におかれた実体は、『哲学の原理』におけるこの「最も一般的な」ものとしての「実体」なのである。「ものの最高類」とされている「知性的なもの」、「物体的なもの」そして「われわれの内においてわれわれの経験する或る他のもの」という三つとは別に、そしてそれらの類すべてにひろがっているものとして、それらとは分けられて〈最も一般的なもの〉が設定されている。[9] これはまた、「無からは何も生じない」という命題がその例として挙げられている（PPl, a. 49）永遠真理とも異なる。最も一般的なものとは、それにどのような内実を与えるかは別にして、われわれが何かを捉えようとするときの捉え方のうちで最も基本的な捉え方ないし概念と言ってよい。『省察』における「実体」概念の成立過程から見て分かるように、そのような実体の概念が右に述べた最高類に適用されることを通してデカルト的「実体」の内実と定義が成立するのである。このように「実体」という概念はあらゆる〈ものないし事物 res〉の類を横断して適用され、しかも「もの」の態様ではないものに適用されて適切に使用されたと言われうる概念なのである。このように取り出される「実体」論において、〈ありとしあるもの〉にその適切な位置を割り与えるということが狙われているのではなく、われわれが何かを実体と摑む際に何を為しているのかということが示されるのである。[10]

(二) 定義

次に「第三省察」において「それ自身によって実在するに適したもの」と過渡的に規定されていた実体が、その後どのように規定ないし定義されるのかについて検討しよう。このときに先ずわれわれが直面するのは「第二答弁・諸根拠」における実体の「定義」と『哲学の原理』における定義との文面上の大きな差異である。前者における実体の定義(AT. VII, 161. 14-23)は一言でいい纏めるには屈折しているので、分解して不可欠の要素だけを以下に挙げることにする。その際、「特性 proprietas」、「性質 qualitas」、「属性」を属性で代表させることにする。㈠属性が、「基体 subjectum」においてのように、直接的に内在するものすべてが実体と呼ばれる。これを言い換えて㈡それによって属性が実在するところのものすべてが実体と呼ばれる。いま、属性と言ったがそれは㈢それの実象的な観念がわれわれの内にあるわれわれの知得する何ものかと言い換えうる。次にこのように実体を定義する理由が述べられる。ここで問題にされている、定義されるべき実体とは㈣それだけとして抽き出されて捉えられた実体である。㈤この実体についてわれわれのもつ観念とは、知得された何かが、そのうちには形相的にか優勝的にかあるところのものであるということ、これ以外ではない。これを言い換えて㈥われわれの有しているさまざまな観念のなかで或る種の観念のうちに対象的にある何かが、そのうちには形相的にか優勝的にかあるところのものであること、これ以外ではない。㈤および㈥の理由として㈦無には「実象的な reale」何も属しえない、ということが挙げられる。

さてこれらの要素に対応する箇所を『哲学の原理』の「実体」論と目される部分に探してみよう。様態とか属性とか性質とか言われることが、「単に実体に内在する」としてわれわれが看做す場合に、それらは属性と呼ばれる、と「第五六節」は記す。属性は実体に内在する。とすれば、このことは属性がそれに内在するものを実体と呼ぶこと㈠と、実体と属性の関係としては異なるところはあるまい。上記㈡は属性は実体によって実在することを示すが、それは「第五一節」「他のどんなものをも必要とすることなしに実在するもの」に対応する。なぜならば、「第四答弁」に実体の概念が「それ自身によって、すなわち、他のどんな実体の助けもなしに実在しうること」（AT. VII, 226. 3-5）とされ、「第五一節」の先の表現は神との係わりを除けば「それ自身によって実在する」と等価であると看做すことができ、また、属性が実体によって実在することと、実体がそれ自身によって実在することとは今の場合に視点こそ違え、同じ事態の表現であると考えられるからである。『哲学の原理』においては属性は実体の後に定義されるのである。㈢について言えば、先に見たように『哲学の原理』の記述において「実体」論と目される部分が、われわれによって知得されるものの分類からはじまっている（「第四八節」）ことからすれば、『哲学の原理』における実体の定義に、属性と知得の関連を加える必要はないと考えられる。このことは㈣についても言える。というのも『哲学の原理』では実体が最も一般的なものに振り分けられた後に定義が与えられているからである。㈤と㈥は〈私の内〉から〈私の外〉への回路を示している。われわれはこの㈤および㈥を「第三省察」と「第六省察」で出会った記述が『省察』と同じ水準で纏めて論述し直されているとみることができる。これにそのまま対応する表現を『哲学の原理』の当該部分に見いだすことはできない。そのかわりに「第五二節」において、実体が最初に気づかれるのは実体が「実在するもの」であるという独りそのことからではなくて、何であれ属性から実体が容易に認められる、とされている。同じ節にこのことの理由として「無には何の属性も、特性も、性質もない」とされている。これは㈦に対応する。とするならば、やはり先の「第五二節」の記述も㈤および㈥と同じ考えに立った別の視角からの表現だと看做されるべきであろう。このように対応させて検討してみるならば、たしかに「諸根拠」の「定義」と『哲学の原理』「第五一節」の定義とは全く異なるが、その「第四八節」から「第五六節」までの論述を組み入れるならば、定義の内実に違いはないと言える。ただし、とりわけても上記(五)と(六)にみられる表現上の差異は、明らかにこの定義のおかれている局面の違いを指し示している。「諸根拠」の定義は最終的には精神と物体（身体）との実象的区別の証明に向けられている。しかも、基本的には『省察』と同じ水準における、それとほぼ同じ目標に向けての別種の論述という体裁を採っている。つまり、「諸根拠」において〈私の内〉から〈私の外〉への踏み出しは解決済みとはいえ、もう一度示しておかねばならない問題なのである。それに対して『哲学の原理』は『省察』での成果を土台にし、それを説明するという狙いをもっている。そこでは最早、実象的区別は論じられるべき課題ではなく、説明されるべき主題なのである。要するに、これら「諸根拠」と『哲学の原理』の性格の差異に由来する点を差し引けば、両者における実体の定義の言わんとするところは同じである、ということになる。(11)

(三) 実体と属性

このように実体の定義は属性を巻き込むことになる。それでは実体と属性の関係はどのように捉えられているのであろうか。右に見た定義からわかることは、属性は実体に内在するということによってのみ実在する、つまりは〈私の外に実在する〉と言われうるということである。実体はそれ自身によって実在し、属性は実体によって実在する。これをもって実体は属性の「担い手」（たとえば、所(1)、二三頁参照）であるとされるべきなのであろうか。このことはまた、ガサンディの言う「裸の nuda」あるいはむしろ「隠れた実体 occulta substantia」（Obj. 5, AT. VII, 273. 18）を容認ないし肯定すべきことを含むのであろうか。無論、デカルトはこれに答えて、実体は属性を通して判然と捉えられるのであり、属性および偶性を数多く認識すればするほど、実体の本性は「いっそう完全に

perfectius」知られる（Resp. 5, AT. VII, 360-361）と主張する。「実体を顕にするためには、さまざまな属性を除いては他の何ものもけっして要求されない」（AT. VII, 360）のである。この方向性を進んでいけば、「すべての属性は、集合的に解されるならば、なるほど実体と同じであるが、しかし個々に区分して解されるならば同じではない」（Entretien avec Burman, AT. V, 155/BEYSSADE, Texte 16, p. 51）という地点に至るであろう。また物体的な「実体を広がりや量から区別するとき、その人々は実体という名前で何も知解していないか、非物体的実体についての不分明な観念だけをもっている」（*PP.*, p. II, a. 9）ともされる。とするならば、属性の束以外に実体を要する理由などないようにも思われる。しかし、デカルトは他方で「実体を種別する属性を除いても、なおその属性の下におかれる当の実体が概念されねばならない」（Entretien avec Burman, AT. V, 156/BEYSSADE, Texte 18, p. 57）とし、また、ガサンディが実体の「真の観念」を否定し、実体の観念の有する実象性はすべてそれらの偶性の観念から得られると反論する（Obj., 5, AT. VII, 286）のに対して、デカルトは、ガサンディの如く実体を想像力によって捉えてはならず、知性によってのみ知得せねばならない（AT. VII, 364）と説き、「実体はけっして偶性のようなものとして概念されえず、またその実象性を偶性から借りてくることもできない」（*ibid.*）と主張する。とするならば、実体は属性ないし偶性には還元されえぬ何ものかでなければならないであろう。われわれは「ビュルマンとの対話」（これについてはテクスト的問題があり、その発言の重さについては慎重でなければならないが、しかし、そのような不安定性のない）「第五答弁」とに相反する見解を見たことになる。同じ「対話」、同じ「答弁」のなかで二者択一を迫られなければならないような対立が提示される（所(1)、二七頁参照）と解せざるをえないのであろうか。

われわれはけっしてそうではないと考える。そのことを明らかにするためには、先ず実体と「基体 subjectum」

のデカルト的差異について検討しなければならない。というのも、実体と基体が同一視され、実体が属性の基体であり、属性の集合とその基体とが置換可能であるとされ、しかもこの基体が実体であるとされるならば、昏迷から抜け出す術を見いだしえないからである。とはいうものの、デカルトがこの点についての明快な説明を与えているというわけでも、もとよりなく、われわれはさまざまな関連する箇所を渡り歩きながら、この点を確定できるものならばしなければならない。実体との差異という点で基体についてすぐにも気づかれうることは、すべての実体は「その本性上不可滅的 incorruptibilis」(Synopsis, AT. VII, 14) とされているのに対して、基体は可滅的と解されうるということである (*cf.* à REGIUS, 12-1641, AT. III, 460; à REGIUS, 1-1642, AT. III, 508; à Morus, 8-1646, AT. V, 403)。より着目すべき記述は「第三答弁」に見いだされる。自分はそれに帰さないものすべてを排除しようとして、「もの、言うなら実体」という能うかぎり「抽象的な言葉 verbum abstractum」を用いたのであるが、これに対してホッブズは思うものと物体との連関を保とうとして能うかぎり「具体的な言葉 verbum concretum」、つまり、基体、物質 materia、物体」を用いている、とデカルトは難じている (AT. VII, 174)。これだけの材料から、基体と実体との差異の内実を確定することは出来ないが、これに合わせて、たとえば「作用が内在している実体」と「作用の基体」(AT. VII, 176)、「基体から分離して実在しうるものは何であれ実体であって偶性ではない」(Resp. 6, AT. VI, 434) などの表現を勘案してみるならば、両者が混同されてはならない概念であることは明らかであろう。基体という語が何か具体的な物と結びつき易い語であることと、基体が可滅的であるということは同じ考え方のもとに解されうる。さらに、『哲学の原理』における「最も一般的なもの」に、それの完全枚挙は望むべくもないのではあるが、基体は挙げられておらず、われわれの参照した他の箇所における「最も一般的なもの」の類の例にも挙げられてはいなかった。「基体」という語が「諸根拠」における実体の定義、物体の定義に用いられていながら、基体についての説明が為されていないということは、基体が具体的に〈この人間〉、〈この動物〉などを指し示すことによって明らかな了解が得られるからなのではないか。精神と身体を「一つの同じもの」と見誤ってしまう理由として、デカルトは「第六答弁」で、相互に何の結び付きも認識していない多種多様な特性を「一つの同じ基体」に帰属せしめるという習慣を挙げている（Resp. 6, AT. VII, 423 & 425）。ここで言われる「一つの同じ基体」とは〈或る人間〉のことでなければならない。それに対して実体について考えてみると、精神も物体も、石あるいは身体の部分である「手」も（Resp. 4, AT. VII, 222）それだけとして考察されれば実体と言われうる。このことを別の角度から言い直せば〈実体とは何か〉という問いに対して個々のものを提示しても、実体の説明にはなんら役立たぬということである。「実体」が「最も一般的なもの」であり、能うかぎり抽象的な言葉であるとされることのうちにはこのことが含まれていると言ってよい。一言で取り纏めれば、基体については例示がそれの説明になるが、実体については例示による説明が不可能だということである。(12) このことがデカルト的「実体」概念を解明することにおいて重要な点になる。このような実体と基体との差異から先の問題を照射してみるならば、たとえ実体が属性の担い手と解されうるとしても、その場合の担い手とはけっして基体のことであってはならないということが明らかになる。慥《たし》かに、石や、手もそれだけとして考察されれば実体として捉えられる。しかしながら抽き出してそれだけとして把握された場合には、実体の理解に〈石〉や〈手〉などを含めてはならないのである。物体は（最高）「類において解される in genere sumptum」（Synopsis, AT. VII, 14）場合にそのような実体の理解に適合するのである。(13)

しかし、これだけではいまだ、実体は属性に尽きるということと、実体は属性に尽きない何ものかであるということが整合的に捉えられるようになったのではない。いま一度、実体の基体的解釈を払拭して問題を捉え直さねばならない。このことは所謂「裸の実体」という問題が少なくともデカルト的「実体」概念においては似非問題であるということに通底している。デカルトは「第四答弁」において次のように述べる。つまり、われわれは、実体を直接に認識するのではなく、属性を知得することによって認識するのであるが、そのように認識された実体からその属性をすべて剝奪しようとしたならば、その実体についてのわれわれの知見は破壊されることになるであろうし、実体という言葉の意味さえも明晰判明には知得されなくなるであろう、と（Resp. 4, AT. VII, 222）。無論、ここで言われている属性は広義の属性、すなわち観方によっては、性質、特性、様態としても捉えられうる属性と考えねばならない（所(1)、一七頁から一八頁、および、所(2)、二八八頁から二八九頁参照）。さて先のことを単純化して言い直すならば、われわれが属性を知得することによって実体を見いだし、その後に当の実体から属性をすべて奪い去るならば、実体ということで何を言わんとするのかも不明になってしまう、ということである。われわれに知られるかぎりを通して属性が捉えられる。知られるかぎりにおいてはそれが当の実体なのである。それら属性を支えていて、われわれに知られていない何かをどうしてわれわれは立てねばならないのか。それを立てようとすることは、それら属性を支える何かとして属性ではない何か、つまりは、基体を立てることである。慥かに、われわれには働きの基体として何かを立てて対応することがある。たとえば、虎が走って来るときに、「虎が走って来る」と言う。その場合に、われわれがそれに対して身構える物として〈あの虎〉が基体として立てられるならば、それは言語空間に入ってこない物として立てられることになる。それゆえに基体は性質の欠如したものと看做されることになる。しかし〈虎〉が「主語 subjectum」として立てられることに着目するならば、文法ないし言語形式という問題圏域のなかで問われることになり、この場合にも属性を剝奪するという「裸の実体」なる問題は生じない。それに対して実体について言えば、先に見たように、それは、形あるものとして想像力によって捉えられるのではなく、知性によってのみ知得されるのである。とするならば、そもそも実体から諸属性を剝ぎ取るということ自体が似非問題なのである。実体がそれだけとして抽き出されて「実在するもの」として受け取られるならば、そのような実体は「われわれを触発しない nos non afficere」(*PP*., p. I, a. 52)[14]。デカルト的「実体」は触発されて得られる概念ではない。その点では実体は広義の属性と同じレヴェルにはけっしてない。属性をすべて剝奪されて、しかし剝奪されることによってではなく、残るのは「実体」という最も一般的な概念だけである。しかし、裸の実体が問題とされる場合には、先に見た状況、つまり、一定の属性が知得されることによって或る実体が認識されるという状況においてである。その場合には、デカルトは属性をすべて剝ぎ取れば当の実体についての知見が破壊されると言うのである。

デカルトがさまざまな箇所で繰り返し述べていることは、実体はそれ自身によって実在し、属性は実体に内在するということである。このことは或る属性がどのような属性であるかということとは無縁である。実体はそれ自身によって実在し、属性は実体に内在するのであるから、属性は実体によって実在するのである。ここに見いだされるのは、属性がかくかくの属性であるという属性の内容規定に係わる実体への依存性ではなく、〈実在すること〉という一点における依存性である。このことは実象性の「さまざまな度合い」(Resp. 2, Rat, AT. VII, 165) という『省察』における〈私の内〉から〈私の外〉へという問題を把握するために欠かすことのできない考え方とも合致する。この実在依存性のみが実体と属性の差異なのである。われわれの知、つまり〈知ること〉という点では実体は属性の集合と等価である。この実在依存性ゆえに、その実在が証明されねばならないのは広がるものではなく、広がる実体でなければならなかったのである。そして属性の集合体ではなく実体の実在が証明されるがゆえに、属性が知得される度毎にその属性の基体の実在を、ことあらたに証明することが不要になるのである。われわれは実体識別徴表たる「広がっていること、可分的であること、形状を有していること、などなど」、あるいは「知解していること、意志していること、疑っていること、などなど」を、或る何かについて認知するだけで、その何かを実体と、つまりは実在するものと見定めることができるのである（Resp. 4, AT. VII, 222-223）。実体は属性の集合であることと実体は属性に還元されぬ何ものかであることが背理とされるのは、実体と属性の間に基体を想定してしまうことから生じると言えよう。

（四）属性と様態

以上の点を属性と様態の関係から捉え直してみよう。「実体の本性と本質を構成する」とされる「最始的特性præcipua proprietas」（*PP.*, p. I, a. 53）、ないし「最始的属性præcipuum attributum」（*Notæ*, AT. VIII-2, 348）は、思いと広がりがそれであると看做される場合には、それぞれ思う実体および精神、あるいは広がる実体および物体と「別様には概念されてはならない」とされる（*PP.*, p. I, a. 63）。また他方、思いと広がりは実体の様態とも解されうる。「ものの様態」として看做され、実体とは看做されない場合にそうであるとされる（*op. cit.*, a. 64）。つまり、思いなり広がりなりをどのような位相で捉えるかによってそれが属性であるとされたり、様態であるとされたりしうるのである。それゆえに、様態として知解されている何かが別の場合に属性と知解されることになる。実体における変化するさまが様態として捉えられ、実体に内在すると看做される何かが属性とされる（*op. cit.*, a. 56）。様態が変化のもとに捉えられるのに対して、属性は「当のものの全く不変な本質そのもの」とされ、また「何であれ実体の諸属性のうちの一つは、それ自身によって存続するper se subsistere」とされる（*Notæ*, AT. VIII-2, 348）[15]。この一つの属性が「最始的属性」である。ということは、他の諸属性も認められており、それらも「不変な本質」であり、「実体の本質と本性を構成する」のでなければならない。とするならば、最始的属性とその他の属性との差異は、前者が実体とは別様に概念されてはならないという点に存するであろう。したがって、実体と属性との間、および同じ実体の「そのような二つの属性」との間に成立する「理拠的区別 distinctio rationis」における属性とは、最始的属性ではなくてその他の属性と考えられるのである。そこ（『哲学の原理』「第一部」「第六二節」）には「持続」と実体の区別の例が挙げられており、広がりの例は挙げられていない。或る書簡（au P. GIBIEUF, 19-1-1642）を参照すると次のような考えが見いだされる。広がっていて形状をもつ実体の観念、広がりの観念、形状の観念、という三つの観念の関係は、形状について広がりを否定でき、広がりについて実体を否定することもできないが、実体について広がりを否定できず、広がりについて形状を否定することができる、という関係にある（AT. III, 475）。広がっていて形状をもつ実体の観念とは物体的実体の観念に他ならない。そしてここでは或る形状のこと、つまり様態としての形状のことが考えられている。とするならば、様態について属性を、属性について実体を否定できないが、実体について（或る）属性を、属性について（或る）様態を否定することができるということになる。例を挙げるならば、われわれが〈四角い〉と見定める場合、広がりが巻き込まれているのであり、広がりを広がりとして見定めるとき実体が前提されている、ということである。また、実体を捉えようとする場合に、その様態が〈四角〉ではないとすることができる、というようにである。〈四角い〉、〈丸い〉と言い、〈長い〉、〈短い〉と言い、それぞれを形状として、広がりとして纏め上げる。次に形状と広がりをさらに一つに纏め上げて〈広がり〉と呼ぶ。そして物体（的実体）として括り上げる。(16) この方向で、つまり、個々の様態を考察しつつ、ものの本質を求めて行くという方向で、探求を進める場合には、後者の〈広がり〉、つまり最始的属性としての〈広がり〉に、物体的実体ということは知識としては何も付け加えるところはない。変化する様態を不変なる属性として定着させつつ捉えるところに実体の知が成立する(*e.g.* Resp. 5, AT. VII, 359-360)という方向性が、デカルトの主張する実体の知への途であることを考え合わせるならば、この方向こそが実体理解の基本的方向であると言ってよい[17]。ということは、この方向で探求が進む場合には、最始的属性と実体の間に、知識という点での差異はないと言わざるをえない。とするならば、知識の途を辿るかぎり、最始的属性とその他の属性との間の、あるいは、一つの最始的属性のもとに纏め上げられる二つの属性との間の区別を「理拠的区別」と論決することができ、このかぎりで最始的属性と実体とはいかようにも区別できないのである。しかしながら、属性の実体への実在依存性ということを捉えるならば、そこには本質と実在との差異のあることは確かでなければならない[18]。この実在依存性とはものの本質としての属性に従って対象に実在を帰することができるということを示す。このことがデカルト的「実体」概念の結実によってもたらされたのである。さらに様態と属性との関係について、次のことを付け加えておかねばならない。すなわち、右に見た様態について属性を否定できないということは、実象性の度合いの差異として解されるということである。もちろん、神と物体の実在証明以前にこのような関係を看て取ることができるのは、観念という領野、ないし〈私の内〉においてのことである。したがって、このような様態と属性の関係は、先ず対象的実象性の度合いの差異として捉えられ、物体の実在証明が為し遂げられることによって実象性の度合いとして確定され、その後に様態と属性の関係として定着すると言わねばならない。

第三節　結　論

これまでの論述から得られた諸成果の上に立って『省察』における「実象性」と〈因果の原理〉を実体・属性・

様態間の関係に基づきつつ捉え直してみよう。実体の観念が表象する対象的実象性と、様態ないし偶性の観念が表象する対象的実象性との間には「より大きい majus」および「いっそうの plus」(AT. VII, 40. 13 & 14) という関係がある。それは前者が「より完全なもの magis perfectum」(AT. VII, 40. 28) であり、「様態よりいっそうものである」(Resp. 3, AT. VII, 185. 24) ということでもある。要するに「実象性ないし存在性 entitas」にさまざまな「度合 gradus」が認められるのである (R2Rat, AT. VII, 165. 28)。観念の対象的実象性は「観念を介して表象されたものの存在性」であり、「同じようにして対象的完全性 perfectio objectiva あるいは対象的技巧 artificium objectivum とも言われうる」(*op. cit.*, AT. VII, 161. 4-7)。そして「完全性は実体の属性に過ぎない」(*op. cit.*, AT. VII, 168. 7-8) と言われる。実体は属性と異なり、属性よりも「いっそうもの」であるのだから、実象性は属性ということだけに汲み尽くされえない何か、或るものの「もの」としての〈何であるか〉を示す規定性に吸収されてしまうのではない何かでなければならない。実象性は〈何であるか〉についての規定性とともに〈がある〉についての度合い性をも含んでいる。実象性の度合いは知識依存性と実在依存性の両面を合わせ含んでいるのである。この二つのことは、われわれが〈四角い〉とか〈思う〉と言い、それらが不飽和な表現であると考え、〈四角いもの〉と言い、〈思うもの〉と言って充足するというわれわれの捉え方の水準で、言い換えるならば、〈私の内〉におけるかぎりで確認できることなのである。その明瞭さを〈私の外に実在する〉ものに負ってはいない。〈私の外〉なる世界においてもその通りであるということは、神と物体の実在証明の遂行を通してはじめて明らかになる。

次に〈因果の原理〉について捉え返してみよう。これは対象的実象性と形相的実象性との関わりをも示している。しかしながら、この原理を用いて直接的に〈私の外〉への踏み出しが帰結されるわけではない。問われていたことは、或る観念の表象する内容を、当の原因が表象内容としてではなく自らのうちに有するということなのであった。

「私」を超えた実体であるということが神の実在証明の最後の環である。しかし物体の実在証明についてはそうは行かない。「作用的かつ全体的原因」とは言えないからである。「私」だとて物体の観念の表す内容を「優勝的に」含んでいる、つまり、それらの内容を「私」自身の観念から借りてくることができる。それゆえに「形相的に」含む原因が求められる。〈神の誠実〉が呼び戻されることによって証明が完結することになる。〈神の誠実〉ということによって、示されているのはわれわれの能力への保証である。というのも、私の能力を「私」が保証することはできないからである。〈因果の原理〉は、それを用いて神の実在が証明されることを通して、物体の実在証明においてそうであったように、「作用的かつ全体的原因」以外にも〈神の誠実〉を介して適用可能になる。実体とは実在するものである。このことが既に確保されている地点から観る場合にのみ、〈因果の原理〉は、〈私の内〉なる様態ないし属性という不飽和なるものは、必ず〈私の外に実在する〉実体に帰着することによって飽和する、ということを示す。しかし他方では、広がるものが思うものとの区別において物体的実体として実在するということの保持されている場合には、「広がるものである esse extensum」（Resp. 4, AT. VII, 223）と見定められるときに既に物体的実体に届いている。「私」に対して開き出される物体的様態、物体的属性、物体的実体という知識依存性の系列が実象性の度合いとして観念の領野に打ち樹てられ、物体の本質が明らかにされ、実象的区別が確立され、物体的実体の実在が証明される。このことを通して〈私の内〉における本質としての属性の〈私の外に実在する〉実体への実在依存性が確定される。かくして〈思いの様態的世界〉において明晰判明に摑まれる物体的なものは〈私の外に実在する〉世界にそのまま成り立っていると保証されることになる。こうして「実象性」も〈因果の原理〉も「実体」概念の確立とともにその本来の役割を終えることになる。

以上によって、われわれは『省察』「第三省察」と「第六省察」の神の実在証明と物体の実在証明にもっぱら

「実体」という語が用いられていることに着目し、その部分の解読を通して、〈私の内にある〉という領野から〈私の外に実在する〉という場への踏み出しにおいてのみ「実体」概念が重要な役割を果たしていることを明らかにした。「発見の順序 ordo inveniendi」(Entretien avec Burman, AT. V, 153/BEYSSADE, Texte 11, p. 43) に従い、「分析 analysis」という「論証の仕法 ratio demonstrandi」(Resp. 2, AT. VII, 155) で叙述される『省察』的歩みにおいて、通常用いられている意味における「実体」をデカルト的内実をもったものへと仕上げつつ、この最も一般的な概念としての「実体」が神に適用され、その実在が証明され、次に実在する「私」に適用され最後に物体に適用され、その実在が証明されるという経路を通して熟成せしめられる。この過程が振り返られることによってはじめて実体はそれ自身によって実在するものという定義を受け取ることになる。その振り返られて捉えられ提示された「実体」論の検討によって、われわれは(広義の)属性の実体への実在依存性ということ、実体と別様に概念されてはならない(狭義の)属性、すなわち最始的属性が、その他の属性に対して、そしてその他の属性が様態に対して有する包括性、別の方向から看れば、それぞれ後者の前者に対する知識依存性を見いだしたのである。神と物体の実在証明を為し遂げることが実在依存性と知識依存性とを確立することなのである。それに対して〈コギト〉の第一性によって示されるのはそのような探求が確実性をもって遂行されうる領野の開示である。「私」にとって「思う実体の観念」に先立つ観念はない(au P. GIBIEUF, 19-1-1642, AT. III, 475)。一方には「第二省察」においては「実体」という概念の適用妥当性は得られていないということがあり、他方には懐疑の過程を経て「私」の思うということにのみ着目されて「私はある、私は実在する」(VII, 25) と見極められるということがある。ここにそれ自身によって実在する「私」を実体として見るという見誤りの可能性が生じる。しかしながら「私」については〈私の内にある〉ということがそのまま〈私の外に実在する〉ことなのである(村上(2)、一六三頁参照)。この過程と別途に実在を証明する謂れはない。それが「私」の特権性である。「第二省察」における「私は実在する」ということによって開かれる眺望、「第三省察」においてその実体であることが確定して開かれる眺望、さらには「第六省察」において広がる実体とは独立に実在するとされて開かれる眺望は、それぞれ異なる。第二に開かれるのは、さまざまな実体のなかの一員として「私」がそれら諸実体の交流の場に立つという眺望である。第三に開かれるのは、身体をもった行為的主体としての「私」が人間をも含めた自然的事物と交渉し合う場である。「第二省察」において暗黙裡に「私」が実体とされていると考える理由は何もない。先の書簡における「思う実体の観念」という表現は振り返って見られてはじめて言えることである。また『哲学の原理』における「実体」論的見地から「私は実在する」という先の表現を捉える場合には、「私」が実体と解されるのも当然のことである。(19)

（1）以下においてAT新版からの引用は本文中に巻数、ページ数、場合によっては行数を、括弧内に記すことにする。また、翻訳に当たっては白水社版『デカルト著作集』、および、三宅徳嘉・小池健男・所雄章訳『デカルト　方法叙説／省察』白水社、一九九一年を尊重する。もちろん、文脈に応じて、あるいは独自の訳語のために変更を加えた部分もある。また、「第一反論」はResp. 1のように、「第一答弁」はObj. 1のように、『掲貼文書への覚え書』はNotæのように略記する。

（2）Becco (1) は、仏訳『省察』についての計算機を用いたインデックス（"Cogito 75", René Descares, *Méditations métaphysiques*, J. Vrin, 1976）に基づいて『省察』における「実体」概念の解釈に新しい光を与えた。彼女の調査によると「実体 substance / substances」という語は、「第三省察」に二〇箇所、「第六省察」に七箇所、「要約 abrêge」に五箇所、計三二箇所で出現する。所・村上・佐々木作成のText Database René によれば、『省察』原典（AT版）で《substantia》はその格変化形を含めて二七箇所に現れる。Becco の調べとの差異は仏訳を用いたかラテン語原典を用いたかの差異である。また、AT版第七巻における《substantia》とその格変化形の出現は『省察』本文と「要約」を合わせて二七箇所、「答弁」側一三八箇所、「反論」側八四箇所、総計二四九と思われる（Obj. 1, Resp. 1, Obj. 2 には現れないようである）。さらに、『哲学の原理』については総計一〇〇箇所に現れるようである。仏訳『哲学の原理』「第一部」「第八節」に「実体」という語が見いだされるが、これはラテン原文にはない仏訳の付け加えである。

（3）「優勝的に eminenter」ということは「第五答弁」における次の記述から理解される。すなわち、どのようなものであれ「そこに幾つかの属性が認識されれば、それらを精神が認識するということから、それだけの数の属性が精神のうちにもまた数え上げられうる」（Resp. 5, AT. VII, 360）ということである。言い換えれば、「私」と物体間に成り立つ場合のこの「優勝的」という関係は、本論で後に明らかにされる、属性・様態の実体（最始的属性）に対する知識依存性に係わるのである。『省察』本文において「属性 attributum」という語は二箇所（AT. VII, 52. 13 & 63. 4）で神の属性としてのみ使われており、他の存在論的基本概念との関係は規定されていない。そのこともあって、ここでの「優勝的に」ということを直ちに属性・様態の実体に対する知識依存性と論定することはできないが、物体の「私」に対するそれであることは確実である。このことが後に、〈知る〉という観点から様態、属性、実体の関係として捉え返される、と考えるべきであろう。

（4）「専らこの意味で、存在のみを実体の専属的な規定と見做すことができると思う」（所(1)三四頁。もちろん、この一文の真意は、所(2)二九四頁等と読み合わせつつ汲み取られねばならない）。また、LAPORTE は「実在すること 'exister' ないしは——その同義語であるが——存続すること 'subsister' そこに実体性がある」（LAPORTE, p. 189）とする。両者とも『省察』以降の展開の上に立って、このような結論を与えているわけで、そのかぎりで同意できる。問題は、この「第三省察」の論述を読む場合に、そのことを一端念頭から拭い去るのでなければ、デカルト的「実体」概念の生成を捉えることはできないということである。

（5）〈自分からの存在 ens a se〉についてのスコラ的理解とデカルト的理解、つまり原因をもたぬこと（他からでないこと）と解するか、積極的に（肯定的に）「自己原因 sui causa」のように解するか、については Obj. 1, AT. VII, 94-96 と Resp. 1, AT. VII, 106-111 の応答に明示されている。

（6）物体の存在証明についてのこれ以前の段階については、村上(1)、一一三頁から一一四頁参照。

（7）É. GILSON の提示した周知の「デカルトのパラドックス」という誤った解釈の根も、この点を精確に捉えていなかったことに由来すると言えよう（GILSON-2, p. 245）。GILSON によるこの批判の誤りについては、坂井(1)、一四六頁から一五〇頁に詳しく論じられている。

（8） 本文において「第一に」で纏められた『省察』における「実体」概念の特徴づけは、BECCO (1) とほぼ同じである。その他「実体は概念の一般性の水準に属する」、あるいは「in me と extra me の間に配された対立構造は根底的である」という彼女の指摘をわれわれは高く評価する。しかし、主に次の二点でわれわれは BECCO の解釈を批判せねばならない。第一に、彼女が「他の途」の前後に GUEROULT の言う「二つ理由の順序 ordres des raisons 間の分裂」（GUEROULT, t. 1, p. 223）を見ているという点である（BECCO (1), p. 52）。両者とも〈観念の途〉の途上にどうして「実体」概念が導入されることになるのか、という視点を欠いている。「完全なという観念l'dée de parfait が基礎づけうるであろう確実性とコギトの確実性」（GUEROULT, t. 1, p. 226）との間の直接的な結びつきを求めるという見方に誤りが含まれている。「コギト」の確実性を通して「観念」という論証野が、そこにおいて「もの」についての確実な知識を追求しうる領野として拓かれる。この「第三省察」冒頭から「他の途」までの論述における「観念」の精錬過程が見逃されているのである。GUEROULT の言う二つの「確実性」をひとしなみに扱ってはならないという点、あるいは両者の関係については、村上(3)「第二部」「第一章」七五頁から七六頁を参照。BECCO に対する第二の批判点として次のことがある。彼女が「ここで実体の定義を放棄せねばならない」（BECCO (1), p. 65）としていることである。本論でみたように「第三省察」において「実体」は定義されていない。それは「第三省察」が「実体」を定義する場ではないからである。この点を BECCO は見ていない。それは、彼女が「第六省察」も「諸答弁」も視野に入れていないことに起因するのかもしれない。『省察』のうちに「実体」概念の生成過程を読み取るという視点が欠落しているのである。

（9） BECCO は、「最も一般的なもの」と「ものの最高類」という対を「一般的概念 notions générales」と「個別的概念 notions particulières」の対として訳す仏訳『哲学原理』（AT. IX-2, a. 48, p. 45）について次のように指摘している。エリザベト宛書簡の一つ（21-5-1643, AT. III, 663-668）における「始元的概念 notions primitives」との関連からしてこの訳は誤りではないが、「個別的概念」について仏訳が「一般的概念を区別するのに役立つ」と付け加えているのは「度を越している」、とである。なぜならば、「ものの最高類が区別するのに役立つのは、諸実体とそれらの様態についてであり、数や持続や秩序などについてではない」からである（BECCO (2), pp. 48-49）、と。彼女の言うように仏訳で付加された部分はわれわれを誤りに導く。しかし、ラテン原文の対を「一般」と「個別」の対で訳すことも、誤解に導く。慥かに前記書簡に「一般的 général」と「個別的 particulier」という表現上の対比は見いだされる。しかしながら、そこでは「存在、数、持続などという最も一般的な概念les plus générales, de l'être, du nombre, de la durée」と「特に物体のためにはpour le corps en particulier、われわれは広がりの概念のみをもつ」とされていて、両者を類に対する種、ないし一般に対する個別（特殊）と解することはできないのである（このen particulierは、すぐ次の「心のみのためにpour l'âme seul」のseulと同じような強調と解するべきである）。内容の面からしても、この書簡に挙げられている四つの「始元的概念」、すなわち、(1)「最も一般的なもの」、(2)「広がり」、(3)「思いpensée」、(4)「それらの合一leur union」という四つを一般と個別とに区分けすることはできない。GOUHIERによって既に指摘されているように、(1)は『哲学の原理』の「最も一般的なもの」に、(2)(3)(4)が『哲学の原理』の「ものの最高類」に対応すると考えて間違いはない（GOUHIER, p. 329）。『哲学の原理』では知得される事柄が分類されていて、この書簡では知得する仕方としての基礎的カテゴリーが挙げられているという差異があるのみである。「最も一般的なもの」はすべての類に延び広がっているという意味で「最も一般的」であると解さねばならないのである。

また別の或る書簡（à CLERSELIER, 23-4-1649, AT. V, 355）には、「第三省察」での「実体、持続、数」という列挙に「真理、完全性、秩序、そしてその数を限定するのは容易ではない幾つかの他のもの」を付け加えることもできた、と記されている（このことは、先のエリザベト宛書簡に示されている「始元的概念」は四つなのだから「ほんのわずかしかない」（AT. III, 665）ということと矛盾すると思われるかもしれない。しかし、「始元的概念」は四つでも、そのなかの「最も一般的なもの」の数を限定するのは「容易ではない」のである）。このことからも「第三省察」において持続や数と同列におかれていた「実体」とは『哲学の原理』で「最も一般的なもの」として挙げられている「実体」であることは明らかである。さらに『規則論』「第一二規則」における「単純本性natura simplex」の三分類における「共通的なもの」（AT. X, 418）をこの系譜のとば口とみなすこともできよう（そこでは「実在existentia、一性、持続」などが例として挙げられている）。「ものの最高類」のような括り方とは分けて「最も一般的なもの」をおくという捉え方は比較的早い時期から後期にまで認められるのである。

(10)「実体」という捉え方が「もの、ないし、ものの態様affectio」という把握のなかでどのような位置を占めるのかを明らかにするために、『哲学の原理』の叙述をもう少し細かく追ってみよう。「第四九節」と「第五〇節」は永遠真理について述べている。「第五一節」から「もの、ないし、ものの態様」についての説明に当てられ、そのなかで「知性的なもの」と「物質的なもの」という「最高類」について述べられる（第三類については触れられていない）。「第五五節」から「第五八節」までは「もの、ないし、ものの態様」あるいは「属性をも含めた意味での」「様態 modus」についての記述である。「第五五節」と「第五六節」はものに基礎をもつ様態ないし属性の説明である（「そのもとでわれわれがものを概念する様態」(a. 55)）。つまり、「持続」「順序」「数」であり、それらがどのような場合に様態と、あるいは性質と、あるいは属性と看做されるのかということが示される。それに対して「第五七節」から「第五九節」まではものに基礎をもつのではない様態（「われわれの思いのみにおいてある」(a. 57)）を述べる。「時間」および「類、種、種差、特有性 proprium、偶性」などの「普遍 universalia」である。「普遍」は一つの同じ観念をすべての「個物 individuum」に適用することからのみ生じるとされる (a. 59)。このように叙述の流れを流れとして晒してみれば、「実体」という概念はわれわれにとって知得されるもろもろの事柄のうちでものを捉えるに際して発動される概念とされていることが分かる。あらゆるものの類を越えてひろがっている、つまり類・種系列の外側に位置する「最も一般的なもの」のうちでも「実体」という概念はものの要をなす、ものに適用されてはじめて充足する、ないし適切に使用されたと言われうる、そのような概念なのである。

さらに叙述の流れについて付け加えておかねばならないことは、この流れが一筋ではないということである。「第四八節」に提示されている「すべての単純な基礎概念 simplices omnes notiones」(a. 47) が、例えば類・種とか普遍・特殊（ないし個別）として示されうる系列、あるいは前提・帰結と看做されうるような関係のもとに展示されてはいない。「最高類」のうちでも「もの」と「ものの態様」が分かたれ (a. 48)、「最高類」の枠内で（最始的）属性、様態について述べられる (a. 53) とともに、「最も一般的なもの」の枠内でも様態、性質、属性が説明される (a. 56) というようにである。そこには理由があると言えよう。「第四八節」から展開される叙述は次のような目的をもっている。すなわち、読者である「われわれを先入見から解き放ちうるように」(a. 47) という目的である。「単純な基礎概念」のうちで「何が明晰で何が不明瞭であるか」(a. 47) を明らかにして誤りを避けるという流れのなかで「第四八節」は始まる。〈ありとしてあるもの〉についての基本分類であるような見掛けを呈しながらも、知得されるもろもろの事柄についてどのようにして「明晰判明な観念」(*e.g.* a. 54) を得ることができるのかを明らかにするということこそが眼目なのである。そこに一筋の「実体論」と看做すことのできない仕方で叙述が進んでいることの理由が得られる。われわれが「実体論」とは記さず、「実体」論とのみ記すことの所以もそこにある。

(11) GOUHIER は「この二つの定義は補完的 complémentaire」だとするが、その理由を明示していない (GOUHIER, p. 353)。

「補完的」とされる際に、後にわれわれが論じるように、実体の基体化的解釈に抵触していないかという点が疑念として残る。

（12）『省察』本文において「基体 subjectum」という語は二箇所で用いられている。ともに「第三省察」においてである。第一の「基体」は、「いわばものの像」として、「意志」、「感情 affectus」、「判断」と区別しながら観念を抜き出すという論脈のなかに現れる。つまり、「私が欲するという場合、怖れるという場合、肯定するという場合」などには「常に何らかのものを私の思いの基体として私は把捉している」がそれ以上の何かもそこには含まれている、とされる（AT. VII, 37. 7-12）。「私が欲する」場合には、いつも具体的な（といっても物体的ないし個体的であるを要しないが、「何を」と問われて答えられる）何かを欲している。第二に「基体」は、所謂〈因果の原理〉について例を挙げて説明している、その例のうちに現れる。「熱さは、この熱さと少なくとも等しい程度の完全性を有っているものによって導入されるというのでないかぎり、以前には熱くなかった基体のうちに導入されるということはありえない」（AT. VII, 41. 8-10）。ここでの「基体」とは、たとえば、具体的な〈あの石〉である。この二箇所の「基体」を「実体」で置き換えることはできない。基体は（どれほど固定的か、どれほど流動的かは別にして）通常の類・種から個体に至る系列のうちに位置づけられる事物で指表されると言ってよいであろう。「実体」概念の概念として与えられた水準からしてすべての基体は実体であると言えるのであるが、実体の例としてどのような基体とを挙げるかということは概念的に規定されてはいない。

その他、AT版第七巻の『省察』以外では「基体」という語は（「反論」からの引用も含めて）「答弁」側で二二箇所、（デカルトの文章からの引用も含めて）「反論」側で一四箇所用いられている。もちろん、「基体 subjectum」は語源的には〈下に投げ出されてあるもの〉を示し、そこからたとえれば「質料的虚偽」にともなう「不明瞭さ obscuritas」は基体として、つまりはこの不明瞭さがその上に乗っている土台として「感覚そのもの sensus ipsus」をもつ（Resp. 4, AT. VII, 234）のようにも用いられる。また、主語として何かがそれについて「肯定される」それ（たとえば「太陽」）を示す場合もある（Resp. 5, AT. VII, 363）。しかし、調べたかぎりではこのような使い方は稀であり、実体、偶性との係わりのなかで使用されることの方が圧倒的に多い、とくに「聖体変化 Eucharistia」の説明において「実象的偶性 accidens reale」を排除するという論脈のうちに多く現れる（Resp. 4, AT. VII, 253 & Resp. 6, AT. VII, 434-435）。奇跡によって、パンという基体がなくなり、実体はキリストの肉に変化し、しかもパンの偶性は残る、ということがどのようにして生じるのか、このことに説明が与えられる。表面は実体の部分ではないということが、この問題のポイントになっている。もう一つ、実体との係わりのなかで現れるのは、「物体」の定義（Resp. 2, Rat, AT. VII, 162）、および「実体が若干の作用の基体であるということによってのみわれわれは実体を認識する」（Resp. 3, AT. VII, 176）という論脈においてである。前者については本文中に述べたことに（また「精神」の定義には「基体」という語は用いられていないことにも）着目すべきである。後者についてはむしろホッブズの言葉（Obj. 3, AT. VII, 173）が引き取られて、かつ「実体」との異なりが示されつつ「基体」という語が用いられていると解すべきである。『哲学の原理』について付け加えておくならば、そこでは「基体」という語は「第四部第八六節」（AT. VIII-1, 253. 4）の一箇所にしか現れない（「太陽光線の作用は第二元素の小球を基体としてもっているにもかかわらず」。なお仏訳はこの語を除いて訳している（AT. IX-2, 247）。それで十分に文意は通るのである）。さらに《substratum》という語について付け加えておけば、AT版第七巻には出現せず、『哲学の原理』においては「第四部」「第九四節」に一箇所のみ現れる。

　以上に見たように、また本文中に述べたように、デカルトは「基体」という語に明確な規定を与えてはいない。しかしながら、その用例を分析するならば、デカルトが「基体」を「実体」と区別して用いていること、デカルト哲学にとって積極的な意味合いがこの語に込められていないことは明らかである。さらに、「実体」に対して「基体」という語の方が具体的な物に結びつき易いと、デカルトによって思われていたということも慥かである。むしろ「基体」という語はデカルトにとって、大事な局面ではとくに使わなくて済むならば使いたくない語ではなかったのか。『哲学の原理』の「第一部」では全くこの語を使用することなく「実体」論が展開されている。それではなぜ、「第二答弁・諸根拠」においてデカルトは「基体」という語を用いて実体を定義したのか。考えられるその理由は、本文中に示したように、この「定義」が〈知る〉という方向からの定義であり、にもかかわらず、いまだ実体と属性とのこの方向からの関係が整備されていなかったということである。

　ところで、GILSONは「思いla pensée」を「われわれの個別的な思いすべての実体的主体le subjet substantiel」（GILSON (1), pp. 302-303）とし、GOUHIERは「実体とは、形而上学的にも文法的にも、属性（属辞）attributではけっしてありえない主体（主語）sujetである」（GOUHIER, pp. 352-353）とする。彼らはともに「諸根拠」の「実体」の定義に現れる《subjectum》を《sujet》という仏語で訳している（同上箇所参照）。《subjectum》の訳語としての《sujet》と、彼らがデカルト的「実体」を規定する際に用いる《sujet》とは異なる意味をもつと考えなければならないであろう。たとえば「デカルト的主体le sujet cartésienが意識の統一性において把握されるならば」（RODIS-LEWIS, t. 1, p. 251）というように言われる場合の《sujet》がデカルト的《subjectum》の訳語としての《sujet》でないことは明らかであろう。GILSONがLe thomismeにおいて「実体は〔中略〕可能態として解される場合に、基体 sujet という名前を取る」(GILSON (3), p. 229) と記す場合の《sujet》こそデカルトの用いる《subjectum》に連なる《sujet》である。僅かに、一七世紀仏訳『省察』も《subjectum》を《sujet》と訳す (*e.g.* M3, AT. IX-1, 29; R2Rat, AT. IX-1, 125)。さらにまた『方法序説』本文で名詞としての《sujet / sujets》は八箇所で用いられている (*cf.* CAHNÉ, p. 59)。それらのなかで「理由・根拠」(*e.g.* VI, 48. 20)、「基体」(VI, 20. 2) という訳語の相当する箇所は見いだされるが、〈客体ないし客観〉に対する〈主体ないし主観〉と読むことのできる箇所はない。(ちなみに、二、三の一七世紀フランス語辞典に当たって《sujet》のわれわれの観点から係わりのある意味だけを見てみるならば、「それについて精神の仕事が為される材料（素材、質料）matière」、「或る偶性が結びつけられる実体、質料」「事物を受け取るもの、基礎としてあるもの」「主語」というような意味が見いだされる (*Le Dictionnaire de l'Académie françoise*, 1694, France Tosho reprints 1967；*Dictionnaire de Furtière*, 1690, SNL-Le Robert 1978; P. RICHELET, *Dictionnaire François*, 1680, Olms 1973 などを参照)。

　要するに、われわれは GILSON や GOUHIER がデカルトのテクストを訳して《sujet》と記する場合には、それを一七世紀の用語として解さねばならず、彼らが自説を展開する場合に用いる《sujet》は別の視点から解さねばならないということである。彼らが自説を展開する場合に《sujet》を《subjectum》の訳語として用いているならば、われわれからすればデカルト的「実体」概念の右に詳述した基体化的把握という誤りをおかしていることになる。また、彼らが〈主体ないし主観〉という意味で《sujet》を用いるならば、デカルト的「実体」概念をどのようにして〈主体ないし主観〉として解することができるのかを彼らは示さねばならない。とりわけ物体的実体がどのような意味で〈主体ないし主観〉と言われうるのかを示さねばならない。さらに、デカルト的「実体」を《substratum》との差異のもとに《subjectum》と解釈しようとするならば、そのときにはデカルトのテクストには見いだされない《subjectum》の意味を明らかにしなければならない。

(13)　所謂〈実体の数〉についての解釈上の問題（所(2)、三四三から三四四頁参照）もこの点から考察されねばならない。つまり、何かを実体として摑むということと、何かを一つあるいは多数として摑むということは、デカルト的「実体」を基体化して解釈する場合にのみ生じ、デカルト的「実体」論からは本来生じることのない問題なのである。

(14)　この《afficere》という動詞がここ（『哲学の原理』「第一部」「第五二節」）に用いられていることにも、われわれは注意を向けなければならない。なぜならば、この動詞は『省察』においては「第六省察」ではじめて用いられ、しかも「諸答弁」

および『哲学の原理』を通して、身体的器官がなんらかの仕方で予想されつつ「感覚」との係わりのなかで、あるいは、精神と身体の係わりという文脈のなかで、使われる場合がきわめて多いからである。逆に言うと、『哲学の原理』におけるこの語の初出であるこの「第五二節」、および「実体が触発される affici ないしは変化させられるとわれわれが考察する場合にそれらを様態と呼ぶ」とされている「第五六節」での使い方がきわめて稀だということである。

「第六省察」では、懐疑にはいる以前に感覚によって知得されたもののなかで何を真と自分は考えていたのかということが振り返られ、その一つとして身体が周囲の多くの物体から「さまざまな仕方で、都合好くもあるいは都合悪くも、触発されうる affici potest」ということが挙げられている。その場合には「その身体を、私の部分であるかのように、あるいはもしかするとそれがそっくり私であるかのように」想われていた（AT. VII, 74）。このことが物体の実在証明を介して取り戻されるとき、それが《afficere》の『省察』における第二の使用になるが、そのときには「私の身体が、いうならむしろ、私が身体と精神から複合されているというかぎりにおいては全体としての私が、これを取り巻いている物体によって、都合好くも都合悪くもさまざまな仕方で触発されうる affici posse ということは、全く確かなのである」（AT. VII, 81）とされる。このように「触発される」ということは、精神と物体（身体）の実象的区別の上に立って、物体の実在が証明されてはじめて確定されうるような事柄なのである。

そして、精神と身体（ないし物体）との主に感覚（器官）を介した係わりというように纏めることができるような文脈のなかで《afficere》という動詞を用いるということは、「諸答弁」においても先の二箇所を除いた『哲学の原理』においても変わるところがないと言える。この動詞に由来する《affectus》という語が「感情」と訳しうるということはＡＴ版第七巻および『哲学の原理』を通して一貫して言えることである。しかし、同じくこの動詞に由来する《affectio》については事情は同じではない。というのも、この語は『省察』本文ばかりではなく、「諸答弁」においても用いられていないからである。ところが『哲学の原理』では「態様、言うなら性質 affectiones sive qualitates」（*PP.*, p. I, a. 11 ; *cf. PP.*, p. I, a. 48& *PP.*, p. II, a. 23）のように使用されている。われわれは、アルノーが「第四反論」においてそのような使い方をしていることに着目せざるをえない。そこでは「他の広がるものと共通の態様 affectiones、たとえば形状を有するとか、可動的であるとか」（AT. VII, 204. 2; *cf.* AT. VII, 201. 10 & 204. 6）と記されている。アルノーの「実体と態様 affectiones」（AT. VII, 218. 3）というこの語の使い方をデカルトが『哲学の原理』では採用するようになったのである。

さて『哲学の原理』の当該箇所に戻れば、《affectio》が「性質」と同じような意味で使われ、しかる後にこの「第五二節」で《afficere》という動詞がはじめて使われる。このことを、われわれは、「第六省察」における動詞《afficere》のデカルト的意味の確立と、「第四反論」におけるアルノーの使用を背景において捉えるべきである。それは、第一に、『哲学の原理』が『省察』において到達された地平の上に立って展開されている、言い換えるならば『省察』と同じ水準における繰り返しであると解することは決してできないということを明示している。『省察』が発見の途筋を歩むがままに記述していると言えるならば、『哲学の原理』はその途を振り返って説明するという見地に立っているということである。第二に、デカルト的「実体」論の要諦の一つをなす節においてこの動詞が用いられているという点について言えば、このことは彼の「実体」論が、感覚し、知る精神との関連のもとに立てられていて、〈あるもの ens〉の〈あり方 modus essendi〉をそれとして問うところに成り立つ実体論ではないということを示している。もちろん、《afficere》の用法分析だけに基づいてこのように結論を下しているわけではない。本文中に示されたさまざまな論点を考量しての結論なのである。

(15)　この「それ自身によって存続する」という規定は、実体の規定と同じである。「第四答弁」において「実体、言いかえるならばそれ自身によって存続するもの substantia, hoc est, res per se subsistens」(AT. VII, 222) とされている (*cf. PP.*, p. I, a. 64)。つまり「最始的属性」と「実体」はこの点では区別されえないのである。

(16)　もちろん、様態、属性、最始的属性（実体）を類種関係として解することはできない（所（1）、二〇頁参照）。デカルトは「思いを、すべての思いの様態を（包括的に）内包する普遍的なもの universale quid, omnes cogitandi modos comprehendens とではなく、すべての様態を受容する個別的本性 natura particularis と、私は解する」(à ARNAULD, 26-7-1648, V, 221) と述べている。しかし、この三つのものの関係は、そもそも「種差」も「本性」も考えられえないような関係である。右の引用は、本質としての思いが、アルノーの言う「普遍的なものにおける思い cogitatio in universum」（言ってみれば、世界精神のごとく捉えられるもの）でも、（基体化された）「この、ないし、あの思い haec vel illa cogitatio」(ARNAULD à DESCARTES, 7-1648, AT. V, 214) でもないということを示そうとして言われたことと解すべきである。

(17)　「思いそのもの」が、そこから「様態の生成」してくる「内的原理」とされている (*Notæ*, AT. VIII-2, p. 349) ことについて言えば、同じことが広がりにも妥当するとは考えられない。このことは思う実体の意志的働きを念頭にしてのことと解されるべきであろう。「第二答弁・諸根拠」の「物体」の定義には「基体」という語が用いられ、「精神」の定義には使われていなかったということと底流において相通じ合うであろう。

（18） 本質と実在のデカルト的差異については所⑴、三三頁、および、村上⑴、一一七頁から一一九頁参照。また、「最始的属性」と「実体」との関係についてのM. GUEROULT とF. ALQUIÉ との *Descartes;* Cahier de Royaumont, Les Éditions de Minuit, 1957, pp. 32-57 における論争に関しては、坂井⑵四〇一頁註（11）に紹介されている。われわれの観点からは、両者の対立は、それぞれの言い分にはそれなりの理由が認められるにもかかわらず、知識依存性（GUEROULT）と実在依存性（ALQUIÉ）を同じ局面、同じ水準で、衝突させている結果としての対立と考えられる。また J.-M.BEYSSADE もこの論争に触れている（BEYSSADE, p. 185）。彼は「理拠的区別」をわれわれと異なり「実体と最始的属性 la substance et son attribut principal」の間の区別とする（*op. cit.*, p. 184）。しかしその場合に『哲学の原理』「第一部」「第六二節」において「持続」の例が挙げられていることをどのように説明できるのであろうか。この問題は本質と実在との差異の問題に深く係わる。

（19） デカルト「自然学」における「実体」の用例について、『哲学の原理』「第二部」以降を代表例としつつ付け加えておこう。われわれの観点から重要なことは、先にみた実体と属性との切り離しが誤りになること（*PP.*, p. II, a. 9）である。それは、われわれの指摘した実体と属性の区別に基づけば、自然学的探求においては当然でなければならない。これを除けば「第二部」においては、「稀薄化 rarefactio」に関して（a. 5, a. 7 & a. 8）、「空間」の規定に際して（a. 10）、「真空」の否定において（a. 16 & a. 18）、「稀薄化」の問題の再確認において（a. 19）、「世界」の無際限性に関連して（a. 21）、その「世界」が「ただ一つ」であることの主張において（a. 22）、個体の微少部分を結び付けているのが実体ではなく様態であることとして（a. 55）、さらには、「第三部」において「太陽の実体」が「表面」や「極」との対立のもとにいわば〈実質〉として、しかし後者が実体の部分ではないのであるから「実体」として（a. 95, a. 96, a. 99 & a. 102）、言及されている。様態と区別された〈私の内〉なる〈ものの本質〉としての属性と実体との不可分離性が形而上学的に基礎づけられ、物体的実体の実在が証明されることによって、自然学的探求は実体の部分ではない様態の探求として成立し、その探求の妥当性も保証される。

文　献　表（註に書誌事項を掲載したものを除く）

AT : *L'Œuvres de Descartes*, publiées par Charles ADAM & Paul TANNERY, Nouvelle présentation par P. COSTABEL et B. ROCHOT, Vrin 1964-1974.

“*Cogito 75*” *René DESCARTES, Méditations métaphysiques*, J. Vrin, 1976.
BEYSSADE : *DESCARTES, L'entretien avec Burman,* Édition, traduction et annotation par J.-M. BEYSSADE, PUF, 1981.
BECCO (1) : Anne BECCO, Première apparition du terme Substance dans la Méditation Troisième de Descartes, dans *Annales de l'Institut de Philosophie,* 1976, pp. 45-66.
BECCO (2) : Anne BECCO, Remarques sur le “Traité de la SUBSATNCE” de Descartes, dans *Recherches sur le XVIIème siècle 2,* CNRS, 1978, pp. 45-56.
CAHNÉ: P.-A. CAHNÉ, *Index du Discours de la méthode de René Descartes, Ateneo,* 1977.
GILSON (1) : É. GILSON, *Discours de la méthode, Texte et commentaire,* J.Vrin, 1925/1966.
GILSON (2) : É. GILSON, *Étude sur le rôle de la pensée médievale dans la formation du système Cartésian,* 1930 / 1967, J. Vrin.
GILSON (3) : É. GILSON, *Le thomisme,* J.Vrin, 6e éd., 1972.
GOUHIER : H. GOUHIER, *La pensée métaphysique de Descartes,* J.Vrin, 1962/1969.
GUEROULT : M. GUEROULT, *Descartes selon l'ordre des raisons,* Aubier, 1953/1968.
LAPORTE : J. LAPORTE, *Le rationalisme de Descartes,* PUF, 1945.
村上(1)：村上勝三「デカルト哲学における「感覚」の問題」日本哲学会編『哲学』、三〇号、一九八〇年、一一二頁から一二三頁。
村上(2)：村上勝三『デカルト形而上学の成立』勁草書房、一九九〇年。
村上(3)：村上勝三『観念と存在　デカルト研究1』知泉書館、二〇〇四年。
RODIS-LEWIS: G. RODIS-LEWIS, *L'Œuvre de Descartes,* J.Vrin, 1971.
坂井(1)：坂井昭宏「デカルトの二元論－心身分離と心身結合の同時的存立について－」『千葉大学教養部研究報告A-13』、一九八〇年、一四一頁から一七一頁。
坂井(2)：坂井昭宏「デカルトの二元論－実体的結合の体系的位置と実在的区別の論証－」『千葉大学教養部研究報告A-14』、一九八一年、三六一頁から四一〇頁。
所(1)：所雄章「デカルト的実体の構造－その一般的考察－」『哲学雑誌』第七〇巻第七二九号、有斐閣、一九五五年、一五頁から四七頁。

所(2)：所雄章『デカルトII』勁草書房、一九七一年。

所(3)：所雄章「『省察』的用語の一考察―præcise」について―」『中央大学文学部紀要』（哲学）第一二一号、一九八六年（デカルト研究会編『現代デカルト論集III』勁草書房、一九九六年、一四頁から三七頁に再録）。

第二章　〈があること〉の重さ

序

一つのことについてさまざまにあると言う。赤い薔薇の花と、白い薔薇の花が花瓶に飾られている。赤い薔薇の花の花びらが今にも落ちそうである。手を差し出すと掌の上に一枚の花びらが落ちる。赤い薔薇の花びらが私の手の上にある。目の前には茎と葉をもった一本の赤い薔薇がある。花瓶のなかには赤い薔薇と白い薔薇とが組み合わさった花束がある。赤い薔薇も白い薔薇も、色は違っていても薔薇という種類に入る。花の種類のなかには薔薇というのものがある。薔薇のなかには赤いものも、白いものもある。白いものはあっても、「白い」は言葉としてあるだけかもしれないが、白さは目に映る何かとしてあると思われている。このようにわれわれは一つの赤い薔薇についてさまざまに「ある」という言葉を使う。目に見えて、触れることもできるこの薔薇の全体についても、部分についても「ある」と言った。「白さ」は見えると思われている何かであるが、触れることができるとは思われていない。薔薇という「種類」は感覚器官を通して捉えられると思われているときには、この言葉を発するときの音であり、この言葉が書かれたときの文字としての見えである。薔薇という種類を見ることも聞くこともできない。

或る事物が五感に受け取られることがなくとも、われわれはそのものについて「ある」と言う「場合がある」。

この最後の一文のなかの「場合がある」の「ある」は、五感に受け取られなくとも「ある」と言う、そのひとつの例になる。さらにまた、この最後の一文のなかの「一つの例である」の「ある」は、「薔薇は花の一種である」の「である」と同じ働きをしている。日本語では「である」と「がある」を使い分ける。この点から言えば、われわれが今取り上げているのは「がある」の方になる。「である」は繋辞（コプラ）と言われ、主語と述語とを結びつける役割を主に果たす。言い換えれば、「である」は存在措定を顕在的に表してはいない。存在措定と言ったのは「がある」と立てるということ、このことが何をすることなのか、今のところ何ほどかが了解されているだけである。この了解内容を繰り広げること、あるいは幾ばくか明確にすること、これがわれわれのここでの仕事の一つである。何か「がある」と発話すること、あるいは書きつけること、あるいは思うことによって、われわれは何をしているのか。これが「である」から身を引き離しながら、存在について問う問いである。この引き離しが存在について探求する場合の正当な態度であるのか否か、後に評定することができるであろう。

出発点はさまざまなものがあるということである。言い換えると、「がある」と付け加えることのできる主語にさまざまに異なるものがある。感覚で捉えられるような何かにも、感覚では捉えられない何かにも、「がある」と付け加えることができる。それでは「がある」を付け加えることのできないものなどあるのだろうか。ないものがあることはない。とするならば、「がある」と言えないものは「ないもの」なのだろうか。この思考線をもっと先へと進めるならば、「ないもの」について何かを語っている以上は「ないもの」もあるのでなければならない、ということになる。ここにないものもあそこに行けばある。しかし、今直面している「ないもの」は、およそどこにもないものである。それはないのであって、あるのではない。「どこにも」と言っても、地図で表記されている地球上のどこにもない、ということではない。宇宙という物理空間の或る枠を想定して、そのどこにもない、ということでもない。考えられてもいないということまで、そして思い描きようがないということまで含む。思われていないものは思われていないのだから思いの外である。思いの外ということで、地球上ではないというようなことが考えられるのならば、元も子もない。物理的空間のどこにもなくて、思いの領域のなかにもない。これが今の問題である。このような「どこにもないもの」はない。もちろん「どこにもないもの」という理解の仕方はある。空間や時間の最大限をとるのか、思いの領域の最大限をとるのか、いずれの最大限をとっても、そのなかにないものはないものである。そのないものはあるのではない、「がある」を付け加えることのできないものである。足場が或る程度整った後に、このことを、思いの領域における思い出すということを手がかりに、考えてみることにする。

さまざまなものがある。この「がある」をもっぱら示す表現として「実在」という言葉を、われわれは使う。その「がある」、言い換えて、実在が完全性であるのならば、「がある」を「である」に組み込むことが可能になる。なぜならば、完全性とはものの規定性、実在と本質との対比においては、本質の側に組み込まれることになっているからである。これとは別の組み込みの可能性こそ、カントの言う「存在論的証明」の要をなす問いである。しかし、カントは「がある」と「である」の切り離し自体を問い直すことはしなかったと思われる。アンセルムスも、デカルトも、少なくとも問題としては、「がある」と「である」を引き離さないという境地に届いていた。デカルト的「完全性」概念を、用例分析を土台にしながら輪郭づけることを通して、このいまや忘れられた存在問題、そしてそれは一般存在論の再構築の出発点を刻む問題であるが、これに一石を投じるべく努めることにしよう(1)。

第一節　実在は完全性であるのか

デカルト哲学において実在は完全性なのか。この答えに肯定形で答えるデカルト研究者は多いと思われる[2]。「神」概念に実在が含まれることを用いた神の実在証明がデカルトの証明と呼ばれる（KANT, *Kritik der reinen Vernunft*, A. 602/B. 630）。神はすべての完全性をもつ、あるいは最も完全な存在である。実在は神の特性であり、完全性である。ゆえに神は実在する。神が実在するという判断は主語概念のなかに含まれている述語を引き出す判断、分析判断である。もし、実在するということが一つの完全性である、つまり、事物の述語であるならば、主語概念をくまなく知ることができる者にとって、当の事物の実在が感覚によって確認される以前に、その事物が現実的に実在するかどうか、あらかじめ確定することができる。とはいっても、主語概念を知るということは、取り分けても神が対象である場合には、それ自体が一つの探求であり、その探求の跡として形而上学的思索が開き出されることになるのだが、いまはこの点には立ち入らない。

通常われわれは、本であれ、机であれ、犬であれ、猫であれ、銀行であれ、会社であれ、それらが知識の網の目のなかにしっかりした位置をもっていることを相互の意見交換のなかで確認して、それらが「ある」ということに安心している。以上の例に挙げられているのは、もちろん、類概念であり、三角形のような幾何学的概念に準拠できるような仕方で可能的実在を割り与えられている。より一般的に言って、われわれが実在すると思っているものは当のものが何であり、どのようであるのかということを示そうとする場合に、それの例となる事物の実在をそこに含めなければそのものの理解が得られず、しかも、このように理解することがわれわれの世界了解と強く連係している、そのようなものである、と表現することができよう。しかし、類種概念という水準を飛び越して（現実的）実在にまで至るためには、中世的な思考装置を用いて言い直すならば、類種系列を絞っていって個体にまで至るためには、個体化という操作を加えなければならないであろう。だが、通常、われわれは「この（あの、その）」という指示詞を使える事物の場合には、大抵の場合それが（現実的に）実在すると了承しながら当の事物を理解している。（現実的）実在については唯名論的テーゼが成り立つ世界を、われわれは大抵の場合普通は生きている、と表現してもよいであろう。この場合に、類や種の概念で示されるものについて、（現実的）実在との対比のもとに、可能的実在という身分を与えうるのならば、本質の側におかれている完全性を実在の一つの様相として捉える可能性も開かれるはずである。

われわれの通常の見方からすれば、（現実的に）実在するのは個物だけである。個物であるかそうではないかということの基準は時間・空間規定を手引きにしながら見て行くことができるであろう。（現実的に）実在する空間のなかに位置を占める事物は実在する。しかし、或る空間が（現実的）に実在するかどうか、その空間ないし空間を占めると看做されている事物が個物かどうか、どのようにして見分けることができるのか。感覚（知覚）に基づいてこれを決めなければならない。ここには観測機器のような無数の間接的事態が介在する。いずれにせよ最終的には、感覚されていることとの連係が（現実的に）実在することの証拠になるであろう。時間規定の方はどうであろうか。（現実的）実在ということが現在只今「ある」ということを示しているとするならば、現在只今あることの証拠がそのままの仕方ではないにせよ受け渡されることによって、当の事物は過去の或る時期に実在したと言えることになる。現在只今あることの証拠とは、現在只今しかないことの証拠でもある。この移行で排除されているのは、現在只今を越えてあり続けることの証拠である。当の事物のうちにこの証拠を求めることができないのは、実在が完全性であることを、当面は否定しているからである。とするならば、現在只今あることの証拠として感覚していること以外に何かあるのだろうか。このことは空間規定からの接近に投げ返すことのできる問いである。感覚していることが今を開き、（想像力に助けられて）感覚していることがこの空間を開き、感覚していることが（現実的に）実在していることの証拠になる。以上のことが明らかにしているのは、実在が完全性でないならば、個物の現実的実在は感覚を超えることがない、ということである。

では、誰も見ていないときにこの机はなくなるのか。感覚するのはいつも私であるのだから、（現実的）実在とは私の出来事、他者とは意見の交換を通して同意できるだけの、出来事なのである。われわれは誰も見ていなくともこの机はあり続けると信じている。実在し続けると信じることと、現在只今あることの証拠をもっているということとは異なる。逆に言えば、現在只今あること、（現実的）実在とはこのようなもの、つまり、思慮を働かせて考え抜くというような主題ではない。このように明確になった（現実的）実在は事物の完全性ではない。たとえば、太陽の光が燦々と降り射すなかで、月が実在すると思っている、というような事態ではない。次の法案を国会に提出するために憲法第九条のあることが邪魔になる、というような実在でもない。現在只今あることとして限定された（現実的）実在は私にとっての感覚の事実である。存在を問う道筋のなかで主題となるのは、この実在がわれわれの知識体系のどこに、どのように位置しているのかということであり、感覚しているのかしていないのかを確認することではない。感覚していることが証拠になるような実在ではない。われわれの知識の枠組み、あるいは、何がより先に知られているのかという順序、これらが不可分離的に結びついている実在（存在）への問い、これがわれわれの主題である。或る事物の概念に含まれるすべての項および項と項との関係の論理的・事実的可能性と宇宙的共可能性を基準にして、当の事物が実在するか否か決定できる。これとは別の仕方で実在を決定することができるのだろうか。実在を完全性として摑むということは、可能性を通して実在へと至る道筋を辿ってみることなのであろうか。それはありうるということ、可能的実在とその他の様相に配分される実在との関係を問うことでもある。可能的実在が、不可能な実在の否定を通して必然的実在の問題を引き出す。現実的実在を含めて、この三つの様相のもとに捉えられる実在の解明が求められる。

そもそも可能的実在が完全性として捉えうることと、（現実的）実在が完全性ではないこととは両立するのか。さらにはこれらと必然的実在との関係はどのようであるのか。「第一答弁」において、神の本質に実在が属することを認める際の困難を除去する一つの仕方として、デカルトは「可能的実在」と「必然的実在」の区別を示す。明晰判明に知解されるすべての観念には可能的実在が含まれている（AT. VII, 116. 22-24）。さてこの可能的実在は事物の完全性なのだろうか。デカルト哲学において、実在は完全性とされているのか。このことをテクスト的に確認することからはじめよう。

第二節　実在は完全性なのか、完全性の要素なのか

デカルトは「第五省察」において、「実在」を「完全性」で言い換えているように見える。「実在を欠いた（つまり、或る完全性を欠いた）」（E. 66. 16/AT. 66. 14)、「実在なしの神（つまり、この上なき完全性なしのこの上なく完全な存在）」(E. 67. 15/AT. 67. 10)。この二つの表現が教えることは、「実在」と「完全性」とが等価であるということではなく、実在を欠いていることと「或る完全性を欠いている」こととが等価であるということ、および、「或る完全性」とは「この上ない完全性」を示すということである。実在を欠くということは、完全性という視点

から見て、何か欠けるところがあるということである。それが神の場合であるならば、「この上ない［つまり最高の］完全性」を欠くということ、この度合い表現を組み入れるならば、実在を欠くとは、神について言われる場合には完全性の最高段階に至っていない、神ではないということになる。そのような実在、そのような完全性が「第五省察」のア・プリオリな神証明を導いている。神にすべての完全性を帰し、実在が完全性であることに気づくならば、神が実在するということを正しく結論するのに十分である（E. 68. 02–08/AT. 67. 19–28）。

このことは二つの解釈を許すであろう。一つには、神はすべての完全性をもっており、そのさまざまな完全性のうちの一つが実在という完全性である、という解釈である。もう一つには、神は一切の完全性をもっているのだから、完全性という点で欠けるところはない、実在を欠くならば完全性において欠けることになる、そのように実在が完全性であることに気づく、という解釈も成り立つ。デカルトが同じ箇所で、神のすべての完全性を「そのときに枚挙しなくとも、また一つ一つの完全性に注意を向けなくとも」（*ibid.*）と加えていることに眼を留めるならば、二番目の解釈の方が有利であろう。というのも、神のすべての完全性のうちの一つの完全性が実在である、と解するならば、まず第一に、実在が最高の［この上ない］完全性であることが見失われることになり、第二に、さまざまな完全性がバラバラにあり統一がとれていないという事態も生じるからである。しかし、デカルトはここで「実在はこれら諸完全性の一つ」（E. 67. 20–21/AT. 67. 14–15）であると書き、「実在が完全性であることに気づく」（E. 68. 05–06/AT. 67. 26–27）とも記す。実在は一つの完全性なのだろうか、それとも完全性を仕上げる要素の一つなのだろうか。完全性は一つ二つと数えられる規定なのだろうか、それとも度合いを示す規定なのだろうか。後者から調べて行くことにしよう。

第三節　完全性の度合い

「第四省察」では選ぶことができないことよりも、できることの方が「私において何らかの仕方でいっそう大きな完全性 major in me quodammodo」であるとされている（E. 59. 29–60. 01/AT. 60. 29–31）。類似の表現はこのすぐ後（E. 50. 27–28/AT. 61. 20–21）にも見いだされる。それだけではなく、「いっそう大きな完全性」（Resp. 1, AT. 118. 13/Resp. 2, AT. 138. 24/Resp. 5, AT. 376. 03/DM, AT. VI, 33. 28: 196. 12/à PLEMPIUS, 3 octobre 1637, AT. I, 415. 17/à X***, aout 1641, AT. III, 434. 29）、「完全性の度合い gradus perfectionis」（Resp. 2, AT. VII, 134. 01: 134. 10/Dioptrique, AT. VI, 82. 26/à MERSENNE, mars 1636, AT. I, 339, 20）。「完全性の大きさ la grandeur de la perfection」（à ELISABETH, 1er septembre 1645, AT. IV, 284. 15）という表現はデカルトのテクストの諸処に見いだされる。これはデカルトだけのことではない（*e.g.* Obj. 5, 287. 17–18/298. 15 etc.）。完全性という名詞に形容詞の最上級が付け加えられた「この上ない［最高の］完全性summa perfectio」という表現も見いだされる（*PP.*, p. I, a. 18, a. 19 & a. 20）。

これに対して〈いっそう（多く）の完全性 plus perfectionis〉という表現にはほとんど出会うことがない。ただし、天使も精神も思うものだということは「天使がわれわれ精神よりもはるかにいっそう多くの完全性 quominus angelus multo plures habeat perfectiones quam mens nostra をもつこと」を妨げるわけではない、という言い方を見いだすことができる（Entretien avec Burman, AT. V, 157. 21–22/BEYSSADE, Texte 20）。この言い方がどこまで精確にデカルトの思索を反映しているかテクストの性質上はっきり言うことはできない。しかし、この引用の次に「いっそう大きな度合いにおいてのように sc. in majori gradu, etc.」と省略的に記されており、この意味するところを確定するのは難しいことかもしれないが、このことと併せて「種」としての差異についても述べられていることから、完全性の数量的な多さが、度合いの高さに基づいて理解されていると推定することができるであろう。

度合いということについてもう一点付け加えておきたい。それは「いっそう（多く）の実象性 plus realitatis」という表現についてである。われわれは「第三省察」の観念の途の上でこの表現に何度か出会う（AT. 40. 14: 40. 28: 45. 26: 46. 09）。この概念の導入に際して次のように言われている。「実体を私に表示する観念は、様態あるいは偶性を表象するにすぎない観念よりも、いっそう大きな何ものかであり、かくて、いわばいっそう（多く）の対象的実象性を自らのうちに含んでいる majus aliquid sunt, atque, ut ita loquar, plus realitis objectivæ in se continent」（E. 34. 21-23/AT. 40. 12-15）（これに対して、完全性についての「いっそう（多く）の対象的完全性 plus perfectionis objectivæ」という表現は *PP*., p. I, a. 17 以外には見いだすことができなかった）。「対象的実象性」という概念の役割からして、この表現を実象性の数量的な多さと解することができないという点について、われわれは既に指摘した。その際の論点を要約すれば、次の三点になる。第一に、もし、この表現が何らかの規定性の数量的多さを示すのならば、広がる実体と思う実体も実象性に即して区別できるはずである。しかし、そのようには述べられていない。第二に、無限実体である神が有限実体よりも数量的に多くの規定をもつと解されるならば、神を無際限化することになる。このことはデカルトの「無限」概念に反する。第三に、数量的に解した場合には、「優勝的に eminenter」という説明方式と馴染まなくなる。「優勝的」とは「役割を代行しうるほどに大きい」ということを示す（AT. VII, 161. 12-13）。思う実体は広がる実体を優勝的に含むが、このことは規定の数量的多さとは異なる事態を示している。(3) 規定が多ければ、それだけで多い方が少ない方の役割を代行できるという考えを、われわれはデカルトのテクストのうちに見いだすことができないと思われる。

さて「観念の対象的実象性」が「第二答弁」「諸根拠」で定義されるとき、「観念のうちにある限りでの、観念によって表象された事物の存在性」と定義され、「同じ仕方で、対象的完全性と言われうる」とされている（AT. VII, 161. 04-07）。この「完全性」と「実象性」との置き換え的事態は、いくつかの箇所で確かめられる（AT. VII, 134. 28: 165. 10: AT. VIII-2, 362. 27: Au P. VATIER, 22 février 1638, AT. I, 561. 03: REGIUS, juin 1642, AT. III, 566. 28-29）。われわれが見てきたように、完全性の場合に数量的多さを示す局面が、テクストとして不安定な「ブルマンとの対話」の一箇所にしか見いだされず、その場合にさえ、度合い的な大きさに引き戻して考えられていることに依拠するならば、「完全性」と言い換えられている「実象性」の場合も、やはり、度合い（強度）として解するべきなのではないか。

第四節　神についての完全性

では、完全性として何を考えればいいのだろうか。神はすべての完全性をもつのであるから（*e.g.* E. 48. 30/AT. 52. 04: E. 68. 02-03/AT. 67. 24）、そして先ほど見たように、「一切の」という仕方でもつのであるから、その完全性を数え上げることは神の実在証明において有効な役割を果たさない。神の完全性の場合には、「一性、単純性、不可分離性」という「最始的完全性 præcipuæ perfectiones」（E. 47. 04/AT. 50. 18）が論証の過程で重要な役割を果たしている。[4] このようにして諸完全性について言われる「一緒に simul」（AT. VII, 118. 18）ということが必然的実在に結びつくことになる。このことは「すべての完全性 omnes perfectiones」ということの理解にかかわっている。

この点を明らかにするために、「最も完全な物体的な存在 ens corporeum perfectissimum」（Obj. 2, AT. VII, 124. 16-17 & Resp. 2, AT. VII, 138. 17-18）という表現を考えてみよう。この「最も完全な」という名辞を「絶対的」にとり、「すべての完全性がそのなかに見いだされる存在」という意味に解するならば、「物体」ということと背離してしまう（Resp. 2, AT. VII, 138. 18-20）。神が「最も完全な存在 ens perfectissimum」（E. 47. 22-23/AT. 51. 03）あるいは「この上なく［つまり最高に］完全な存在 ens summe perfectum」と規定されるときには、この「最も完全な」あるいは「この上なく」は絶対的にとられなければならない。精神に関して「すべての完全性」をもつと言われる場合には、精神が精神としてもちうるすべての完全性の意味である。これに対して神の場合には、「すべてにわたってすべての完全性 omnes omnino perfectiones を自らのうちに包括する」ということである（Entretien avec Burman, AT. V, 161. 10/BEYSSADE, Texte 27, p. 77）。神には「すべての絶対的完全性」が適合し、神に属するのは「絶対的に完全な完全性 absolute perfecta perfectio」として捉えられる「完全性」である（*op. cit.*, AT. V, 158. 14 & 16/BEYSSADE, Texte 22, p. 65）。神について言われる「すべての完全性」の「すべて」にせよ、「完全性」にせよ、被造物の場合とは異なった理解が求められる。神の場合に、「すべて」は「一緒に」つまりは「一性、単純性、不可分離性」と同じことを表す「すべて」である。また、「絶対的に完全な完全性」は「この上ない完全性」を表している。

第五節　「この上ない完全性」

「第一反論」と「第一答弁」においてア・プリオリな神証明の可否が問われている（用心のために大きくとれば、

Obj. 1, AT. VII, 96. 10–100. 12/Resp. 1, AT. VII, 112. 12–120. 14 の部分を視野に収めておけばよいであろう）。諸「答弁」のなかでもこの「答弁」のなかに、ア・プリオリな証明について『省察』本文を補足するための最も充実した論述を見いだすことができる。第一反論者カテルスは、アンセルムス的証明へのトマスによる批判を援用している。「それ以上大きなものが思われえない或るものが事物［の世界］のなかにあるということが与えられるのでないとしたならば、それが事物［の世界］のなかにあるということは論証されえない」（A. VII, 99. 09–11: *cf.* Thomas AQUINAS, *Summa theologiæ*, pars I, q. II, art. 1, Resp., Ad secundum）。カテルスの主張によれば、デカルトが「第五省察」で行っている議論から帰結するのは「この上もない存在の概念と実在の概念が不可分離的に結びついている cum conceptu entis summi conceptum existentiæ inseparabiliter esse conjunctum」（AT. VII, 99. 15–17）ことだけということになる。これがカテルスの診断である。

それに対して、ア・プリオリな証明に伴う困難を取り除くためにせねばならない二つの方策を、デカルトは「第一答弁」で挙げている。その第一は「可能的実在と必然的実在との間を区別」すること（AT. VII, 116. 20–22）である。「明晰判明に知解されるすべてのものの概念、いうなら観念のなかには、可能的実在が含まれているが、しかし独り神の観念のうち以外のどこにも必然的実在は含まれていない」（AT. VII, 116. 22–25）。第二は「真にして不変の自然本性を含む観念と「知性によって合成された虚構的な観念」とを区別すること（AT. VII, 117. 09–12）である。第一の仕方の根幹は、必然的実在が含まれているのは神の観念のうちだけであるという点にある。なぜ、神の観念にだけ必然的実在が含まれているのか。「現実的実在 existentia actualis が神の残りの諸属性と必然的にかつ常に結合している、とわれわれが知解する」からである（AT. VII, 117. 06–08）。つまり、神の観念において諸完全性ないしは諸属性（*cf.* à MERSENNE, juillet 1641, AT. III, 360. 08）と実在とが必然的に結合しているということとが、神の観念に必然的実在の含まれていることの根拠とされている。それではさらに、諸完全性と実在との必然的結合とはどのようなことなのか。このことを追求して行くためには、第二の方策を検討しなければならない。

デカルトは「第一答弁」で「この上なく［つまり最高に］完全な物体」の観念と「この上なく［つまり最高に］完全な存在」の観念との差異について述べている。前者は知性によって合成された観念の例であり、後者は真にして不変の自然本性を含む観念である。「この上なく完全な物体」の観念について、もし「この上なく完全な」ということで、完全性の大きさが比較されるならば、「事物［の世界］のなかにありかつ知性のなかにもある」ことの方が「知性のなかにある」ことよりも「いっそう大きな完全性」なのであるから、「この上なく完全な物体」は知られてあるとともに事物としてあるということになる。しかし、そのようにして「この上なく完全な物体」の観念に実在が含まれていることになるとしても、そこからこの物体が実在すると結論することはできない。結論できることはせいぜい当の物体が実在しうること、つまり、可能的実在にとどまる。

「私」の知性によってすべての物体的完全性が一緒に繋ぎ合わされてこの上なく完全な物体の観念を「私は鋳造するconflo」。しかし、その場合に、実在以外の物体的なさまざまな完全性から実在が立ち上がってくることはない。なぜならば、それらの完全性のうちのどれかを〈ない〉とすること［否定すること］も、〈ある〉とすること［肯定すること］も「等しくæque」可能だからである（AT.VII, 118.12-21）。つまり、それらの完全性の間を繋ぎ合わせているのが知性だからである。「この上なく完全な物体」の観念とは知性によって合成された観念である。それだからこそ、その分割を明晰判明につかむことができる（*cf.* AT. VII, 117. 10-16）。逆に言えば、結合の必然性を看て取ることができない。この自分の知性によってこしらえ上げた観念のなかに「それによって自分自身を産出する、言うなら、保存する力」は見つからない（AT. VII, 118. 21-24）。それゆえ、この物体が実在すると結論できるだけの根拠も見つからない。

第六節　神の観念に含まれている完全性

一方、神の観念の場合はどうであろうか。神の観念に含まれている諸完全性については、その一つたりとも否定する（ないとする）ことはできない。反対が可能ではない。神のどの規定をとっても、その規定を否定することは不可能である。どれかの規定について否定可能であるということと、当のその事物のあり方が可能的であることとが結びついて理解される。いくつかの完全性を繋ぎ合わせて一つの物体の観念を作り上げてみる。これらの完全性のどれかは、他のもので置き換えたり、取り除いたりすることができる。この物体は最初に構想された観念とは異なるようにありうる。この物体のありさまは可能的である。この物体は実在しうるかもしれないが、必ず実在するとは言えない。なぜなら、この物体のありさまが可能的である、違ったようでありうる、ということからは実在が立ち上がってこないからである。神の場合には、諸完全性が一緒になっていて、完全性のどれ一つとして否定することも、新たに付け加えることもできない（*cf.* M3, E. 42. 29-43. 01/AT. 47. 13-14）。そのような諸完全性の「一緒」であること（「同事性 simultas = simultanéité」）から実在が立ち上がり、実在が完全性の一つであると摑まれる。

被造物におけるこの「一緒」であるという「同事性」（一括性）のなさと、「それによって自分自身を産出する、言うなら、保存する力」のなさとが、神における「同事性」（一括性）の必然性つまりは結合の必然性と実在の必然性とに対応する。「この上なく力能のある存在 ens summe potens」（AT. VII, 119. 06）、その最高の力能の頂点に「自分によって実在することの力 vis per se existendi」（M3, E. 46. 11-12/AT. 50. 01）を見いだすことができる。諸完全性の頂点に実在を見いだす。(5) 神の観念における諸完全性と実在との必然的結合とは、「知性による構想 figmentum intellectus」によるのではなく、「その自然本性からして、一緒に（同事に・一括して）結びついている」（AT. VII, 119. 24–26）ということを示す。そのことは、神の観念が明晰判明に知得されることによって保証され、諸完全性をバラバラに取り出したときの否定の不可能性によって確かめられる。神におけるすべての完全性の「一性、単純性、言うなら不可分離性は神の内に私が知解する最始的諸完全性のうちの一つ」（M3, E. 47. 01–05/AT. 50. 16–19）である。

第七節　再び実在は完全性であるのか

実在は神に帰せられる完全性の一つであるが、「その他の完全性」とは異なる。デカルトは『掲貼文書への覚書』のなかで次のように述べている。神の実在を証明するための立論の力は「われわれがそれなしには神を知解することができない諸完全性の極致（ないし過剰）のために求められる実在の必然性 existentiæ necessitas, quæ requiritur ad cumulum perfectionum」から取り出される、と（AT. VIII-2, 362. 05–13）。このことは神の観念に特有のことである。この特有さを言い換えるならば、神以外のすべてから取られてきて一緒になっている観念（概念）のうちに含まれているよりも「いっそうの対象的完全性」が神の観念には含まれている、ということになる。この「諸完全性の超出（ないし、逸脱）perfectionum excessus」からこそ神証明の立論は取り出されている（AT. VIII-2, 362. 26–363. 03）。すべての完全性が一つになるところに必然的実在が立ち上がる。すべての完全性を寄せ集めただけでは、上手くいっても、可能的実在にしか行き着かない。神がすべての完全性をもつだけではなく最高に完全であるということ、このことは神における実在が横並びの諸完全性のうちの一つであることを排除する。神における実在は、引き離しがたく結びついたすべての完全性の極致、過剰、超出、逸脱であり、引き離し難さは「常に」という様相を引き出し、かくて「常に実在すること」（E. 65. 22: AT. 65. 24）つまり必然的実在として見いだされる実在なのである。「後になって、実在が完全性であると気づくとき」（M5, E. 68. 05-06/AT. 67. 26-27）に見いだされることは、神における実在がその他のすべての完全性の極致として、あるいは、超出として、過剰として、逸脱として見いだされるということである。そうなれば、「第一にしてこの上ない存在が実在すると私は正しく結論するのにまったく十分なのである」（M5, E. 68. 06-08/AT. 67. 27-28）。

さて実在は完全性なのであろうか。神について言えば、必然的実在が全完全性の締め括りをなす極点としては、完全性であるが、しかし、締め括るものが超出として逸脱としてあるという点からすれば、完全性の枠のなかには収まらない。その枠に収まらないところを言い抜けば「自己原因」ということになる。「次のように思うことはまさしく一つの共通基礎概念に属することである。すなわち、もし或る知的自然 une nature intelligente が無依存的であるならば、それは神である、ということ。というのも、もし、この知的自然が自分自身から自分の実在をもつならば si elle a de soi-même son existence、われわれにとって、その知的自然が、自分の認識しえたかぎりの完全性を自分に与えたということを疑うすべがなく、それが認識しないことができたどんな完全性も、われわれは認識しないと信じる以外のすべがない、からである」（à MERSENNE, 15 Novembre 1638, AT. II, pp. 435. 10-16）。自分に自分が実在を与えるということは、自分を創るということであり、自分の認識しえた完全性の一切を自分に与えるということである。実在がその他の一切の完全性を締め括るとはこのことを示している。被造物について言えば、先に見たように三角形の観念のなかに含まれている可能的実在は完全性の一つである。しかし、デカルトがとりわけても「現実的実在」と表記する実在は完全性とは言われていない。

第八節　神と被造物の完全性における差異

次に、神と被造物との完全性についての差異をガサンディとの応酬のなかに探ってみよう。ガサンディは「第五反論」のなかで、「神においても、他のどんな事物においても、実在は完全性ではなく、それなしには諸完全性がないそれである」（AT. VII, 323. 15–17）と述べている。この言い方を二つの部分に分解することができる。第一に、実在が完全性ではないという点では、神と被造物との間に差異はないということ、第二に、「実在しないものは完全性も不完全性ももたない」（AT. VII, 323. 18–19）ということである。三角形についても神についても同じように実在は完全性ではない。「プラトンの実在とプラトンの本質がたかだか思いによってしか相互に区別されない」のと同じように神の本質と実在との区別も思いによってなされるだけである（AT. VII, 324. 02–07）。実在するものについてだけ、その完全性を問いうる。このことに例外はない。しかるにデカルトは神だけを例外としている。これがガサンディによる批判の骨子である。あるものについてだけその何かを問いうるのか否か、この点を今別にするならば、神と被造物との区別立てがガサンディによって批判されている。

デカルトに沿えばこの区別こそ肝要な点である。「神はその存在Deus est suum esse」であるが、三角形はそうではない（AT. VII, 383. 15）。しかし、「だからといって、必然的実在が神の観念における完全性であるように、可能的実在が三角形の観念における完全性であることを、私は否認しない」（AT. VII, 383. 16–18）。さらにキマエラにはどのような実在も想定されえない（AT. VII, 383. 18–20）。神の観念、三角形の観念、キマエラの観念、この三つの観念の間の実在上の差異が指摘される。これはまた「いっそう際だっている［いっそう卓越している］praestantior」（AT. VII, 383. 18）ことの序列、「いっそう完全である」ことの序列でもある。神の観念に含まれている実在が、必ず常に実在することであるのに対して、三角形の観念に含まれているそれは、現に実在していることではなく、実在しうることである。三角形の現に実在することが完全性と言われているのではない。もし三角形の現実的実在が完全性と言われ、それが三角形の観念に含まれているとされるのならば、三角形の観念からその実在を引き出すことができるのでなければならない。デカルトによって、しかし、このことは否定される。

その一方で、デカルトは確かに、「必然的実在は、実際、神において最も厳密に解された特性であり、それというのも、必然的実在は神にだけ適合し、独り神においてだけ本質の部分をなすのだから」と述べている（AT. VII, 383. 03-05）。必然的実在は神において全能と同じように事物について述語づけられる規定である。このことは実在がおよそ何についてであれ事物の述語であるということを肯定していることにはならない。ここで述べられているのは、神の観念という個別的な観念にのみ適合することである。「現実的実在が、必然的に且つ常に、神の残りの諸属性と結びつけられている」（AT. VII, 117. 06-07）。必然的実在が現実的実在との必然的結合を示し、可能的実在が現実的実在の可能的結合を示すとするならば、「現実的実在」という表現は様相抜きの実在と等価であろう。デカルトは「現実態としてあること」と「可能態としてあること」という存在様相の対立を現実的実在と可能的実在との区別に重ねない。これらを一点に絞って、より精確に言うならば、デカルト哲学において、現実的実在と可能的実在は対立しないということになる。可能的実在と対立するのは必然的実在である。現実的実在は実在と別種の存在様相ではない。以上に見てきたことを基礎に据えるならば、（現実的）実在が被造物において一つの完全性である、ということがデカルトによって否定されていると考えるべきであろう。(6)

第九節　分析結果

われわれの解析結果を、以下にとりまとめてみよう。㈠　完全性は一つ二つと数えられる規定とは考えられていない。度合い、ないし、強度を核心に据えながらデカルト的「完全性」概念は理解されるべきである。㈡　神における完全性は完全性の超出（ないし、逸脱）である。すべての完全性が一つになるところに必然的実在が立ち上がる。この「すべて」は数え上げられる〈すべて〉ではない。一つになってすべてであるような「すべて」、言い換えれば、無限ということである。㈢　神において、その必然的実在がその他の一切の完全性を締めくくる。神の本質をなすという点で、神について言われる実在は完全性である。㈣　被造物について言われる（現実的）実在は完全性ではない。㈤　可能的実在は完全性とされる。可能的実在とは本質領域におけるさまざまな本質・特性のあることを示している。そこでは三角形もその内角の和も同じく可能的に実在する。

神がすべての完全性をもつということにおいて完全性の数量的多さが問題になるのではない。なぜならば、そもそも数え上げられるようにはなっていないのだから。われわれが何か新たな完全性を考えつけば、それが完全性である限り、神はその完全性をもっている。われわれの見た用例のなかには、一つの完全性をもつものよりも、二つの完全性をもつものの方がいっそう完全である、という推移を許す思考は見いだされない。「より多くを知る知」と「より少なくしか知らない知」とを二つの完全性と見、前者がより完全であるとみなす、そのような見方もないであろう。(7)完全という言葉の副詞的使用については別である。「いっそう完全に」という表現は、知ることの度合い、確実性の度合いと関連して用いられることが多い（*e. g.* E. 25. 07/AT. 32. 16）。形容詞の比較級は、「いっそう大きい major」ということと対をなして用いられる場合がある（*e. g.* E. 37. 07/AT. 42. 15 & E. 55. 02/AT. 57. 02）。名詞形に戻れば、「分割されることよりも分割されないことの方がいっそう大きな完全性である」（Resp. 2, AT. VII, 138. 24–25）、意志の働きを行使することができるということは「私においては、できないということよりも何らかの意味でいっそう大きな完全性である」（M4, E. 59. 29–60. 01/AT. 60. 29–31）。このようにさまざまな規定性を肯定と否定に配し、完全性に度合い（強度・重さ）の差異を含めて考えるならば、人間的精神によっては汲み尽くすことのできない神についての「すべての完全性」を、度合いをもった規定性の統体として理解することができることになる。(8)

神についてだけ実在は完全性であった。この実在とは必然的実在のことである。実在のなかで必然的実在だけが神を主語に立てたときの述語にはいる。必然的実在とは、すべてが一つであるということと同じことである。必然的実在は、完全性の極致として超出、過剰として逸脱である。これに対して、被造物の与えられた、創造された実在は現実的実在か、可能的実在かである。可能的実在とは本質・特性の存在様相を示す。実体的なありさまとして取り出されうる被造物の実在、つまり、現実的実在は被造物の完全性ではない。可能的実在と現実的実在との間に、可能的に実在するものが現実化されて（現実的に）実在するという関係はない。たとえば、思うものとしての私は世界のなかに実体として実在する。このことは私の本質が思いであるということからは帰結しない。可能的に実在する思いという私の本質と実体としての私の（現実的）実在は、ともに神の産物であるという等根源性をもつ。もちろん、私の実体であることをそれとして捉えれば、このことは本質領域のなかにある、つまり、可能的に実在する。そして被造物にとって完全性の序列は本質領域のなかでの序列である。実象性は神についての完全性と被造物についての完全性をつなぐ働きをしている。様態よりも実体が、有限実体よりも無限実体がいっそうの実象性をもつ。完全性は無限実体において、本質領域を超脱し、必然的実在として捉えられる。

（1）『省察』からの引用に際しては出典箇所の頁数と行数を第二版（Eと略記）、AT版（ATと略記）の順に示した。その他の箇所からの引用に際しては、AT版の巻数、頁数、行数を明記する。その際に、使用したテクストは以下のとおりである。

AT: *Œuvres de Descartes*, publiées par Charles ADAM & Paul TANNERY, Nouvelle présentation par P. COSTABEL et B. ROCHOT, Vrin 1964-1974.

E : Les Textes des《Meditationes》, éd. par TOKORO, Takefumi, Chuo University Press, 1994.

（2）持田辰郎は「デカルトにとって、実在は常に完全性の一つである」と言い、また、「デカルトが神の観念の介在なしに「完全性としての実在」を考えていたとする徴候は何も見あたらない」とも言う（持田辰郎「デカルトにおける神の観念の精錬と、神の実在のア・プリオリな証明」、『現代デカルト論集Ⅲ』勁草書房、一九九六年、一九二頁と一九四頁）。鈴木泉は「デカルトは実在が「完全性」（AT. VII, p. 67）・「特性」（AT. VII, p. 383）であること、それも必然的実在のみならず可能的実在もまた完全性であることを断言する」（鈴木泉「無限性から必然的実在へ―デカルトにおける神の実在証明―」、『デカルト読本』法政大学出版局、一九九八年、七六頁）。

（3）この点については、拙著『観念と存在　デカルト研究1』知泉書館、二〇〇四年、「第一章」を参照していただきたい。

（4）ボルドゥロンの表現を借りれば次のようになる。すなわち「ア・プリオリな証明の一切は、神の本質とその実在とが神の観念を一緒に構成するということを示すことに存し、神の実在がその概念から演繹可能であるということを示すことには存しない」（J. -F. BORDRON, *Descartes*, PUF, 1987, pp. 162-163）、と。彼によれば、ア・ポステリオリな証明が学知を確実にする世界を構成し、その上に立ってア・プリオリな証明が可能になる。しかし、これは論理的な意味での前提とは異なる。それゆえ、順序はア・ポステリオリからア・プリオリへであり、しかも循環はなく、ア・プリオリな証明を権利上独立に扱いうる（*op. cit.*, pp. 159-162）。

（5）「この上なく力能のある存在 ens summe potens」（AT. VII, 119. 06）をア・プリオリな証明の核心にすえる解釈については持田前掲論文を参照。しかし、力能・力を根底に据えることは、この概念のもっている暗さを積極的に用いるという不安定さで論証の力を支えることでもある。力は無規定であればこそ、無尽蔵の力になりうる。

（6）ガサンディによるこの点への更なる反論は、神だけは別という論点にはかかわってこない（*Cf.* Pierre GASSENDI, *Disquisitio metaphysica*, texte éabli, traduit et annoté par Bernard ROCHOT, 1962, Vrin, Doute II, Instance, art. I, pp. 496-500）。また、それに対する一つの反応である à M. CLERSERIER, 12 janvier 1646, AT. IX, pp. 202-217 も、この点に触れることがない。ア・プリオリな神証明に対するガサンディの批判については本書六七頁から六八頁の註（6）を参照。

（7）われわれは「完全性」という名詞形に着目してテクストを解析してきた。形容詞および副詞として出現する「完全な perfectus」および「完全に perfecte」という用例については、それとしての考察を提起しなかった。しかし、実在が完全性であるのか、という主題を論ずるに際してこのことが瑕瑾にはなるまい。それだけではなく、これらの品詞のなかで「名詞的使用」がその意味の中心をなしている、ということも指摘されている（所雄章「デカルトの神－その完全性と無限性との相覆性について－」『哲学雑誌』六七巻、七一四号、一九五二年、六四頁）。

（8）またこのこととは別であるが、カーリーは、この上なく完全な存在がすべての完全性をもちうることの不可能性を指摘している。彼によれば、広がりと不可分性が両立不可能であるように、相互に共存不可能な完全性を考えることができるからである（CURLEY, *Descartes Against the Skeptics*, Basil Blackwell, 1978, pp. 167-168）。カーリーは「すべての完全性を所有する存在という観念」に疑念を提起し、そのようなどうにもはっきりしない「観念」のもとに神をデカルトが捉えたのは、デカルトがそのなかで仕事をしていた神学的伝統に理由をもつ、としている（CURLEY, *op. cit.*, pp. 168-169）。また、B. WILLIAMS, *Descartes: The Project of Pure Enquiry*, 1978, Penguin Books, p. 162 にも同様の指摘が見られる。彼は神が実在すると信じた上で、神における本質と実在との不可分離を主張している、と解する（*ibid.*）。カーリーは「すべて」ということを理解できていない。「すべて」を無際限化して捉える場合にのみ、彼の批判は成り立つ。また、ウィリアムズのように、信仰上の問題と片づけてることは論外である。この問題は『省察』の順序の問題として理解されなければならない。

第三章　存在の重み

第一節　「である」と「がある」の引き離し

われわれがデカルトの「完全性」概念を分析して得た結論の一つは、実在が完全性であるという局面があるということであった。それはもちろんきわめて限定された局面、すなわち、神の実在についてそれを必然的実在、もっと言えば、自己原因として開示するという局面であった。しかし、それだけではない、本質領域における「ある」を可能的実在として捉えること、このことは当然、完全性を実在として捉えることである。三角形の内角の和が二直角であるという特性は、三角形があるのと同等の資格で「ある」。ともに可能的実在という存在様相をもつ。ここに必然的実在と可能的実在と現実的実在とのトリアーデが完成する。すなわち、さまざまな「ある」が一つに収斂する場所をもつということである。それゆえデカルト的立場に立てば、「第二章」冒頭に掲げた問い、つまり、「がある」と「である」との引き離しは、存在問題について探求を進める上で正当な場合と正当でない場合がある、という結論になる。いなむしろ、実在が完全性であるという局面を見失わせるという点からするならば、存在についての一般理論に対して、この引き離しは特殊理論を結果するに他ならないことになる。実在を完全性として捉える一般理論は、「がある」を実在と捉える特殊理論を包摂することができるということになる。この点を思いの領域における「あった」と「あるであろう」ということに着目しながら少しく論じてみよう。というのも、これが「である」と「がある」を引き離さずに探求せざるをえない一つの場合になるからである。

第二節 「あった」と「あるであろう」

私によって思われてある領域を思いの領域と呼ぶ。思いの領域のなかにも、今思われていなくても思い出すことのできるものもある。後で思い起こしてみると、あのときに恐怖心を感じたのは子ども の頃受けた心の傷のためだった、と気づくこともある。恐怖心を感じたそのときに気づいていなかった心の傷はそのときにあったのだろうか。子どもの頃に蒙ったこの傷は、傷を蒙って以来ずっとあり続けたのか。どこにあり続けたのか。心のなかである。しかし、心のなかとは私の身体の中のことではない。「どこ」という疑問詞が空間的位置指定によって答えることを要求するのならば、心の傷はどこにあるのかという問い方は答えをわからなくする問いである。いずれにせよ、或る時になくて、それ以前にあったものが、今ある。思い出すということはそのようなことである。われわれが思ったり、感じたりするものの多くがこのようなあり方をする。忘れるということがあって、思い出すということも生じる。私が忘れている間、私に忘れられていたものはどこにもなかったのか。どこにもなかったならば、なかったのであり、なかったそのときにはないものであり、「がある」のではないもの「であった」のである。

過去とは「あった」という整理の仕方をするあり方である。未来とは「あるであろう」という整理の仕方をするあり方である。この考え方は、過去と未来とを現在のなかの或る種の有り様であると捉えている。今の心の有り様を過去と現在と未来とに配分している。後悔は後悔である限り過去を指向し、望みは望みである限り未来を指向する。「思い出す」という言葉を用いて過去を現出し、何かを「しよう」と言いながら未来を現出する。しかし、この説明はなかったものがあるようになることを説明しない。或る時にあって、しかし、その後、私の思いの領域をいくら探しても見つからなかったものが、今はある。このことを説明しなければならない。私の思いの領域にないということが、或る種の時空連続体として人々の間で生活をしている、その私にとってのいわば固有域のなかにないということなのではない。どこまではみ出さなければならないのかわからないが、私の思いの領域をはみ出しながら「ない」と言えなければならない。この言い方が成り立つような説明が必要である。

私にとってなくなった思い出も、他の人から見れば、私はその思い出を捨てきれずに生きているということもある。そして私は、後になって自分がその思い出に制約されながら生きてきたということを思い知る。その思い出の一端の消滅が、他の人の心のなかの保存に支えられて、私のなかで再生するという場合も想定できるであろう。しかし、そうなると、私は一時期、私の思いの領域のなかにはなかったもの、そして他人の思いの領域のなかにあったものに制約されていたことになる。もしそうであったならば、私はそのように、つまり、その時期には他人の思いによって制約されていたことを承認しなければならない。私が他人の私についての思いに制約されることは認められることである。私が忘れていた子どもの頃の心の傷が他人の思いのなかにあって、その他人の心のなかにある思いに私の行為が制約される。この場合に、私が受けた心の傷についての思い出がそのまま他人に移譲されるということは考えられない。他人は私の変様された思い出を変様しつつ受け取る。その変様された私についての他人の思い出が、私の忘却という時を隔てて、私に思い出す機会を与えるのかもしれない。

第三節 「ある」と「現れ」

この場合にも、少なくとも当の機会を当の機会であると受け入れるだけの核は私の思いのなかに残り続けていたのでなければならない。それゆえ私にとっての忘却の期間には、私には顕在化していなかったが、潜在的にはその思い出の、少なくとも、機会が与えられれば萌芽する、その芽があり、それは何らかの仕方で私をなしていた、と考えざるをえない。しかし、このことは、或る時にあって、しかし、その後、私の思いの領域をいくら探しても見つからなかったものが、今はある、という先の問題の答えにはなりそうもない。後から振り返ってみて、どうしても時間の隔たりをつなぐ何かがかたちを変えつつも、あり続ける、と考えてしまうからである。あって、なくなり、ある、このことの説明にはなりそうもない。もちろん、このような〈あって、なくなり、ある〉という印のついている思いが今あれば、それで事足りる。しかし、そうだとすると過去に抱かれた信念は現在における過去印のついた信念であるのだから、われわれが生まれ、子供になり、大人になって現在に至っているという人生を変化の相の下に捉える仕組みについての基本設定と適合させるのが難しくなるであろう。他人の思いを支えにすることまで消去し、私の思いの外をすっかり消すことは呪文のようなもので、疑似閉鎖的な生活空間を自分の都合のままに作り出すという態度の現れであろう。そこで私の思いの領域のなかには、むしろ、現れている思いと現れていない思いがあると考えてみよう。

今、現れていない思いも、現れていないままで、私の思いを形づくり、私の人格の何ほどかを形成している。現れていないもののあることはどのようにして見いだされるのか。現れということが無からの現出であるならば、現出以外には無である。何かが現れるのでなければ、一度なくなったものが現れるということもない。この「何か」は何か。ここでわれわれは前に行けなくなっている。この「何か」を消し去ろうとしても同じことである。現れのなかに現れていない現れと現れている現れの区別を立てなければならないからである。一度現れ、次に現れない現れになり、再び現れている現れになる。この現れが同じ現れであることを他の現れから識別することができると想定するならば、その同じ現れという印はその現れが現れていないときにでも、保存されていなければならない。人間を突き動かしている衝動は、突き動かしていないときにもある、と言えるような語り方をする世界を、われわれは生きている。そのような現れのなさに迫ろうとすることは、私の思いの領域を他人の方へと超えようとすることではない。むしろ、現れではない別の地平にこの何かが「ある」と言える、そのような存在論をわれわれは生きている。思いの外のものもあるという存在論をわれわれは生きている。その思いの外にあるということは、意見の交換、振る舞いの交換、行動の交換などの交換を通して、出会い、見いだし、理解する他人の思いのなかの何かに支えられているということとは異なる。これらの交換を現にしていなくとも「ある」としているものも多い。机であれ、法律であれ、三角形であれ、そうである。

第四節　実在することの原因

以上において獲得されたものに依拠しながら、〈あるもの〉の基本分類について整理を試みよう。実在を必然的実在と可能的実在と（現実的）実在に分けた。もう一つの分け方は、思いの内と外という分け方である。この思いとは、差し当たって私の思いであるが、ありさまとしてはすべての他人の思いである。さて、（現実的に）実在するものは、精神と物体と両者の合一体である。これらは実体として私の外に実在する。私という精神であれ、実体として捉えられている場合には、世界構図のなかに位置をもつ。世界構図の描き方にも二通りがある。確実性に基づいて形而上学的に摑まれた世界構図と、頻度を基礎に人間が捉えられることになる世界構図である。後者の世界構図は時間・空間的制約の下に成立する。精神と物体とを実体として捉える世界構図は前者のものである。身心の合一体を一個の人格として（実体として）捉える世界構図は後者のものである。これに対して、可能的に実在するものには思いの内と外という区別が適用される。私によって思われてある、それ以外の仕方では「あること」に届かない、そのように私の内にあるもの、それが私にとって見れば様態的ありさまをするものである。さまざまな思いであり、その思いは変化することを本質とする。この領域を思いの領域と呼ぶ。これらは可能的に実在する。一方、私の外にありながら、現実的に実在するのではなく、可能的に実在するものは永遠真理である。事物の本質と特性である。これらはわれわれが本質領域と呼ぶもののなかに包摂される。

目の前の「この机」は私の外にあり、実在する。それに対して「机」という類概念は私によって抱かれているかぎりでは、私の外にはない。しかし、どうもこの「机」という概念と三角形との間にはあり方上の違いがありそうに見える。机も三角形も概念として捉えられたときには、実在しないが実在しうるものと考えられる。もちろん実在するときには、「この机」、「この三角形」でなければならない。可能的に実在する事物は、実在することの始まりと終わりをもつということがその規定（その完全性のありさま）に書き込まれていない。或る事物が可能的に実在することがわかったとしても、だからといって当のその事物が実在することにはならない。以上のことを原因の方に向かって問い進めてみよう。

私は私の実在の原因ではない。私は変化する。私は時間的に存在するものであり、必然的存在（必然的実在をその規定にもつもの）ではない。実在することの始まりと終わりをもつということが私の規定（その完全性のありさま）に書き込まれていることになる。その一方で、私は私の本質の作者でもない。私は私に欠けているものを知りながら、それを私に与えることができない。希望、欲望、望み、不満、不足、欠乏、などは私が私に私の本質を与えていないことの証拠である。私の本質は与えられている。それが本質であるかぎり、可能的に実在する。言い換えれば、実在することの始まりと終わりをもつということがその規定（その完全性のありさま）に書き込まれていない。

私が人であることの原因は私ではない。私は何でもあるわけではない。私は象ではない。猫でもない。私は人間という有限的存在である。私の本質が与えられたもので、変更不可能だからである。私の本質が限られているということと、実在の原因を他に負っていることとの関係について、どのように考えられるのか。私の本質が与えられているということは、私が自分の原因ではないということである。次に、私が自分の本質の原因ではないということと、私が自分の実在の原因ではないということとは、どのような関係をもつのか。私は必然的実在という規定を自分の本質に与えることができない、というように展開できる。このことは、私の本質は与えられているが、私は自分を実在せしめる力をもつと構想することはできない、ということを示しているのか。

私が私をあらしめるとはどのようなことなのか。この答えの一つには、他によってあらしめられてはいないということがある。私の実在については与えられていると考えることができない、ということである。私は他によって実在せしめられていない。想定されうる「他」を否定することを通して、「私によって私が私を実在せしめる」ということに光を当てることができるかもしれない。今、ここに現に実在する、この私の実在をすでに他界した両親が与えているわけではない。では何によって私は実在せしめられているのか。そのような何かなどすっかりないのかもしれない。私の生命体としての持続を保証しているのは、生命体としての持続力・エネルギー以外にはない。二つの場合が考えられる。第一に、このエネルギーが何らかの始元によって一度与えられるならば、それは一定の期間持続し、尽きる。あるいは、第二に、宇宙的なエネルギーの一端として絶えず賦活されつつ持続し、宇宙的な仕組みの規定するところにより、尽きる。第一の場合に、親から親へと遡り、始元にいたりつく。その始元は一つの何かである。宇宙的全生命の源は時間を遡って見いだされると構想される唯一の何かということになる。第二の場合の私の実在の原因は、宇宙的秩序そのものである。私の実在の原因が他にあると想定される場合の、「他」にはこの二種類、つまり、時間遡行の果てに構想される一者か時間と無縁な宇宙的秩序かの二種類がある。

第五節　完全性の方へ

この二種類の原因のどちらにも、私の実在は依存していないとする。なぜならば、上の二種類の問いは、形而上学的問いとしては、実質的な答えに到達しないからである。そうすると、私の実在の原因はないのか、私が私の実在の原因なのか、という選択肢が残る。私の実在の原因がないのならば、私の実在は原因を要求しないような実在なのである。私の実在は何かの結果ではない。因果系列から免れているということになる。生成消滅ということが因果系列の外側で生じることがないとするならば、私は生成消滅と疎遠だということになる。私は生まれもしないし、死にもしない。反対に、生死が私の出来事であるならば、私は因果系列のなかにあり、私の実在も何らかの結果である。私が私の実在の原因でないならば、私の実在の原因がないということにはならない。もし、私が私の実在の原因であるならば、私は私に関する因果系列を自ら自身で拓くことになる。もし、どのように因果系列を設定するか、他によって規定されているのならば、それは私が自分で因果系列を拓くことにはならない。

自分で自分の実在をめぐる因果系列を拓くということは、自分に自分でその因果系列を設定すること、因果系列の何であるかを自分に与えることである。自分が自分に自分で自分を実在せしめる力をもつものという特性を与えることである。もっとも、自分を実在せしめる、自分を自分の外にあらしめるというこのことがどのようにして実現できるのか、私にはわからない。しかし、このようであるとしたならば、私は自分が必然的存在であるということを理解できる。あたかも、何を知っていれば、全知ということになるのかわからないが、全知であるということはすべてを知っていることだと理解できるのと同じように。必然的実在は、この探求の水準においては、本質上の規定の一つ、完全性の一つであるとされている。先述の一者ないしは秩序があるとするならば、その二つは実在しないことの不可能な存在、つまり、必然的存在ということになる。このことは先の二つの問いが、問いに応じた答えに到達していないということを示す。この答えが、秘められたままの超絶の結果得られたものだからである。

以上のことが示しているのは、偶然的存在が実在することの原因探究がなされるならば、必然的存在が見いだされざるをえないということである。そこからさらに、必然的存在という概念のなかに必然的実在が含まれているということにまで進むことができるのだろうか。そのことは、すべての完全性を有するものは必然的に実在する、なぜならば、実在は完全性の一つであるのだから、という推論に裏付けられる。この推論の正否は、「すべて」の重さにかかっているであろう。その重さが無限である場合、上の推論は成立する。

第六節　存在についての一般理論

思いの領域において「ある」は「現れ」と交換可能であるような様相を示しつつ、しかし、「現れ」という捉え方は、われわれに先へと進む道を閉ざしてしまった。「現れ」が「がある」だけを代替し、「である」の代理をしないからである。「現れ」そのものを実質として摑もうとする試みは、一切を黒く塗りつぶすようなものである。そもそも「現れ」は変化でしかない。変化は不変化との相関の上でのみ変化である。この不変化を恒常性と呼ぶならば、そこで間違いを犯すことになる。変化は恒常的な何かを必要とはしない。変化は変化しないものだけを必要とする。この変化しないものが別の変化しないものと相対的に変化するものであってもよい。「現れ」という捉え方は、この道筋を消してしまう。「現れ」は「現れ」だけでは差異を生み出すことができない。変化はあるのでなければならず、変化があるためには、変化しないものもあるのでなければならない。この語り方に何の無理もない。そして変化があるということは変化の原因があるということである。

必然的実在から超絶を介して可能的実在まで、完全性の重さの変化がある。あるいは、これを強度の差異と言ってもよい。「あること」の重さがいっそう重い、あるいは「あること」の強度がいっそう強い。これは少しも奇妙なことでも、不思議なことでもない。様態よりも実体が、実体よりも無限実体の方がいっそうの実象性をもつ。完全性はもう少しきめが細かい順序になるにせよ、われわれが見つけて行く何らかの「ある」ことに関わる規定性である。

変化するものを位置づけるために不変化なものがなければならず、その不変化なものを明らかにするためには、それが変化するものである不変化なものを探す。そのように思考が進んでいっても、その底は必ず決まる、何に決まるかを別にして、必ず決まる。それを必然的に実在するものと呼ぶ。重さの限界が超絶を、逸脱を生む。それをわれわれは無限について知ることを通して、知ることができる。われわれの知の言葉にすることができる。今度は、重さ（強度）の方向を逆転してみる。軽い方向へと眼差しを向ける。実体から様態へ、思いの領域へ、さらには、思われてあるとさえ言えそうもないものへと。そこに思い出される前の思いのあることへと近づく方途が見えてくる。失ってなくなってしまった思いの再現も、完全性の軽み・薄みにおいて、現れではない何かがあり続けているという捉え方が可能になる。私を構成する完全性（肯定性）には、様態としての薄さから実体としての重さ、濃さまで、さまざまな重さと濃度（強度）がある。あることのさまざまな濃度を飲み込みながら、私は私である。私は変わらない私でありながら変わって行く。それが私のありさまである。これが本質と実在とを切り離すことのない存在論の提供する一つの眺望である。本質と実在を切り離さない存在論を、存在についての一般理論と呼ぶならば、本質と実在とを切り離して、それぞれを存在に即して問う存在論を、存在についての特殊理論と呼ぶことができるであろう。そして後者を包摂しうる理論系として、前者を構築することの可能性も開けてくるであろう。

資料

名詞形の「完全性」についてわれわれが検討した箇所（二六五箇所）の一覧表を以下に掲げておく。「反論と答弁」の場合には、反論者の使用および引用も含む。書簡の場合も、相手方の書簡、引用も含む。

AT.I (14)

(À Mersenne ?) 27 Mai 1630: AT.I, 154.01/154.02/154.05/154.09
À Golius, 16 Avril 1635: AT.I, 315.26–27
À Mersenne, Mars 1636: AT.I, 339.20
Huygens à Descartes, 18 Septembre 1637: AT.I, 396.16
À Plempius (pour Fromondus), 3 Octobre 1637: AT.I, 415.17
À Huygens, 8 Février 1638: AT.I, 521.03
Au P.Vatier, 22 Février 1638: AT.I, 561.03
À Huygens, 15/25 Avril 1635: AT.I, 585.24
Huygens à Descartes, 6 Mai 1635: AT.I, 587.22
À uygens, 11 Decembre 1635: AT.I, 600.13
Huygens à Descartes, 11 Juillet 1636: AT.I, 609.07

AT.II (4)

Morin à Descartes, 12 Août 1638: AT.II, 304.07
Morin à Descartes, Octobre 1638: AT.II, 415.12/415.23
À Mersenne, 15 Novembre 1638: AT.II, 435.14

AT. III (12)

À Regius, 24 Mai 1640: AT.III, 64.08–09/64.14
À Mersenne, 4 Mars 1641: AT.III, 329.14–15/329.19
À Mersenne, 21 Avril 1641: AT.III, 360.08
À Mersenne, Juillet 1641: AT.III, 394.09–10

X***à DESCARTES, Juillet 1641: AT.III, 404.05-06
À X***, Aout 1641: AT.III, 427.24-25/434.29
À REGIUS, Juin 1642: AT.III, 566.28-29
À MERSENNE, 1642 ?: AT.III, 585.08
ELISABETH à DESCARTES, 10/20 Juin [1643] : AT.III, 684.21

AT. IV (20)

À ELISABETH, 18, Août 1645: AT.IV, 275.27/276.06
À ELISABETH, 1er Septembre 1645: AT.IV, 283.29/284.02/284.15/285.11/286.27
ELISABETH à DESCARTES, 13 Septembre [1645] : AT.IV, 289.01/289.02/289.12/289.20
À ELISABETH, 15 Septembre 1645: AT.IV, 291.27/292.22
À ELISABETH, 6 Octobre 1645: AT.IV, 305.16/307.30/309.19
ELISABETH à DESCARTES, 28 Octobre [1645] : AT.IV, 322.02/323.01
À ELISABETH, Janvier 1646: AT.IV, 354.21
À CHANUT, 1er Fevrier 1647: AT.IV, 612.06

AT. V (11)

À CHANUT, 6 Juin 1647: AT.V, 57.28
À CHRISTINE de Suède, 20 Novembre 1647: AT.V, 82.14
[ARNAULD] à DESCARTES, [3 Juin 1648] : AT.V, 189.23
Pour [ARNAULD] , [4 Juin 1648] : AT.V, 194.02
À MORUS, 5 Février 1649: AT.V, 278.15
À MORUS, 15 Avril 1649: AT.V, 344.14
À CLERSELIER, 23 Avril 1649: AT.V, 355.14/355.19/356.26
DESCARTES à ***, 1640 ? et 1643 ?: AT.V, 546.02
À HUYGENS, 4 Decembre 1649: AT.V, 610.21

AT. VI (21)

Discours de la méthode (12)

02.26/11.14/33.28/34.10/34.22/34.25/35.06/35.11/35.27/39.02/39.07/43.07

Dioptrique (9)

82.26/113.06/120.01/121.19/147.19/159.24/163.16/196.12/223.24/

AT. VII (136)

Meditationes de prima philosophia (29)

Meditatio tertia (16)

E.37.05-06: AT.42.13-14/E.42.06-07: AT.46.17/

E.42.16: AT.46.24-25/E.42.23: AT.46.30/

E.43.01: AT.47.05/E.43.02: AT.47.06/

E.43.18: AT.47.20/E.44.09: AT.48.08-09/

E.46.07: AT.49.28/E.46.13-14: AT.50.02/

E.46.26-27: AT.50.13/E.46.29: AT.50.14/

E.47.04: AT.50.18/E.47.05-06: AT.50.20/

E.47.07-08: AT.50.21/E.48.30: AT.52.04/

Meditatio quarta (7)

E.51.25-26: AT.54.15/E.52.22: AT.55.06/

E.54.23: AT.56.25/E.56.17: AT.58.08/

E.59.29-30: AT.60.30/E.60.27-28: AT.61.21/

E.61.19: AT.62.08-09/

Meditatio quinta (5)

E.66.16: AT.66.14/E.67.15: AT.67.10/

E.67.20: AT.67.14/E.68.02-03: AT.67.24/

E.68.06: AT.67.27/

Meditatio sexta (1)

E.88.04-05: AT.84.07

Objectiones & Responsiones (107)

Objectiones prima (6)
94.11/96.19/97.24/99.19/100.05/100.10
Respsiones prima (10)
105.14/111.24/114.06/118.13/118.18/118.20/119.01/119.02/119.04/119.23
Objectiones secunda (6)
123.15/123.17/123.25/124.15/124.24/125.11
Responsiones secunda (7)
134.01/134.10/134.28/136.06/138.20/138.24/141.20
Rationes (11)
161.06/162.06/165.07/165.10/166.06/168.06/168.09/168.19-20/168.22/168.24/169.13
Objectiones quarta (1)
208.03
Responsiones quarta (4)
240.15/240.28/241.01/241.05
Objectiones quinta (49)
286.30/287.18/287.20/287.23/295.10/298.13/298.15/298.25 - 26/298.28/303.12 - 13/303.15/303.20/303.27/304.04/304.16/304.21 - 22/305.12/305.14/308.24/311.12/311.15/312.17/312.22/313.18/322.20/323.13/323.13-14/323.15/323.16/323.17/323.18/323.19-20/323.20/323.22/323.23/323.24/323.26/323.27/323.29/324.324/324.27/325.01/325.05/325.07/325.11/325.13/25.20/325.28/336.06
Responsiones quinta (12)
365.09/365.12/366.07/370.08/370.22/371.01/371.16/371.24/376.03/376.08/383.17/383.18
Objectiones sextæ (1)
416.25

AT. VIII-1 (17)

Principia philosophiæ (17)
Pars Prima (14)

a.17.titre/a.17.= 11.09/a.18.= 11.28, 12.04, 12.05/a.19.titre, 12.11/a.20.= 12.25, 12.28, 12.30/a.22.= 13.21-22/a.23.= 13.30/a.37. titre, 18.27/

Pars secunda (1)

a.36 = 61.22/

Pars tertia (2)

a.45 = 99.29/a.47 = 103.02

AT. VIII-2 (6)

Epistola ad Vœtium (2)

53.11/172.13

Notæ in programma (4)

362.12/362.16/362.27/363.01

AT. X (2)

Regulæ ad directionem ingenii (1)

392.03

Recherche de la vérité (1)

506.17

AT. XI (5)

Le monde (1)

40.16

Passions de l'âme (4)

395.19/430.27/442.08/446.27

Entretien avec Burman (par l'édition de J.-M. BEYSSADE) (17)

Texte 13 (AT.V, 153.24, 29, 30 & 32)/Texte 14 (AT.V, 154.03 & 05)/Texte 15 (AT. V, 154.11, 15, 18 & 18-19)/Texte 20 (AT. V, 157.22)/Texte 22 (AT.V, 158.14, 15 & 16)/Texte 27 (AT. V, 161.04 07 & 10)

文　献　表

（一）デカルト関係のテクスト

RENATI DES-CARTES, MEDITAIONES DE PRIMA PHILOSOPHIA, IN QVA DEI EXISTENTIA & animae immortalitas demonstratur, Paris, Apud MICHALLEM SOLY, 1641.

RENATI DES-CARTES,MEDITATIONES de Prima PHILOSOPHIA, In quibus Dei existentia, & animae humanae à corpore distinctio, demonstrantur, Amsteldam, Apud Ludovicum Elzevirium, 1642.

LES MEDITATIONS METAPHYSIQVES DE RENE' DES-CARTES, TOVCHANT LA PREMIERE PHILOSOPHIE, etc. par R.FÉDÉ, 3e éition Paris, Chez TEODORE GIRARD, 1673.

RENATI DES CARTES MEDITATIONES DE Prima PHILOSOPHIA, In quibus Dei esistentia, & Animae humanae à corpore Distinctio, demonstrantur, Amsteldama, Ex Typographia BLAVIANA, 1685.

Œuvres de Descartes, publiées par Charles ADAM & Paul TANNERY, Nouvelle présentation par P. COSTABEL et B. ROCHOT, Vrin 1964-1974.

DESCARTES, Œuvres philosophiques (1638-1642), édition de F. ALQUIÉ, 3 tomes Garnier, 1963-73.

DESCARTES, L'entretien avec Burman, Édition, et annotation, par J.-M.BEYSSADE, PUF, 1981.

The Philosophical Writings of Descartes, translated by J.COTTINGHAM, R.STOOTHOFF, D.MURDOCH, Cambridge University Press, 1984, 3vols.

Descartes, Méditations métaphysiques/Meditationes de prima philosophia Texte latin et raduction du duc de Luynes/*Méditations de philosophie première,* Présentation et traduction de Michelle BEYSSADE, Librairie Générale Francaise, 1990.

René Descartes, Meditationes de prima Philosophia, Meditations on First Philosophy, A bilingual edition, Introduced, edited, translated and indexed by G. HEFFERNAN, University of Notre Dame Press, 1990.

三宅徳嘉・小池健男・所雄章訳『デカルト　方法叙説－省察』白水社、一九九一年。

RENÉ DESCARTES, Meditationen über die Grundlagen der Philosophie, Auf Grund der Ausgaben von Artur Buchenau neu herausgegeben von LÜDER GÄBE, Felix Meiner, 1992.

増補版『デカルト著作集』全四巻、白水社、一九九三年。
Les textes des <<Meditationes>> , Édition et annotation par TOKORO, Takefumi, Chuo University Press, 1994.
"*Cogito 75*" *René DESCARTES, Méditations métaphysiques*, J. Vrin, 1976.
Concordance to Descartes' Meditationes de Prima Philosophia, prepared by K. MURAKAMI, M. SASAKI and T. NISHIMURA, 1995, Olms-Weidmann

（二） その他のテクスト

Scipion DUPLEIX, *La métaphysique* ou science surnaturelle, Paris 1610 / Rouen 1640 / Fayard 1992, texte revu par Roger ARIEW.
EUSTACHIUS a SANCTO PAULO, *Summa philosophæ, quadripartita, de rebus Dialecticis, Moralibus, Physicis et Metaphysicis,* Paris 1609.
Petrus FONSECA, *Commentariorum in Metaphysicorum Aristotelis Stagiritæ Libros,* 1615 Köln / 1985 Olms.
Pierre GASSENDI, *Disquisitio metaphysicæ,* texte éabli, traduit et annoté par Bernard ROCHOT, 1962, J. Vrin.
Rodolph GOCLENIUS, *Lexicon philosophicum,* Frankfurt 1613 / Marburg 1615 / Olsm 1980.
Francisco SUAREZ, *Disputationes metaphysicæ,* Salamanca 1597 / Paris 1866 / Olms 1965.
Michel HENRY, *L'essence de la manifestation,* PUF, 1963 / 1990.
Michel HENRY, *Philosophie et phénoménologie du corps,* PUF, 1965.
Michel HENRY, *Généalogie de la psychanalyse,* PUF, 1985.
Michel HENRY, *Incarnation : Une philosophie de la chair,* Seul, 2000.
Immanuel KANT, *Kritik der reinen Vernunft,* 1781 / 1787, Felix Meiner, 1956.
Emmanuel LEVINAS, *Autrement qu'être ou au-delà de l'essence,* La Haye, M. Nijhoff, 1974 (Paris, Le Livre de poche, 1990).
Emmanuel LEVINAS, *Altélité et transcendance,* Paris, 1995.
Emmanuel LEVINAS, *De Dieu qui vient à l'idée,* Paris, Vrin, 1982.
Emmanuel LEVINAS, *En découvrant l'existence avec Husserl et Heidegger,* Paris, Vrin, 1949, 1967 (éd. augmentée).
Emmanuel LEVINAS, *Éthique et Infini. Dialogues avec Philippe Nemo,* Paris, Fayard, 1982 (Paris, Le Livre de poche, 1984).
Emmanuel LEVINAS, *Entre nous. Essais sur le penser-à-l'autre,* Paris, Grasset, 1991.

Emmanuel LEVINAS, *Humanisme de l'autre homme,* Montpellier, Fata Morgana, 1972 (Paris, Le Livre de Poche, 1987).

Emmanuel LEVINAS, *Le temps et l'Autre,* Paris, PUF, 1983 (Paris, Arthaud, 1947 [48] , cf. Bernet, p. 13 et 17 ; Fata Morgana, 1979).

Emmanuel LEVINAS, *Totalité et infini. Essai sur l'extériorit,* L Haye, M. Nijhoff, 1961 (Le Livre de poche, 1990).

Emmanuel LEVINAS, *La théorie de l'intuition dans la phénoménologie de Husserl,* Paris, Vrin, 1978 (F. Alcan, 1930).

Emmanuel LEVINAS, *Transcendance et intelligibilité,* Genève, Labor et Fides, 1984.

Gottfried Wilhelm LEIBNIZ, *Opuscules et fragments inédits,* Extraits des manuscrits de la Bibliothèque royale de Hanovre par Louis COUTURAT, Olms, 1903 / 1966.

Gottfried Wilhelm LEIBNIZ, *Textes inédits d'après les manuscrits de la Bibliothèque provinciale de Hanovre,* publiés et annotés par Gaston GRUA, PUF, 1948 / 1998, 2 tomes.

Gottfried Wilhelm LEIBNIZ, *Die philosophischen Schriften von Gottfried Wilhelm Leibniz,* éd. par C.J. GERHARDT, t. VI, Olms 1961.

LEIBNIZ, Principes de la nature et de la grâce fondés en raison / Principes de la philosophie ou Monadologie, publiés par Andr ROBINET, PUF, 1954/1986.

Leibniz Lexicon : A Dual Concordance to Leibniz's Philosophische Schriften, Compiled by R. FINSTER, G. HUNTER, R. F. MCRAE, M. MILES and W. E. SEAGER, Olms-Weidmann, 1988.

Gottfried Wilhelm LEIBNIZ, *Confessio philosophi,* Texte, traduction et notes par Yvon BELAVAL, J. Vrin, 1993.

Arthur SCHOPENHAUER, *Über die vierfache Wurzel des Satzes vom zureichenden Grunde,* 1813, Herausgegeben von Michael LANDMANN und Elfriede TIELSCH, Felix Meiner, 1957.

Arthur SCHOPENHAUER, *Über die vierfache Wurzel des Satzes vom zureichenden Grunde,* Sämtliche Werke textkritisch bearbeitet und herausgegeben von Wolfgang Frhr. von L'OHNEYSEN, Band III, Cotta-Insel, 1962.

Christian WOLFF, *Philosophia prima, sive ontologia, methodo scientifica pertractata, qua omnis cognitionis humanæ principia continentur,* Editio nova,1736 (1728),Gesammelte Werke, herausgegeben und bearbeitet von Jean ECOLE und H. W. ARNDT, II. Abt. Band 3, Olms, 1962.

(III) 研究文献

Ferdinand ALQUIÉ, *La découverte métaphysique de l'homme chez Descartes,* PUF, 1966.

Anne BECCO, Première apparition du terme Substance dans la Méditation Troisième de Descartes, dans *Annales de l' Institut de Philosophie,* 1976, pp.45-66.

Anne BECCO, Remarques sur le "Traité de la SUBSATNCE" de Descartes, dans *Recherches sur le XVIIème siècle 2,* CNRS, 1978, pp.45-56.

Yvon BELAVAL, *Leibniz critique de Descartes,* Gallimard, 1960.

Jean-Marie BEYSSADE, *La philosophie première de Descartes,* Flammarion, 1979.

Jean-Marie BEYSSADE, *Scientia Perfectissima.* Analyse et Synthese dans les *Principia,* in Descartes: Principia Philosophiae (1644-1994, Vivarium, Napoli, 1996.

Jean-Francois BORDRON, *Descartes,* PUF, 1987.

Pierre-Alain CAHNÉ, *Index du Discours de la méthode de René Descartes,* Ateneo, 1977.

Louis COUTURAT, *La logique de Leibniz,* PUF 1901 / Olms 1961.

Edwin CURLEY, *Descartes Against the Skeptics,* Basil Blackwell, 1978.

Descartes: Principia philosophiæ (1644-1994), Atti del Convegno per il 350o anniversario ella pubblicazione dell'opera, A cura di J.-R. ARMOGATHE e G. BELGIOIOSO, Vivarium, 1996.

Descartes, Objecter et répondre, publiisous la direction de J.-M. BEYSSADE et J.-L. MARION, PUF, 1994

Descartes, Cahiers de Royaumont, Les Éditions de Minuit, 1957.

Michael DUMMETT, Wittgenstein's Philosphy of Mathematics (1959), in *Truth and other Enigmas,* Harvard University Press, 1978, pp.166-185.

Étienne GILSON, *Index scolastico-cartésien,* Burt Franklin, 1912.

Étienne GILSON, *Discours de la méthode, Texte et commentaire,* J. Vrin, 1925.

Étienne GILSON, *Études sur le rôle de la pensée médiévale dans la formation du système cartésien,* J. Vrin, 1930.

Étienne GILSON, L'être et l'essence, 1948/1972, J. Vrin.

Étienne GILSON, *Le thomisme,* J.Vrin, 6e éd., 1972.

Henri GOUHIER, *La pensée métaphysique de Descartes,* J. Vrin, 1969.

Henri GOUHIER, La preuve ontologique de Descartes, in *Revue Internationale de Philosophie,* Vol. 28, no 28, 1954.
Martial GUEROULT, *Descartres selon l'ordre des raisons,* 1953, Aubier-Montaigne, 2vols.
Martial GUEROULT, *Nouvelles réflexions sur la preuve ontologique de Descartes,* J. Vrin, 1955.
Francis GUIBAL, La trascendance, in *Emmanuel Lévinas, Positivité et transcendance,* Sous la direction de J.-L. MARION, PUF, 2000, pp.209-238.
A.J. GUIBERT, *Bibliographie des œuvres de René Descartes publiées au XVIIe siècle,* Centre National de la Rechrche Scientifique (C.N.R.S.), Paris, 1976.
「報告書」：『デカルトの「第五・第六省察」の批判的註解とその基本的諸テーマの問題論的研究』平成三年度科学研究費補助金（総合研究A）研究成果報告書、研究代表者所雄章、一九九二年
Hide ISHIGURO, The Status of Necessity and Impossibility in Descartes, in *Essays on Descartes' Meditations,* ed. by A. O. RORTY, University of California Press, 1986, pp.459-471.
石黒ひで『ライプニッツの哲学』岩波書店、一九八四年。
Denis KAMBOUCHNER, *L'homme des passions,* Albin Michel, 1995.
小泉義之「デカルトにおける数学の懐疑（II）」（「論集IV」東京大学文学部哲学研究室、一九八五年。
小泉義之「順序・論証方式・叙述様式－「第二反論・答弁」最終項をめぐって－」平成七年度～平成九年度科学研究費補助金研究成果報告書『デカルト『省察』「反論と答弁」の共同作業による校訂版の作成と基本的諸テーマの研究』一九九八年所収、八五頁から一〇一頁。
小林道夫「デカルトにおける神の存在論的証明の構造」大阪市立大学文学部紀要『人文研究』第四五巻、一九九三年、六七頁から八六頁。
Jean LAPORTE, *Le rationalisme de Descartes,* PUF, 1945.
Arthur O. LOVEJOY, *Plenitude and sufficient reason in Leibniz and Spinoza,* in Leibniz, A collection of critical essays, ed. by Harry G. FRANKFULT, University of Notre Dame Press, 1976.
Robert MCRAE, *Leibniz: Perception, Apperception, & Thought,* University of Tronto Press, 1976/1978.
Jean-Luc MARION, *Sur la théologie blanche de Descartes,* PUF, 1981.
Jean-Luc MARION, *Sur le prisme métaphysique de Descartes,* PUF, 1986.
Jean-Luc MARION, *Questions cartésiennes II,* PUF, 1996.

Jean-Luc MARION, *Étant donné*, PUF, 1997.
Jean-Luc MARION, L'argument releve-t-il de l'ontologie ? , in *Questions cartésiennes*, PUF, 1991, pp. 221-258.
Franco Aurelio MESCHINI, *Indice dei Principia Philosophiae di René Descartes*, Leo S.Olschki, 1996.
村上勝三「デカルト哲学における「感覚」の問題」日本哲学会編『哲学』三〇号、一九八〇年、一一二頁から一二三頁。
村上勝三『デカルト形而上学の成立』勁草書房、一九九〇年。
村上勝三「保証された記憶と形而上学的探求―デカルト『省察』の再検討に向けて」日本哲学会編『哲学』一九九五年、八七頁から一〇〇頁。
村上勝三『観念と存在　デカルト研究Ⅰ』知泉書館、二〇〇四年。
Tatsuro MOCHIDA, La refonte de l'idée de Dieu et la preuve a priori de son existence chez Descartes, Discussion Paper NO.17, The Institute of Industrial Science, Nagoya Gakuin University, October 1992.
持田辰郎「デカルトにおける神の観念の精錬と、神の実在のア・プリオリな証明」『現代デカルト論集Ⅲ』勁草書房、一九九六年、一八八頁から二一三頁。
Julián PACHO, *Ontologie und Erkenntnistheorie*, Wilhelm Fink Verlag, 1980.
Geneviève RODIS-LEWIS, *L'Œuvre de Descartes*, J. Vrin, 1971.
Bertrand RUSSEL, *A Critical Exposition of the Philosophy of Leibniz*, 1900 / 1975 Alden Press.
坂井昭宏「デカルトの二元論―心身分離と心身結合の同時的存立について―」『千葉大学教養部研究報告A-13』、一九八〇年、一四一頁から一七一頁。
坂井昭宏「デカルトの二元論―実体的結合の体系的位置と実在的区別の論証―」『千葉大学教養部研究報告A-14』、一九八一年、三六一頁から四一〇頁。
酒井潔『世界と自我』創文社、一九八七年。
Gregor SEBBA, *Bibliographia Cartesiana, A Critical Guide to the Descartes Literature 1800-1960*, Martinus Nijhoff, 1964.
渋谷克美『オッカム『大論理学』の研究』創文社、一九九七年。
清水哲郎『オッカムにおける言語哲学』勁草書房、一九九〇年。
Robert SLEIGH, Truth and Sufficient Reason in the Philosophy of Leibniz, in *Leibniz Critical and Interpretive Essays*, edit. by Michael HOOKER, University of Minnesota Press, 1982, pp. 209-242.
鈴木泉「無限性から必然的実在へ―デカルトにおける神の実在証明―」『デカルト読本』法政大学出版局、一九九八年、七六頁。

田口啓子『スアレス形而上学の研究』南窓社、一九七七年。

所雄章「デカルト的実体の構造－その一般的考察－」『哲学雑誌』第七〇巻、第七二九号、有斐閣、一九五五年、一五頁から四七頁。

所雄章『デカルトII』勁草書房、一九七一年。

所雄章「『省察』的用語の一考察－pracise について－」『中央大学文学部紀要』（哲学）第一二一号、一九八六年（デカルト研究会編『現代デカルト論集III』勁草書房、一九九六年、一四頁から三七頁に再録）。

田中英三『ライプニッツ的世界の宗教哲学』創文社、一九七七年。

山本信『ライプニッツ哲学研究』東京大学出版会、一九五三年／一九七五年。

山田晶『トマス・アクィナスの《エッセ》研究』創文社、一九七八年。

Bernard WILLIAMS, *Descartes : The Project of Pure Enquiry*, 1978, Penguin Books.

あとがき

『デカルト形而上学の成立』、『デカルト研究』全三巻、『新デカルト的省察』、これら五冊によって〈私の思いに条件づけられた存在論〉として形而上学を構築する。私たちのこの構想はちょうど半ばに達した。先が見えれば見えるほど終わりが遠くに感じられる道程である。その思いは、言ってみればこれが反時代的な試みであればこそ一入である。「反時代的」というのも、形而上学はカントによってその可能性だけを残され、ニーチェによって可能性まで粉砕され、ハイデガーによってその粉塵さえも払拭された、と思われているからである。しかし、何度でも繰り返さなければならない。それはたかだか二〇〇年ちょっと前にはじまった流れに過ぎない、と。私たちの仕事について、いまは、他人の言葉を借りて「"Es muss sein!"(そうでなければならない!)」と書いておこう。この「存在」が重いか軽いか、耐えられるのか耐えられないのか、それは別にして。

本書の素材になった論文の初出を以下に掲げる。

第一部

第一章　書き下ろし

第二章　第三章　不変にして永遠なる本質(『東洋大学大学院紀要』第二九集、一九九二年、一五―三二頁)、および、数学と神―デカルト「第五省祭」考究―(『白山哲学』二九号、一九九五年、四五―七〇頁)

第二部

第一章　「必然性」の問題（『西日本哲学年報』創刊号、一九九三年、一―一四頁）

第二章　「第五省察」におけるア・プリオリな神証明についての諸解釈（『デカルト『省察』の（共同作業による）批判的註解とその基本的諸テーマの問題論的研究』科学研究費報告書（研究代表者所雄章）、一九九二年、二二一―三七頁）

第三章　ア・プリオリな証明と順序（『東洋大学大学院紀要』第三六集、二〇〇〇年、二一―二二頁）

第三部

第一章　私を真上に超える（『現代思想』三月号（三〇巻四号）、二〇〇二年、二三一―二四三頁）

第二章　Causa sive ratio―はじまりの回復／回復のはじまり（哲学会編『はじまり』哲学雑誌第一一六巻第七八八号、二〇〇一年、四一―五七頁）

第四部

第一章　デカルト的「実体」論（『白山哲学』三七号、二〇〇三年、一―四二頁）

第二章　実在は完全性であるのか?―デカルト的「完全性」概念の究明―（『白山哲学』三八号、二〇〇四年、三一―七〇頁）

上記のリストを振り返ってみると、本書の素材が私の東洋大学に勤務してからのものであることに気づく。その時代を身の回りに起こったこととして、次のように表現できるであろう。哲学が学問としての堅固さを自ら放棄し、それとともに大学で哲学を教える教員が減少して行き、さらにまた大学の教員が事務仕事に忙殺されるようになってきた時代、と。これらを簡潔に相対主義と技術万能主義と経済効率主義と纏めることもできるであろう。多くの哲学研究者がこの流れに棹を差してきているのではないのか。そういうすべての人に対して、にもかかわらず、敬意を表し、また、東洋大学と同僚の皆さんに感謝の意を表したい。私が傷つけたすべての人に陳謝しながら、私を傷つけたすべての人に感謝したい。最後に、しかし、最も重い感謝を知泉書館の小山光夫さんと髙野文子さんに捧げたい。お二人の尽力なしには本書ばかりでなく、全体の構想さえも成り立たなかった。なお、本書は独立行政法人日本学術振興会平成一七年度科学研究費補助金（研究成果公開促進費）の助成を受けて公刊されたものである。

二〇〇五年八月九日

夾竹桃燃え立つ遙かなる長崎、
おぼろにもない祖母の顔、
六〇年前の個を超えた重い記憶、
よみがえる人間《いるま》の里にて

村上勝三（むらかみ・かつぞ）

1944年に生まれる。東京大学大学院博士課程満期退学。東洋大学文学部教授。文学博士。
〔業績〕『デカルト形而上学の成立』（勁草書房，1990年），『観念と存在－デカルト研究Ⅰ』（知泉書館，2004年），デカルト研究会編『現代デカルト論集Ⅰ，Ⅱ，Ⅲ』（編著，勁草書房，1996年），『真理の探究』（編著，知泉書館，2005年），「私を真上に超える」（『現代思想』vol.30-4，2002年），ほか。

〔数学あるいは存在の重み〕　ISBN4-901654-57-8

2005年9月25日　第1刷印刷
2005年9月30日　第1刷発行

著　者　村　上　勝　三
発行者　小　山　光　夫
印刷者　藤　原　良　成

発行所　〒113-0033 東京都文京区本郷1-13-2
電話(3814)6161　振替00120-6-117170
http://www.chisen.co.jp
株式会社　知泉書館

Printed in Japan　印刷・製本／藤原印刷

引用文献著者索引

用　語　索　引

（訳語の理解を容易にするためラテン語・フランス語を補った）

あ　行

欺く者　16,72,75,205
悪しき霊（genius malignus）　163
ア・プリオリ（な証明）　14,22,41,44,48,50,54,55,69,70,75,80,85,86,88,89,94,95,99,101,102,104-07,109,110,112-15,117,119,121,123-25,127-31,136,137,141,143-50,152,188,190,196,252,256,257,266
ア・ポステリオリ（な証明）　65,70,89,94,101-02,104-06,109-10,112,113-15,118-19,121,124,127-31,143-44,148-50,152,266
現れ　160,161,163-65,168,184,185,272,273,277-79
あり方（essendi modus）　35
意志／意志する（voluntas/velle）　38,81-84,164,226,237,241,265
意識（する）（conscientia/conscius esse/conscience）　158,173,177,238
一緒に（同事性）（simul/simultas/simultanéité）　255,256,258-60
（一般）規則（明証性の）　8,9,14,23,27,33,41-45,48,55,56,69-71,96,99,107,124,126,127,128,139,140,143,146,148-50,152
疑い／疑う／懐疑　71-73,95,108,110,146,147,164,205,206,226,231,240
疑いの道　22,23,72
因果律　195
因果の原理　129,144,175,176,228,229,230,237
宇宙論的証明　116,124
永遠性／永遠な（aeternitas/aeternus）　36,37,39,40,43,52,65,75,79,81,112,114,115,125,147,148,150,166,184,208,217,235,274
教える順序（ordo docendi）　102
思い（思惟）／思うこと（cogitatio/cogitare）　23,30,32-37,41-43,45,51,58,59,61,65,68,95,96,97,109,124,141,159,160,162-64,167,168,171-73,175,177,203-06,212,229,235,238,241,247,262,269-74,277,279
思い起こす／思い出す／想起（する）　32,34,43,44,48,50,51,270,271,279
思いの様態／思惟（の）様態（modus cogitandi）　28,34-36,40,45,52,134,230,241
思うもの／思惟する事物（res cogitans）　211,214,215,222,265
思う実体／思惟的実体（substantia cogitans）　205,210,212-15,226,231,232,254

か　行

懐疑　→疑い
——理由（ratio dubitandi）　73
——論者　70,77
解析幾何学　32
概念（する）（conceptus/concipere）　24-26,35,50,63,68,70,79,80,85,90-94,111,117,121,123,129,130,132,133,135,136,138,139,141,142,144,150,158,174,189,192,195,196,205,207,209,212-17,219,221,223,226,227,231,234-37,247,248,257,264,269,274
学知／学問的知識／（学的）知識（scientia）　15,16,21-23,25,33,42-44,47,55,66,59,70-72,74,75,93,98,105,

113,114,146,147,266
確実性／確かさ／確実な（に）(certitudo/certus/certe)　15,16,21-23,31-33,42,44,47,48,55,65,66,70,72-74,80,93,94,99,111,126,127,146,147,152,164,177,212,213,231,234,264,266,274
確信（説得知）(persuasio)　75,110,111
過度の自明性　170-72
可能性（的）(possibilitas/possibilis)　62,63,71,80,84,90,91,96,99,141,147,164,166,184,187,195,196,249,250,251,259,279
可能的実在（existentia possibilis)　53,85,89,92,98,99,139,248,249,251,257,258,260-66,269,273-75
神（的）　15,21-24,31,32,35,40,43,44,46,47,50,54,56-64,66-70,72,74,75,80-85,89,92,93,96-99,101,103,104,107,108,111-14,117-19,123-28,131-34,136-41,143-47,149,150,157,159,167,168,172,173,183,184,186,208,210,211,213-15,219,228,229,231,248,251,254-62,264-66
――の実在証明　8,14,16,21-23,27,44,51,54,58,88,98,99,101,103,106,107,109,110,112,115,116,120,123,124,127,130,140,142,145,152,168,203,205,209-12,214,215,229,230,255
――の誠実（veracitas Dei)　23,43,47,48,149,168,214,230
感覚（する／的）／感じる(sensus/sentire/sensibilis/sentir)　22,25-27,30,35,38,39,42,46,56,70,74,103,142,143,150,162-64,166,177,210,237,240,241,246,248,249,250
感覚的意見　23,142
感受性（sensibilité)　159,166,167,174,177
感情（affectus)　237,240
感得（sentiment)　163,177
観念（idea)　14, 15, 23, 24, 27-29, 33-38,42,44-48,51,52,55,57,60,65,69,75,85,86,87,90,92,95,98,107-09,111,112,114,121,124-28,136-38,141-49,159,166-68,171,172,174,175,188,203,206,208-10,212-14,218,219,221,227,229-31,234,254,255,257-63,266,267
――（の）三分類説　146,206
完全性／完全な（perfectio/perfectus)　46,53,57-64,67,68,74,95,108,113,114,118,121,123,124,126,127,130,136,147,148,151,220,229,234,235,247,248,250-56,258-67,269,274,275,277-79
偽・虚偽　82,83,146,152,162
記憶（memoria)　27,69,71,72-74,76,105,115
幾何学（Geometria)　21,33,40,48,50,93,102,103,126-28,139,149,150,194,248
基礎概念（notio)　103,146,148,192,236,261
帰属の明証性　129,130,137,139-41,143,148,149,150
基体（subjectum)　218,221-39
驚嘆（admiration)　168-70,221
共可能的（compossibilis)　188
偶性（accidens)　206-08,211,220,236,237,239,254
偶然的実在（existentia contingens)　99,147
経験（する）　163,184,195,217
形而上学（metaphysica)　23,25,41,55,57,73,76,103,105,108,111,124,126,127,130,142,150,152,157,176,184,185,187,196,203,204,216,238,242,248,274,276
――的確実性　110
形相（的）(forma/formalis)　34,36,52,84,125,141,151,214,218,229
――因（causa formalis)　118-21
――的に（formaliter)　30,186,230
――的概念（conceptus formalis）133,135,152

さ　行

た・な　行

26,27,35,53,54,74,81,86,91,133,134-36,142,162,166,167,217,224,257,258,260
知性作用・知解作用（intellectio） 30
知得（する）（perceptio/percipere） 16,22,26,27,30-32,42,43,47-49,52-55,64,65,69,70-73,84,87,92,93,96,103,129,130,135,136,140,142,147,148,150,209,211,214,218,219,224,225,236,240,260
注意（する）（attentio/attendere） 31-34,43,48,71
抽象（的）（する） 86,152,187,222
直視（する）／直観（する）（intuition） 166,171
超越（的・性）／超える 157,158,161,163,165-167,170-77,184,195,196,203
常に（semper） 16,56,71,87,89,143,146,261,263
道徳 25
特性（proprietas） 14,34,36-42,48,54,65,67,68,74,112,218,219,223,224,248,263-65,269,274,277

能力（facultas） 30,230
能動性 165

は　行

発見の順序（ordo inveniendi） 102,231
裸の実体（substantia nuda） 220,223-25
反省（reflexio） 111
判明な（に）（distinctus/distincte） 23,25,29,30,31,98,192,193,213
判断（する）（judicium/judicare） 23,71,73,79,98,237,248
必然性／必然的（な／に）（necessitas/necessarius/necesse/necessario） 16,46,47,59,60-64,66,67,75,79-84,86-88,90-99,103,108,111,113,130,131,133,136,147,148,150,187,189,190,210,257,258,260,263,278
必然的実在（existentia necessaria） 67,68,85-89,92,97-99,121,130,136,137,139,141,143,149,151,251,255,257,258,260,261-66,269,273-75,277,278
必然的存在（ens necessarium） 133,190,196,274,277
広がり（延長）（extensio） 14,21,25-30,32,49,75,98,209,221,227,235,241,267
広がる（延長的）実体（substantia extensa） 225,226,232,254
広がるもの／延長的な事物（res extensa） 54,213,214,225,230
不可分離性 →分離不可能性
不可能性／不可能な（impossibilitas/impossibilis） 62,80-83,86,90-93,96,277
物質的な事物／物質的（res materialis/materialis） 14,20-24,27-34,37,38,40,42-48,57,71-75,114,195,222
物体（的）（corpus/corporalis） 21,22,24-28,49,50,74,87,158,203,208,212,213-17,220-23,226-31,233,234,237,240,242,256,258,259,274
物体の実在証明 51,203,213-15,228-30,240
不分明な（に）（confusus/confuse） 98,221
不明瞭な（に）かつ不分明な（に）（obscurus et confusus /obscure et confuse） 90,91,236
不明瞭さ（obscuritas） 237
分析（analysis） 40,79,96,97,102,106,111-13,130-32,144,145,231,248
分離不可能性（な）／不可分離性／分離しえない（inseparabilitas/inseparabilis） 56,62,66,74,113,114,242,250,255-57,260,267
包括的把握の（不）可能性（(in) comprehensibilitas） 63,84,85,176,184
本質（essentia） 14,15,21,22,24,25,

27,33,34,36-39,43-45,52,53,56,64-68,70,74,75,96,106,108,111,113,114,117-21,123,125,128,131-34,136,139,140-142,146,150-52,160,182,184,187-89,191,194,204,226,228,230,242,251,262-67,269,274,275,277,279
本性・自然・自然本性（natura） 24,25,32,34,36,42,43,47-50,52,53,55,56,65,71,72,74,84,87,89,106,114,125,129,130,131,133-35,137-39,143,144,147,150,204,220,222,226,241,260
本有観念（idea innata） 50,51,111-13
本有性 51

ま 行

自らによって実在する力／自らに固有な力で実在すること（vis per se existendi/propria sua vi existere） 87,88,89,94,109
蜜蠟（cera） 25,26,56,142,209
無拠理拠的区別（distinctio rationis Ratiocinantis） 134
無限（infinitum） 58,63,65,84,97,108,112,140,157,159,167,168,170-75,208,211,264,266,277,278
——実体（substantia infinita） 62,175,176,210,212,213,215,254,265,266,278
無際限（indefinitum） 242,254,267
無差別（indifferentia） 81-84,97
矛盾の原理（principe de la contradiction） 187
無神論者 23,43,44,66,75,111
明証性（的）（evidentia/evidens） 8,14,23,24,27,33,38,41-43,45,48,54,55,66,69,70,71,75,76,80,90-94,96,99,105,107,110,111,113,114,124,126,127,128,139,140,143,146,148,149,150,152,170,171
明晰な（に）（clarus/clare） 25,36,38-42,46,52-54,72,73,75,102,131,137,138,147,192,236
明晰判明な（に）（clarus et distinctus/clare et distincte） 16,27,42,43,46-48,52,53,55,64,65,69,70-73,75,85-88,90-93,96,103,104,129,139,140,148,150,209,213,214,224,230,251,257,258,260
最も一般的なもの（maxime generalia） 217,222,223,234-36
ものの最高類（summa genera rerum） 217,234,235

や～わ 行

唯一性（unitas） 58
有拠理拠的区別（distinctio rationis Ratiocinatae） 134
有限性（な）（finitas/finitus） 58,59,108,112,140,157,168,170-73,210,211,274
有限実体（substantia finita） 175,176,208,212,254,265
優勝的（eminenter） 28,30,208,218,230,233,254
様態（modus） 28,175,186,205-08,210,213,218,224,226,227,229,230,231,235,236,240,241,254,265,278,279
様態的区別（distinctio modalis） 133,134

力能（のある）（potentia/potens） 3,54,68,80,84,98,108,113,114,117,118,120,147,161,259,266
理拠的区別（distinctio rationis） 133,134,227,228,242
理性／理由／理拠（ratio） 56-58,71,73-75,82-84,90,96,98,103,104,106,107,110-13,117,118,124,125,128,129,131,132,148,157,165,176,181-84,186,187-95,234,236,239
類（genus） 14,21,30,31,45,46,49,